KB004032

그 남자는 절대 변하지 않는다

그 남자는 절대 변하지 않는다

나아질 수 없는 관계를
정리하는 치유의 심리학

에이버리 닐 지음

김소정 옮김

갈매나무

목 차

~~~~~~

1부 당신이 그렇게 괜찮은 사람이라는데, 나는 왜 행복하지 않지?
– 정서적 학대 인지하기

2부 내가 과민 반응을 하는 걸까?
– 정서적 학대의 패턴 감지하기

3부 그 남자, 그 여자의 심리 분석

– 정서적 학대의 특징에 관하여

6부 자존감 세우기 연습
– 건강한 관계를 맺기 위하여

당신은 상황을 바꿀 수 있다

젊은 심리치료사였던 나는 로스앤젤레스 다운타운에서 처음 개업했다. 나로서는 가장 친숙한 집단인 여성 직장인들을 진료할 수 있으리라고 믿었고, 그 사람들에게 가장 큰 도움을 줄 수 있으리라고 생각했기 때문에 그곳을 택했다. 나를 찾아온 많은 여성이 자기 분야에서 아주 좋은 평가를 받는 고위직 간부였다. 개업 초기에 그 사람들을 만났을 때 그들이 받는 학대에 대해 들으면서 얼마나 놀랐는지 모른다. 그 사람들을 학대하는 사람은 사랑하는 연인이나 배우자인 경우도 있었고 직장 동료나 친구, 가족인 경우도 있었다. 그런 이야기를 들을 때마다 나는 당신처럼 강한 사람이 어떻게 그런 취급을 참고 견디느냐고 물었다. 그런 질문을 할 때마다 **"나는 강하지 않다."**라는 대답을 들어야 했다. '나는 강하지 않다는' 생각이야말로 피해자는 감추고 있지만 학대자는 분명하게 알고 있는 비밀이다. 여성들은 자신은 강하지 않다고 **생각할 때가** 많다. 자기가 받고 있는 대우 외에 다른 대우를 받을 수 있으리라는 생각을 하지 못할 때가 많다. 좀 더 강하게 자기주장을 할 언어조차 가지고 있지 않을 때가 많다. 그 무엇보다도 문제인 것은 여성들은 마음껏 화를 낼 수 있는 사회에서 살고 있지 않다는 것이다. 여자들이 화를 내도 좋은 사회에서 살았다면 자신을 존중하지도 않고 측은하게 여기지도 않고 이해조차 하지 않는 사람들을 그렇게까지 참아내면서 살아가지는 않았을 것이다.

학대를 당하는 상황은 지독한 수치심을 유발하기 때문에 사회적 지위에 상관없이 여성들은 가까운 친구나 가족에게, 가끔은 도움을 줄 수 있는 전문가들에게도 자신이 학대를 당하고 있음을 드러내지 않는다. 자기가 처한 상황을 솔직하게 말하지 않는 데에는 여러 이유가 있는데, 우리 귓속에서 언제나 떠나지 않고 속삭이는 내면의 비평가가 있다는 것도 그중 하나다. 이 내면의 비평가는 계속해서 '이건 정말로 내가 잘못한 거야. 좀 더 잘 알았어야 하는데. 이 사람은 나를 사랑해. 이건 학대라고 부를 수 없는 일이야. 정말로 그런 뜻으로 말한 건 아니야.' 같은 말을 한다. 이 책은 주요 독자층이 사랑하는 사람에게 학대를 받는 여성들(존중받지 못하며 육체적으로 폭행을 당하거나 위협을 받으며 정신적인 타격을 받고 있는 여성들)이지만, 사실 모든 인간관계에 도움이 되는 책이다. 학대하는 사람과 맺고 있는 관계가 어떤 형태이든, 어떤 학대를 받고 있든 간에 학대가 내포하는 의미는 동일하다. '당신은 육체적으로나 정신적으로, 혹은 그 두 가지 모두의 형태로 상처받고 있다.'라는 것이다.

에이버리 닐이 쓴 책은 시기적절한 이야기들을 담고 있다. 미국(사실 전 세계 모든 곳에서 그러리라고 확신하지만)에서는 퇴보하고 있는 사회

구조 때문에 학대가 이전보다 더욱 보편적인 현상이 되고 있다. 트위터나 페이스북 같은 인터넷상의 모든 공간에서 보장하는 익명성 덕분에 사람들은 현실에서 직접 만난 사람에게는 절대로 하지 못할 이야기도 마구 쏟아낸다. 한 남자가 허락도 받지 않고 여성의 누드 사진을 인터넷에 게재하는 행위는 명백한 학대다. 비열한 여자가 페이스북에 다른 사람을 음해하는 글을 올렸다면 그것도 명백한 학대 행위다. 막강한 권력을 가진 사람이 트위터에서 한 여성의 신체에 관해 이러쿵저러쿵 말하는 것도 당연히 학대다.

지난 10년 동안 내가 가장 많이 받은 질문은 "사회와 일터에서 여성들의 처지가 나아졌다고 생각하나요?"였다. 수년 동안 나는 그 질문에 "표면적으로는 나아진 것처럼 보입니다. 하지만 여성들이 치러야 하는 은밀한 전쟁은 여전히 계속되고 있다고 믿습니다."라고 대답할 수밖에 없었다. 그나마 괴롭힘은 훨씬 명백하게 눈에 띄며 분명하게 확인할 수 있지만 부적절한 행동은 쉽게 드러나지 않는다. 은밀하게 부당한 대우를 받는 여성들은 자신은 혼자라고 느끼고 힘들어할 때가 많다. 그런 여성들은 다른 사람에게 휘둘리고 끌려 다니고 함부로 취급받는 사람은 자기뿐이라고 믿는다. 하지만 자기가 받은 대우가 학대임을 정확하게 인지한 여성들이 용감하게 앞으로 나서서 유명 인사들이 자신을 어떻게 학대했는지를 폭로해준 덕분에 지금까지는 자기 경험을 말할 엄두를 내지 못했던 많은 여성이 용기를 내 성폭력과 학대 경험을 증언하고 있다. **공적인 자리에서** 행해지는 학대가 이 정도라면 사적으로 행해지는 학대를 경험하는 여성은 상상하기 힘들 정도로 많을 것이다. 우리가 품을 수 있는 희망은 오직 하나, 학대를 솔직하게 폭로하는 이 같은 흐름이 오랫동안 지속되어 온갖 학대를 숨기고 있는 장막이 결국에는 벗겨지는 것뿐이다.

분명하게 명심해야 할 점 한 가지는 학대는 권력과 관계 있다는 것이다. 교묘하게 가하는 학대건 드러내놓고 가하는 학대건 간에 학대는 한 사람이 다른 사람을 억압하고 통제하는 권력에 관한 문제이다. 그렇다면 학대를 하는 사람에게서 그런 권력을 수거해오는 일은 어째서 그토록 어려운 것일까? 현재 연구자들은 사람들이 자신을 해치는 관계를 계속하는 이유를 다음 몇 가지 가설로 설명한다.

- 끓는 물 속 개구리 증후군: 펄펄 끓는 물에 개구리를 집어넣으면 그 즉시 밖으로 튀어나오려고 난리가 난다. 하지만 일단 차가운 물에 넣은 뒤에 서서히 열을 가하면 개구리는 물의 온도가 올라가고 있음을 눈치채지 못하고 있다가 결국에는 죽고 만다. 인간관계도 이와 비슷할 수 있다. 처음에는 굉장히 좋은 관계로 시작했지만 결국에는 독이 되는 관계가 있다. 그 같은 변화는 너무도 서서히 일어나기 때문에 피해자는 자기가 학대를 당하고 있다는 사실조차 깨닫지 못한다.
- 반복 강박repetition compulsion : 오스트리아의 신경과 의사인 지그문트 프로이트Sigmund Freud 는 사람들은 잘 알고 있으며 익숙하다는 이유로 과거에 했던 행동을 거듭해서 반복하는 경향이 있다고 했다. 언제나 학대하는 사람이 있는 가정에서 자랐다면 학대는 삶의 당연

한 한 요소라고 생각하게 된다는 것이다. 학대 가정에서 자란 사람은 병든 관계 속에서만 살아왔기 때문에 다른 식으로 살아가는 사람들이 있으리라는 생각은 할 수가 없다. 설혹 건강한 관계를 맺는다고 해도 왠지 자기에게는 맞지 않는 것 같아 다시 나쁜 관계로 돌아가기도 한다. "난 그냥 나쁜 남자들이 좋을 뿐이에요."라고 말하는 젊은 여자처럼 말이다.

- **권위자는 무조건 존경해야 한다는 가르침**: 사람들은 대부분 권위자는 존경해야 한다는 교육을 받으면서 자란다. 가톨릭 사제들이 수십 년 동안 성폭행을 해온 사실을 숨길 수 있었던 이유도 어느 정도는 사회가 권위자를 존경해야 한다고 가르쳐왔기 때문일 것이다. 전적으로 그 때문은 아닐지라도 말이다. 마찬가지로 학대를 가하는 사람에게 권위가 있을 때 젊은 남자와 여자는 두려워서 학대를 받은 사실을 폭로하지 못한다. 부모가 다 큰 자녀들에게 말로 가하는 학대도, 상사가 부하들에게, 교사가 학생들에게 가하는 학대도 숨길 수 있는 이유는 모두 학대하는 사람이 권위자이기 때문이다. 두 사람 사이에 위계가 있을 때 학대는 일어날 수 있다.

- **매몰비용**(어떤 선택을 한 뒤에는 번복 여부와 상관없이 회수할 수 없는 비용. 함몰비용이라고도 한다. -옮긴이) **딜레마**: 중고차를 구입했다고 생각해보자. 중고차를 사자마자 타이어에 문제가 생겨서 새로 타이어를 사야 했다. 그러자 점화 장치가 고장 나서 교체해야 했다. 점화 장치를 교체하고 나서는 라디에이터가 새기 시작해서 정비소에 가서 고쳐야 했다. 이쯤 되면 이 차를 계속 고치면서 타는 것이 옳

은 일인지 의문이 들기 시작할 테지만, 이미 너무 많은 돈이 들어 이러지도 저러지도 못하는 상태가 될 것이다. 인간관계에서도 같은 일이 벌어질 수 있다. 이미 누군가에게 엄청난 시간과 감정 자산을 투자한 뒤라면 그 관계를 계속 유지하다가는 피가 말려 죽을 수도 있음을(최소한 감정적으로는 황폐해질 수 있음을) 알면서도 헤어질 엄두는 나지 않을 것이다.

- 사회가 가하는 압력: 내가 쓴 《착한 여자Nice Girls》 시리즈에서 나는 여성으로 산다는 것이 어떤 의미인지를 말해왔다. 여자들은 남자 형제와는 사뭇 다른 메시지를 많이 받는다. 가족이 보내는 것이든, 종교가 보내는 것이든, 언론이 보내는 것이든, 선생님이 보내는 것이든 간에 그 메시지들은 어떤 일이 있어도 '착한' 여자가 되지 않으면 그 누구도 좋아하지 않는다는 강력한 신호를 여자들에게 보낸다. 안타깝게도 그런 메시지들이 갖는 실제 의미는 분명하게 알 수 있다. 이제 시대가 바뀌었으니 더는 여자들에게 "너는 네가 있는 자리에 머물러야 한다."라고 말할 수는 없는데도 여전히 "좋다. 네가 원하는 것은 무엇이든지 될 수 있다. 하지만 무엇이 되건 간에 어린 시절에 배웠던 것처럼 상냥하고 착한 어린 소녀처럼 행동해야 한다."라고 강요한다. 여성들은 상냥함의 반대는 '못됨'이 아니라는 사실을 반드시 배워야 한다. 상냥함의 반대는 자기 자신과 사랑하는 사람을 위해서 정당한 주장을 할 수 있는 태도라는 사실을 명심해야 한다.

당신을 좀먹는 학대 관계를 맺고 있는 이유가 무엇이건 간에 그 상황을 바꿀 힘을 가진 사람은 자기 자신뿐이다. 상대방을 바꾼다는 생각은 어리석다. 당신에게 필요한 것이 무엇인지, 당신이 어떤 바람을 가지고 있는지를 계속 표현했는데도 상대방이 조금도 바뀌지 않는다면 이제는 당신이 원하고 당신이 누릴 자격이 있는 삶을 살아갈 수 있도록 구체적으로 노력해야 할 시간이 된 것이다. 그리고 지금, 당신은 이 책을 골랐다. 아주 근사한 시작이다. 이 책을 처음부터 끝까지 읽고 나면 건강하고 만족스러운 삶을 구축해나가는 데 필요한 도구를 갖추게 될 것이다. 당신이 신뢰하는 사람들에게 도움을 받자. 당신이 행복하기를 진심으로 바라는 사람들이 당신이 앞으로 나갈 수 있도록 도와줄 것이다. 에이버리 닐도 나도 그 길이 쉬우리라고는 감히 말할 수 없다. 하지만 걸어가야 할 가치가 있는 길임은 분명하다. 천 리 길도 한 걸음부터임을 잊지 말자!

- 로이스 P. 프랑켈(Lois P. Frankel)

《소녀를 버리고 여자로 승리하는 101가지 방법*Nice Girls Don't Get the Corner Office*》,
《착한 여자는 부자가 될 수 없다*Nice Girls Don't Get Rich*》 등의 저자

나에게 일어날 줄은 몰랐던 일

그 여자는 솔직히 말해서 자기가 학대를 당한다는 생각은 전혀 해본 적이 없었다. 그러나 왜 그렇게 기분이 나쁜 것인지 도무지 알 수가 없었다. 연인과의 관계를 떠올리면 행복하다는 생각은 들지 않았지만 그래도 자기 연인은 전체적으로는 괜찮은 사람이라고 생각했다. 물론 도저히 이해할 수 없는 부분도 있었고 그가 분명하게 납득이 되지 않는 행동을 할 때도 많았지만 말이다. 그래도 자신이 학대를 받고 있다는 생각은 단 한 순간도 해본 적이 없었다……. 학대를 받는 건 다른 여자들 일이지 자기에게 일어날 수 있는 일은 아니었으니까. 하지만 두 사람이 헤어지게 되었을 때 남자는 대놓고 그녀에게 분노를 드러냈고, 그때서야 여자는 아슬아슬하게 숨겨져 있던 진실을 분명하게 깨달을 수 있었다. 남자와 헤어진 뒤에야 여자는 자신이 학대를 받았고 휘둘렸으며 조종당해왔음을 깨닫기 시작한 것이다.

여자는 마침내 자신이 어떤 관계를 맺어왔는지를 처음으로 분명하게 알아챌 수 있었다. 남자의 행동이 전형적인 학대 행위였음을, 그 행동이 여자의 잘못 때문은 아니었음을 깨달으면서 여자는 행복해졌고 스스로 회복되고 있다고 느꼈다. 하지만 동시에 어째서 그런 행동을 참아왔던 것인지, 자신이 학대를 받고 있음을 깨닫지 못하고 있었던 것인지를 이해하지 못해 충격을 받았다. 자신이 겪은 끔찍한 경험에서 벗어나려고 애쓰는 동안 여자는 자신이 너무나도 약하다는 생각이 들었고 걱정되기 시작했다. 곧 여자는 두려워졌고, 불안은 극에 달했다. 회복 과정은 더디었다. 하지만 다행히도 서서히 외상 후 스트레스 장애를 극복할 수 있었고 결국 걸핏하면 불안에 빠지던 상태에서도 벗어날 수 있었다.

그렇다고 모든 문제가 해결된 것은 아니었다. 여자는 자신감이 완전히 사라졌고 목소리는 작아졌으며 자아감 sense of self 은 찾으려야 찾을 수가 없었다. 건강도 완전히 망가져서 음식 알레르기, 두통, 아무 때나 마구 뛰는 심장 박동, 불면증 등에 시달려야 했다. 자신을 휘두르는 사람과 관계를 맺어왔다는 스트레스는 몸도 마음도 모두 망가지게 했다. 연인과 잘 지내려고 엄청난 노력을 해왔던 여자는 일단 그 관계에서 벗어나자 왠지 텅 빈 껍데기만을 걸치고 있다는 느낌이 들었다. 남자를 만나기 전에 존재했던 자아는 어디론가 사라지고 없었고 내부에서 불타오르던 열정도 오래전에 사그라지고 말았다. 여자는 **자기**라는 존재가 완전히 망가져버렸다는 느낌을 받았다.

여자는 혼란스러운 감정을 극복하려고 아주 오랜 시간 노력해야 했다. 자기가 결국에는 남자와 헤어진다는 결정을 했다는 사실 때문에 죄책감을 느꼈다. 물론 헤어지는 것이 옳다는 사실은 알고 있었지만 헤어진 남자친구가 힘들어하는 모습은 정말로 보기 힘들었다. 여자는 남자가 안쓰러웠다. 연인이 그런 행동을 한 이유를 이해하고자 했고, 그런 행동이 나온 이유가 전적으로 남자 탓만은 아니라고 생각했다. 게다가 여자는 자기도 자기 행동을 제대로 통제할 수 있었던 과거라면 절대로 하지 않았을 터무니없는 행동을 자주 함으로써 두 사람의 관계를 '망가뜨리는' 데 일조했다고 생각했다. 연인과 만나는 동안 여자는 연인과 잘 지내려고 자기 자신을 버릴 때가 많았고, 그 때문에 생긴 결과에 엄청난 죄의식을 느끼고 후회해야 했다. 아주 오랫동안 여자는 두 사람이 함께했을 때 자기가 잘못했던 일을 생각하고 또 생각했다. 그리고 진정한 자기 자신으로 살면서 두 사람의 관계를 좀 더 강하게 이끌지 못했다는 죄책감에 시달렸다. 여자는 자기 과실을 '인정'하는 데는 아무 문제가 없었지만, 과거를 극복하고 앞으로 나갈 방법은 도무지 알 수가 없었다.

헤어짐을 극복해나가는 동안 여자는 고통스럽고 절망스러웠다. 힘든 시간을 보낸 뒤에 여자는 자기가 겪은 일이 자기 인생을 완전히 결정짓게 하지는 않겠다고 결심했다. 결국 상대방의 반대에 부딪치리라는 두려움 없이 자기가 좋아하는 일을 하기 시작했고, 자신이 선택한 일에 에너지를 사용하는 방법을 찾아나가기 시작했다. 무엇보다도 가장 중요한 것은 자신감을 되찾는 일이었기 때문에 여자가 제일 먼저 한 일은 특정한 상황이나 사람들을 만나지 않도록 자기 자신을 보호하는 것이었다. 홀로 있는 상황에서 벗어나도 좋을 정도로 충분히 강해질 때까지는 홀로 지냈다. 자기에게 도움이 되는 일들을 해나가는 동안 만났을 때 마음이 편한 사람들하고만 교류했고, 그러면서 서서히 다시 강해졌다. 자기 자신을 믿기 시작하자 다시 자신감도 생겼다. 자기 자신에게 연민을 가져야 하고 자비로운 마음을 가져야 한다는 전문가의 말이 어떤 의미인지를 살면서 처음으로 알게 되었다. 그리고 끊임없이 원망을 했던 자기 자신도 용서할 수 있었다. 강하지 못했고, 단호하지 못했고, 스스로를 믿지 못했고, 당당하지 못했던 자기 자신도 용서할 수 있었다. 너무 친절하고 순종적이며 배려심이 많고 수동적이라는 이유로 자기 자신을 공격하는 대신에 자기에게 있는 그런 특성들은 사실 아주 소중한 자질이며, 그 특성은 배려를 받을 만한 자격이 있는 사람들에게만 발휘해야 한다는 사실을 알게 되었다. 무엇보다도 자기 자신을 보호해야 한다는 것을 깨달았다.

이제 그 여자는 진심으로 자신이 사랑하는 삶을 살아가는 중이라고 말할 수 있다. 고통도 투쟁도 없는 삶을 살아가고 있다는 말이 아니라 자기 자신이 책임지고 주도하는 인생을 살아가고 있다는 뜻이다. 자기 인생은 누군가에게 빼앗길 수 있는 것이 아님을, 인생은 온전히 자기 자신의 것임을 알게 되었다. 물론 언제라도 다시 같은 실수를 반복할 수 있다는 것도 알고 있다. 그래서 의식적으로 자기 자신과 자신이 필요로 하는 것을 최우선으로 두려고 한다. 좋아하지 않는 일은 바꾸려고 노력한다. 사랑하는 일은 포용하려고, 즐거운 일은 좀 더 많이 즐기려고 노력한다. 이제 여자의 삶은 진정으로 사랑하는 사람들과 진정으로 그 여자를 사랑해주는 사람들로 가득하다. 삶에서, 인간관계에서 존중받고 있으며 인정받고 있다고 느낀다.

그 여자가 바로 나이다.

나의 이야기는 수천 명, 다른 여자들의 이야기와 조금도 다르지 않다. 지금까지 수년 동안 나는 난폭하게 여자를 통제하려고 하는 지독한 관계를 맺고 있거나 그런 관계에서 빠져나와 회복되고 있는 여자들을 만나보았다. 다른 많은 여자들처럼 나를 찾아온 사람들은 대부분 사랑하는 사람과 있는데도 자신이 행복하지 않은 이유를 알지 못했고 아주 교묘하게 가해지는 학대를 상당 부분 인지하지 못했다. 긴밀한 유대감이 느껴지는 인간관계를 맺고 있다가도 가끔씩 학대임이 분명한 취급을 받는다는 사실에 여자들은 더욱 당혹스러울 수밖에 없었다.

나는 나를 찾아온 수많은 여자들이 자기주장을 할 수 있게 해주고 싶어서 이 책을 썼다. 그 여자들이 경험한 끔찍한 일들을 지금도 수천 명이 넘는 여자들이 경험하고 있다. 이 책에서 소개하는 내용이 단 한 사람에게라도 자신의 상황을 깨닫게 하고 결국 학대를 당하는 관계에서 벗어나 회복될 힘을 줄 수 있다면 이 책을 세상에 내는 목적은 충분히 달성한다고 생각한다.

또한 나는 자신도 알지 못하는 사이에 학대 관계에 빠져들기 쉬운 어린 소녀들이 주의해야 할 점을 알려주고 싶었다. 분명하게 드러나는 학대도 있지만 피해자가 학대자에게 헌신하고 절대로 떠나지 않으리라는 확신이 생길 때까지 수년 동안 잠복해 있는 학대도 있다. 그런 미묘한 학대가 밖으로 드러날 정도가 되면 이미 피해자가 그 관계에서 벗어나기 어렵고 감정적으로도 아주 큰 손상을 입은 후이기 때문에 망

가진 심신을 회복하려면 훨씬 더 많은 노력을 들여야 한다.

쉽게 인지할 수 있는 육체 학대나 언어 학대가 아닌 학대에 관해서는 아직까지 그다지 많은 논의가 이루어지지 않고 있다. 학대하는 사람들의 행동 패턴은 반드시 알고 있어야 한다. 그래야 훗날 우리 딸들이 그런 학대를 당하지 않도록 가르쳐줄 수도 있다. 사람은 자기가 잘 알고 있는 내용만을 다른 사람에게 가르쳐줄 수 있다.

육체 학대, 성적 학대, 감정 학대, 언어 학대를 다룬 책은 이미 많이 나와 있다. 이미 세상에 나와 있는 그런 책들을 읽으면서 유용한 정보와 통찰력을 얻을 수 있다는 것은 다행이다. 하지만 보이지 않는 심리적인 학대를 받고 있는 여자들은 자신이 학대를 받고 있다는 사실조차 깨닫지 못하기 때문에 확보할 수 있는 자원을 활용해야 한다는 생각도 못 하는 경우가 아주 많다. 나의 목표는 사랑하는 사람과 함께 있어도 행복하지 않은 이유를 도무지 모르겠다는 여성들에게 그 이유를 명확하게 설명해주고 필요한 도움을 얻게 하는 데 있다.

강압적으로 통제가 이루어지는 관계를 맺고 있을 때는 혼란스럽다. 학대를 당하는 관계를 경험하고 나면 외상 후 스트레스 장애에 시달리고, 상황이 나아져도 갈피를 잡을 수가 없게 된다. 이 책을 읽어나가는 동안 학대가 어떤 모습을 하고 있는지를 분명하게 알고 학대 관계라는 험난한 물살을 제대로 헤쳐나갈 수 있기를, 굳건한 자아감을 회복하고 자신이 아주 소중한 사람임을 깨닫게 되기를 희망한다.

당신이 그렇게
괜찮은 사람이라는데,
나는 왜 행복하지 않지?

- 정서적 학대 인지하기

그 사람은 나를 학대하지 않았어요. 한 번도 때린 적이 없는걸요.

- 셀 수도 없이 많은 여자들이 하는 말

"그 남자가 날 때리는 건
아니에요."

학대abuse 를 당한다는 것은 누군가가 당신을 부당하게 취급하는 것, 함부로 대하는 것이라고 정의할 수 있다. 학대는 모두 비슷하다. 이 책에서는 언어, 감정, 심리, 성, 육체라는 다양한 단어 뒤에 '학대'라는 표현을 사용하게 될 것이다. 나는 육체 학대가 언어 학대, 감정 학대, 심리 학대를 동반하지 않는 경우는 본 적이 없다.

학대는 모든 인간관계에서 일어날 수 있음을 분명히 알아야 한다. 상대방을 두렵게 하거나 위협하거나 협박하거나 마음대로 휘두르려고 하거나 상처를 주거나 모욕하거나 비난하거나 감정을 해치거나 다치게 하는 모든 행동과 태도가 학대이다. 상대방을 통제하려고 하거나 고립시키려는 모든 행동이 학대이다. 특별히 정해진 사람만이 학대를 하는 것이 아니다. 인종에 상관없이, 민족에 상관없이, 나이에 상관없이, 사회경제적 배경이나 자라온 가정환경에 상관없이 누구라도 상대방을 학대하는 가해자가 될 수 있다. 학대는 진부한 문제가 아니다. 많은 사람이 자신이 맺고 있는 관계가 옳지 않은 것 같아 당황한다. 학대는 아주 다양한 모습을 띠고 있으며, 부모와 자녀 간에, 형제간에, 친구 간에도 존재할 수 있다. 따라서 다른 사람이 나를 대하는 방식 가운데 어떤 것을 받아들이고 어떤 것을 받아들이지 않을지를 결정하는 일은 아주 중요하다.

　한 가지 분명하게 말하고 싶은 것은 이 책은 육체 학대를 받는 여성만을 위한 책이 아니라는 것이다. 그러니 '학대'라는 단어를 보자마자 자신은 맞은 적이 없으니까 이 책을 볼 이유가 없다고 생각하고 책을 덮어버리면 안 된다. 어떤 행동까지를 학대로 보아야 하는지 판단하기는 쉽지 않으며, 학대는 정의하기 어려울 때가 많다. 사실 '학대자'나 '가해자'라는 말보다는 '괴롭히는 사람'이라는 표현이 더 마음 편하고, '학대하다'라는 표현보다는 '함부로 대하다'라고 표현했을 때 정보를 받아들이기가 더 쉬울지도 모르겠다.

　상당히 많은 학대 관계에서 학대는 과격한 폭력과 폭력 사이의 어디쯤에 위치해 있어 분명하게 폭력이라고 인지하기 힘든 경우가 많다. 하지만 학대하는 사람이 가하는 전형적이고도 교묘한 학대야말로 학대자와 피해자가 서로 다른 권력을 가지고 있으며, 두 사람의 관계가 어떠한지를 정확하게 알려주는 지표이다. 나는 심리 학대가 육체 학대 못지않게 나쁘다는 말을 자주 듣는다. 왠지 믿기 힘들겠지만 실제로 육체 학대보다 심리 학대가 더 힘들다고 말하는 여성들도 많다. 학대자가 구사하는 심리전, 현실을 왜곡하는 능력, 책임감과 의무감 결여, 여자를 깔보는 자세, 끊임없는 밀고 당기기 전술 때문에 여자들은 혼란스러워하고 상처를 입는다. 화가 나고 수치스럽고 자책감에 사로잡힌다. 이런 감정은 학대자와 헤어진 뒤에도 오랫동안 지속될 때가 많기 때문에 학대를 당하던 관계가 끝난 뒤에는 반드시 '회복될 수 있는 방법'을 고민하고 다른 사람의 조언을 구해야 한다.

나는 상대방을 동세하거나 비열한 방법으로 내리누르려는 사람은 '학대자'라는 용어로 칭하고 그런 학대를 받는 사람은 '당신'이라고 부를 것이다. 그러한 표현이 책을 쓴 목적에도 맞고 이해하기도 쉬울 것이다. 학대하는 사람은 '남자'라고 부르고 학대를 당하는 사람은 '여자'라고 부르겠지만 그 이유는 어떤 선입견을 심어주기 위해서가 아니라 그저 이 책을 쉽게 읽어나갈 수 있는 단순한 장치일 뿐이며, 남자 학대자와 여자 피해자 유형이 학대 관계에서는 가장 많이 나타나기 때문임을 이해해주면 좋겠다.

당연히 남자가 학대를 받는 관계도 아주 많다. 그런 경우에도 이 책에서 제시하는 해결 방법을 적용할 수 있다. 한 통계에 의하면 친밀한 관계를 맺는 가까운 사람이 가하는 육체 폭력에 희생되는 사람은 여자는 네 명 가운데 한 명, 남자는 일곱 명 가운데 한 명이라고 한다. 게다가 미국인은 남자와 여자 모두 거의 절반 정도가 살아오면서 친밀한 사람에게 심리 학대를 받은 적이 있다고 한다. 이런 놀라운 통계 결과는 학대가 제대로 논의되어야 하는 문제임을 분명하게 보여준다. 인간관계에서 나타나는 학대는 다양한 형태를 띠고 있지만, 이 책은 모든 학대에 대처하는 데 도움이 되리라고 믿는다.

당하는 쪽에서 느끼는 두려움

다시 말하지만, 학대를 받는 남자들도 아주 많다. 이 남자들도 동반자가 가하는 부당한 비난과 모욕, 깔보면서 비웃고 난폭하게 구는 행동 등을 감내해야 한다. 불행하게도 친밀한 관계에서 가하는 학대는 너무나도 흔하다. 이 책에서는 그 사실을 인정하는 일이 아주 중요할 것이다. 학대하는 주체가 남자이건 여자이건 간에 학대는 동일한 형태를 띠고 있는 경우가 아주 많다. 이 책을 읽어나가는 동안 남성 독자도 여성 독자만큼이나 이 책 곳곳에서 자기 연인의 모습을 발견하게 될지도 모른다. 여자도 남자만큼이나 교묘하고 계산적으로 상대방을 휘두르고 공격할 수 있으며, 일부러 격한 감정을 꾸며내고 드러내기도 한다. 그 누구도 부당한 취급을 받고 무시당하는 관계를 참고 받아들여야 하는 사람은 없다. 여자만큼이나 남자도 물론 부당한 취급을 받아서는 안 된다. 비열함과 잔혹함은 사랑을 죽인다. 비열함과 잔혹함이 존재하는 관계는 결코 오래갈 수 없다.

그런데 학대자가 남자인 경우와 여자인 경우는 아주 큰 차이가 하나 있다. 학대를 받는 남성은 학대를 받는 여성과 달리 대부분 자기 목숨이나 아이들 목숨이 학대자의 손에 달려 있다는 공포를 느끼지 않는다는 점이다. 물론 여자는 절대로 상대방의 목숨을 위협하는 폭력을 휘두르지 않는다는 말이 아니다. 당연히 심각한 폭력을 휘두르는 여자도 있다. 하지만 남성이 여자 때문에 자기 목숨이 위험할 정도로 두려움을 느끼는 경우는 여자가 남성 때문에 두려움을 느끼는 경우보다는 훨씬 적다.

개빈 디 베커 Gavin de Becker 는 다음과 같이 말했다. "여자와 남자가 안전을 사뭇 다른 관점으로 바라보는 이유는 충분히 이해할 수 있다. 남자와 여자가 사는 세상은 다르니까……. 남자가 가장 두려워하는 일은 여자가 자신을 비웃는다는 것이지만 여자가 가장 두려워하는 일은 남자가 자신을 죽일 수 있다는 것이다."

어렸을 때부터 소녀들은 주변 환경을 살피고 위험한 일이 벌어질 가능성이 있는지를 파악할 수 있어야 한다. 여자들은 직관적으로 두려움을 느낄 수 있다. 이 두려움을 감지하는 직관은 위험한 상황이 벌어질 수도 있음을 자동적으로 알게 해주는 강력한 재능이다. 여자의 직관은 여자를 보호한다. 한편 어린 소녀와 여성들은 언제나 상냥해야 하고 다른 사람을 배려해야 한다는 교육을 받는다. 물론 상냥하고 친절한 태도는 그 자체로는 전혀 문제가 없다. 문제는 여자들은 상냥하고 친절해야 한다는 강박관념 때문에, 그리고 다른 사람에게 인정받고 싶다는 희망 때문에 그런 직관을 무시해버릴 때가 많다는 것이다. 직관을 무시하고 이유 없이 느껴지는 불안에 눈을 감아버림으로써 자신도 모르는 사이에 위험에 노출될 수가 있다.

남자는 일반적으로 여자보다 덩치도 세고 힘도 세다. 신체적 차이는 자동적으로 힘의 차이를 만들기 때문에 여자들은 의식하지 못하는 상황에서도 어느 정도는 위협을 느낄 때가 많다. 사회학적으로 말해서 인류의 역사가 이어진 기간 내내 여자들은 남자들의 지배를 받았는데, 여자를 자기 아래 두려고 했던 남자들은 폭력을 사용하는 경우가 많았다.

실제로 여자들에게 가하는 학대에 더 많이 주목하게 되고 사회적으로 용납할 수 없는 일이라는 인식이 생긴 것은 비교적 최근에 생긴 변화이다. 그 덕분에 학대 피해자가 그전보다는 더 많이 도움을 받을 수 있게 되었다. 하지만 불행하게도 지금도 여전히 많은 여성이 도움의 손길을 제대로 받지 못하며, 도움을 받을 수 없는 처지에 놓여 있다. 학대를 받는 여자들이 도움을 받을 생각을 하지 않거나 도움을 받지 못하는 이유는 다양한데, 그 가운데에서도 가장 큰 이유는 학대자가 욕을 하지 않았고 폭력을 휘두르지는 않았기 때문에 피해자 자신도 자신이 학대를 받았다는 사실을 인지하지 못한다는 데 있다.

심지어 자기가 맺고 있는 관계에 문제가 있음을 인정하지 않으려는 학대 피해자도 있다. 학대를 당하고 있음을 인정하지 않으면 자기로서는 알지 못하는 영역에 들어가지 않아도 된다는 안도감이 들기 때문이다. 두 사람 가운데 권력을 쥔 쪽은 전적으로 자기라는 사실을 최선을 다해 상대방에게 알리려는 학대자에게 맞서기란 너무나도 어려운 일이다. 자신이 학대를 당하고 있음을 인지하고 있는 피해자라고 해도 학대자 곁을 떠나면 끔찍한 일이 생길지도 모른다는 두려움에 사로잡힌 사람도 있다.

학대자는 인격 장애를 가진 사람이 보이는 특성 가운데 몇 가지 혹은 전부를 드러내 보일 수 있음을 명심해야 한다. 반사회적 인격 장애가 있는 사람(소시오패스) 혹은 자기애성 인격 장애(나르시시스트)가 있는 사람은 다른 사람을 통제하려는 욕구가 크고 다른 사람의 감정에 공감하는 능력이 없기 때문에 다른 사람을 학대하거나 마음대로 휘두르려는 경향이 크다. 반사회적 인격 장애나 자기애성 인격 장애는 남자들에게서 더 많이 나타난다. 한편 다른 사람을 학대하는 성향을 자주 드러내 보이는 또 다른 인격 장애인 경계성 인격 장애는 여자들에게서 더 자주 나타난다. 경계성 인격 장애에서 나타나는 밀고 당기는 특성이 요동치듯 변하는 감정 장애와 만나면 타인을 학대하는 경우가 많다.

이런 인격 장애의 특성 혹은 그 인격 장애를 가진 사람과 함께한다는 것이 어떤 의미인지를 다룬 책은 아주 많다. 함께 있는 사람이 이런 인격 장애를 지니고 있다는 의심이 든다면 그런 책들을 읽어보면 좋겠다. 책을 통해 각 인격 장애에서 나타나는 행동 패턴을 좀 더 분명하게 이해할 수 있다. 하지만 각 인격 장애에 어떤 특성이 있는지를 파악하고 이해하는 일은 이 책의 범위를 벗어난 주제이다. 분명한 사실은 이런 인격 장애로는 규정할 수 없는 학대자가 아주 많다는 것, 그리고 인격 장애가 없다고 해서 심각한 학대는 하지 않으리라는 생각을 하면 안 된다는 점이다.

이 책에서는 병이라는 진단을 내릴 정도로 뚜렷한 인격 장애가 있건 없건 간에 보편적으로 드러나는 학대 패턴을 중점적으로 다룰 것이다.

은밀하고
교묘한 학대

    나는 오랫동안 가혹한 방법으로 상대방을 통제하는 인간관계에 대해 연구해왔다. 하지만 이 책을 쓰는 동안 내가 정확하게 기술하려고 노력해온 모든 특성을 정확히 담을 수 있는 용어는 찾지 못했다. 이 책을 쓰면서 나는 감정 학대에 초점을 맞추어 감정 학대가 무엇인지, 감정 학대를 받은 사람에게는 어떤 일이 생기는지를 명확하게 규정하고 싶었다. 물론 감정 학대에 관해서는 아주 놀라운 통찰력을 제공하고 도움을 주는 책들이 이미 출간되어 있다. 하지만 문제는 자신이 감정 학대를 받고 있음을 아는 여성이 많지 않아서 감정 학대의 징후나 증상을 알아봐야겠다고 생각하는 경우가 거의 없다는 점이다.

    감정 학대는 아주 은밀하게 진행되며, 감정 학대가 남기는 손상은 너무나도 크다. (앞으로 살펴보겠지만) 감정 학대를 받은 사람이 회복되어가는 과정은 높은 언덕을 점령해야 하는 엄청난 전투이다. 하지만 분명히 치러내야 할 가치가 있다. 지금까지 감정 학대는 '상대방을 비하하거나 모욕하려는 의도를 가지고 행동하거나 말함으로써 한 사람의 가치나 인격을 공격하는 행위'라고 정의해왔다. 협박, 모욕, 끊임없는 감시, 일상생활 점검, 과도한 문자 전송, 창피를 주거나 위협하기, 다른 사람과 고립시키기, 스토킹 행위 등이 모두 감정 학대에 속한다. 학대는 어떤 학대이든지 피해자의 감정을 해친다. 감정 학대는 분명히 알 수 있는 모습일 수도 정확하게는 알 수 없는 간접적인 형태를 띨 수도 있다. 또 명백하게 드러날 수도, 교묘하게 드러나지 않을 수도 있다. 감정 학대는 은밀하고 교묘하게 감추어져 있거나 너무 사소하고 전혀 위협이 되지 않는 것처럼 보여서 감정 학대를 받고 있다는 분명한 징후는 오직 왠지 모르게 이상한 느낌이 든다는 사실 하나뿐일 때가 많다. 바로 이런 점들이 내가 이 책에서 고민해보고 싶은 부분이다.

학대에 관해, 내가 생각하는 제대로 된 정의는 감정 학대와 은밀한 학대를 결합한 개념이 아닐까 싶다. 《메리엄-웹스터 사전Merriam-Webster Dictionary》에서는 'covert(은밀한)'라는 단어를 '비밀로 하거나 감춘 상태. 쉽게 보이지 않거나 눈에 띄지 않는 방식으로 하는 행동이나 표시, 그런 행동을 하는 상태'라고 정의한다. 이 정의를 '부당하게 취급을 하는 것, 또는 함부로 취급을 하는 것'이라는 학대의 정의와 결합하면 내가 많은 사람이 주목했으면 하는 행동 패턴과 정확하게 일치하는 감정 학대의 정의를 세울 수 있으리라고 생각한다. 애들린 버치 Adelyn Birch 는 은밀하게 감정을 조작하는 행위를 '상대방에 대한 권력을 획득해 상대방을 통제하고자 하는 사람이 상대방의 생각, 행동, 인식을 바꾸려고 은밀하고도 기만적인 전략을 사용하는 행위'라고 정의한다. 애들린 버치가 정의한 '은밀하게 감정을 조작하는 행위'는 분명히 내가 감정 학대를 정의할 때 포함하고 싶은 내용을 일부 담고 있지만 내가 다루고자 하는 모든 내용을 포괄적으로 담고 있지는 않다.

이 책에서 나는 너무나도 교묘해서 피해자가 자신이 학대를 받고 있음을 알아채기 힘들지만 피해자에게 상처를 입히고 피해자가 파괴적인 관계를 벗어날 수 없게 만드는 공격성과 통제성을 제대로 설명하고 싶었다. 설혹 '사랑스러운' 말로 포장하고 있다고 해도 학대자는 피해자에게 위협을 가하고 있음을 알리고 싶었다. 이 책에서 나는 피해자들은 분명하게 인지하지 못하지만 사실은 계속해서 피해자를 위협하고 있는 행위들에는 어떤 것이 있는지 살펴보려 한다. 학대지들이 다른 사람을 지배하려는 이유가 무엇인지, 그리고 어떤 의도를 가지고 학대를 하는지를 자세히 들여다보고자 한다.

분명하게 드러나지 않는 학대가 있다

나는 사람을 우습게 만드는 말, 사람을 휘두르려는 의도들, 강압적인 태도, 계속되는 부당한 대우, 직접적으로 드러나지는 않는 수동 공격 행동, 언어폭력, 점진적으로 증가하는 학대를 모두 포함하는 학대의 정의를 내리고 싶다. 또한 학대임은 알겠지만 아주 해롭거나 심각하지는 않은 것처럼 보이는 학대, 하지만 실상은 아주 심각한 학대를 설명할 수 있는 용어를 생각해낼 수 있다면 좋겠다. 이 세상에는 분명하게 드러나는 학대도 있지만 그렇지 않은 학대도 있다.

누가 봐도 학대임이 분명한 경우라고 해도 학대자는 학대를 한 뒤에는 곧바로 학대 행동을 멈추고 좋은 행동을 하기 때문에 피해자는 자신이 받은 대우가 부당한 대우인지 아닌지를 제대로 판단할 수 없어 당혹스러울 때가 많다. 나는 학대임이 분명하게 드러나지 않는 학대 유형뿐 아니라 피해자가 계속해서 학대자와 헤어져야 할지를 고민하게 하는 행동 패턴까지 포함하는 학대 행위를 정의할 용어가 있었으면 좋겠다. 그리고 명백하게 학대라고 이름 붙일 수는 없지만 두 사람의 관계를 파괴하는 교묘한 행동에 대해서도 말하고 싶다. 바로 그런 행동들이 학대를 받는 피해자가 학대 관계에서 벗어나지 못하게 만드는 원인이기 때문이다. 이런 교묘한 학대 관계가 연인 사이에서만 형성되는 것은 아니다. 친구, 직장 동료, 형제, 부모와 자식 사이에도 이런 학대 유형은 형성된다.

학대는 그 범위가 아주 넓다. 앞에서 언급한 것처럼 명백하게 학대임이 분명하게 드러나는 행위에서 나타나는 학대자의 행동 패턴을 들여다보면 학대 관계가 어떤 식으로 맺어지고 있는지를 좀 더 분명하게 알 수 있다. 한편 분명하게 드러나지 않는 학대 행위는 피해자를 혼란스럽게 만들고 학대자에게 집착하게 만든다. 그래서 피해자는 대부분 학대자와 헤어지지 못하고 그 곁에 머물게 된다. 모호하게 가해지는 이런 학대를 받는 동안 피해자는 자신감, 자존감이 낮아지고 자부심도 사라진다. 이런 형태의 학대는 그 자체로도 두 사람 사이에 나타날 수 있지만, 연인 관계에서는 다른 형태로 변하기 전에 선행되는 경우가 많다. 피해자가 자신이 학대를 당하고 있음을 깨달을 즈음이면 대부분은 이미 그 관계에 너무나도 많은 공을 들인 뒤이다. 이런 학대 관계에서는 극단적인 폭력이 외부로 표출되지도 않고 학대의 명확한 특징도 없으며 굳이 감춰야 할 것도 없다. 이런 학대를 '교묘한 학대'라고 한다.

교묘한 학대는 감정 학대에 속한다. 이런 학대 유형은 정신 건강과 평온을 해친다. 그런데 감정 학대라고 해서 모두 교묘한 학대는 아니다. 희생자를 직접 공격하기 때문에 은밀한 학대와 달리 인지하기 쉬운 경우도 많이 있다. 그런 면에서 볼 때 은밀한 학대는 인간관계에서 잘 드러나지 않는 학대이고, 교묘한 학대는 눈에 보이기는 하지만 그다지 심각해 보이지는 않는 학대라고 할 수 있다. 교묘한 학대는 겉으로 보기에는 그다지 큰 피해가 없는 것 같지만, 매일 교묘한 학대를 당하는 사람은 견딜 수가 없다.

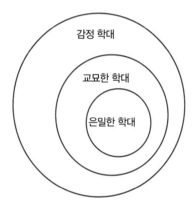

'미묘한'이라고도 번역될 수 있는 '교묘한subtle'이라는 단어는 '분석하거나 묘사하기 어려울 정도로 미묘하거나 세세한', '어떠한 일을 성취하려고 영리하고도 간접적인 방법을 사용하는', '분명히 드러나지 않아서 눈치채지 못하거나 볼 수 없는', '진짜 목적을 드러내지 않는, 똑똑하고 직접적이지 않은' 등의 뜻을 지닌다. '교묘하다'라는 단어에는 은밀한 행동이라는 뜻도 들어 있기 때문에 나는 좋아하지만, '교묘함'이라는 용어가 정의하는 범위는 넓다. 그래서 실제로 밖으로 드러나기 때문에 직접 보고 관찰할 수 있는데도 왠지 하찮은 일 같아서 간과하거나 무시하는 경우가 많은 학대 행위까지 포함할 수도 있다.

결국 이런 결론을 내렸다. 교묘한 학대라는 용어는 언어로, 신체로, 성적으로 학대를 하거나 그런 학대를 하는 중에 상대방을 통제하거나 마음대로 휘두르려고 비웃거나 자신이 원하는 대로 하도록 조종을 하거나 비난을 하거나 거칠게 취급을 하는 등, 간접적으로 상대방을 협박하고 좌지우지하고 위협하고 공격하는 행위를 정의할 때 사용하겠다고 말이다. 나는 정의하기 어려운 교묘한 학대가 좀 더 분명하게 드러나 쉽게 눈에 띄도록 교묘한 학대가 갖는 특성들을 밝히는 데 최선을 다할 생각이다. 하지만 개별 사례에서 알 수 있듯이 한 학대자의 특성을 한 가지 유형으로 규정할 수는 없다. 학대자는 보통 다양한 특성을 지니고 있기 때문이다. 그 특성을 살펴보기 전에 독자가 한 가지 알아둘 점이 있다. 이 책에 실은 이야기들은 실제 내용을 조금씩 바꾸었다는 것이다. 내가 들은 내용을 가감 없이 실으면 피해자의 신원이 드러날 위험이 있기 때문이다.

"그와 함께 있을 때
기분이 어떤가요?"

　여성을 상담하다 보면 자주 듣는 말이 있다. 상대방이 자신을 통제하고 학대하는 행동을 한다는 이야기를 하다가도 갑자기 그래도 자기 동반자는 언어 학대나 감정 학대, 심리 학대, 육체 학대는 하지 않는다는 것이다. 학대자 때문에 두렵다거나 학대자가 자신을 비하하거나 모욕한다는 말을 하다가도 내 입에서 '학대'라는 말이 나오면 그건 아니라고 손사래를 친다.

　가장 많은 사람이 가장 심각하게 하고 있는 오해는 바로 육체 폭력만이 학대라고 생각하는 것이다. 많은 피해자들이 동반자가 육체 폭력을 행사하지 않는 한 자기를 어떻게 대하든지 참아야 한다고 믿는다. 그래서 남자들은 육체적으로 폭력을 휘두르지 않는 한 어떤 일이든 할 수 있다고 믿게 된다. 이 같은 오해 때문에 결과나 과정을 눈으로 확인할 수 있는 육체 폭력과 달리 미묘해서 정확하게 확인할 수 없는 언어 학대, 감정 학대, 심리 학대, 성적 학대는 학대라는 인식을 하지 못한 채 사실은 허용하면 안 되는 행동인데도 용인해주고 만다.

　세간에는 학대 가정에서 학대를 받고 자란 여성은 자신에게 익숙한 상황을 만들기 마련이라는 오해도 있다. 학대 관계를 맺고 있는 여성은 어린 시절의 경험에서 아무것도 배우지 못하고 자발적으로 학대를 당하는 관계로 되돌아가는 성향이 있기 때문에 학대를 당하는 것은 여자 잘못이라는 믿음이 널리 퍼져 있다. 이 같은 오해는 또한 다른 여성들에게는 자신은 한 번도 학대를 받지 않았고, 학대 관계가 어떤지를 잘 알기 때문에 결코 학대를 받는 피해자가 되지는 않을 것이라는 그릇된 생각을 심어주고 안심하게 만든다.

안타깝지만 실제로도 학대를 받는 환경에서 성장한 여성은 거듭해서 다시 학대를 받는 관계를 맺는 경우가 많다. 더구나 어렸을 때 받았던 학대를 피하려고 의식적으로 노력하는 여성도 다른 방식으로 여성을 부당하게 취급하는 사람을 만날 때가 많다. 그것도 아주 많다. 하지만 어린 시절에 가정에서 사랑과 보살핌을 받았던 여성도 자신도 모르는 사이에 학대자의 품으로 걸어 들어가는 경우가 많다. 여기서 중요한 것은 어린 시절에 부당한 취급을 받았는가, 그렇지 않았는가에 상관없이 일부러 학대 관계를 맺는 여성은 없다는 사실이다. 잘못은 학대를 당하는 여성에게 있다는 태도는 피해자를 비난하는 행위이다. 정신이 똑바로 박힌 사람이라면 남자든 여자든 처음부터 작정하고 학대 관계를 맺는 사람은 없다.

인간관계에서 학대는 서서히 진행된다. 펄펄 끓는 물이 든 냄비에 개구리를 넣으면 그 즉시 개구리는 밖으로 튀어나온다. 하지만 미지근한 물에 개구리를 넣고 서서히 열을 가하면 개구리는 물의 온도가 높아진다는 사실을 미처 눈치채지 못한 채 가만히 있다가 결국 끓는 물에 삶아져 죽고 만다.

학대 관계도 꼭 끓는 물 속 개구리처럼 작동한다. 오랜 시간에 걸쳐

서서히, 꾸준히 악화된다. 어린 시절에 학대를 받았던 여성과 학대를 받지 않았던 여성 사이에 차이는 있다. 어린 시절에 학대를 받은 여성은 학대 관계를 벗어나려고 해도 그 여성을 도와줄 지원을 거의 받지 못하는 반면 어린 시절에 학대를 받지 않은 여성은 학대 관계를 벗어나려고 할 때 믿고 의지할 곳이 있다는 점이다. 든든하게 믿고 의지할 곳이 있을 때 여성은 학대 관계에서 벗어날지 말지 선택할 마음을 먹을 수 있다. 건강한 어린 시절을 보낸 여성들은 학대가 아닌 다른 방식으로 관계를 맺을 수 있음을 알고 있을 때가 많다. 그러나 불행하게도 어린 시절에 학대를 받은 여성들은 학대 관계 외에 다른 관계는 없다고 생각해 어차피 다른 관계를 맺어도 결과는 같으리라고 생각하는 경우가 많다. 게다가 진실한 격려와 지원을 받은 경험이 있는 여성은 자기 자신에게 좀 더 확신이 있지만 자신을 믿어준 사람을 한 명도 알지 못했고 정신적으로 지지를 받아본 적이 없는 여성은 자기 자신에 대한 확신도 없다.

사람들이 많이 하는 또 한 가지 오해는 학대 관계가 가난하거나 백인이 아닌 소수 인종 집단에서 더 많이 발생한다는 것이다. 물론 이런 집단에서 학대가 발생할 수 있는 다른 스트레스 요인들이 분명히 있다. 하지만 부유한 백인 집단에서도 학대 관계는 아주 많다. 학대자가 돈이 많고 권력이 셀수록 여성은 그 관계에서 안전하게 벗어날 수 있다는 생각을 하지 못한다. 특히 두 사람 사이에 아이가 있다면 헤어짐을 결정하기는 더욱 힘들다.

'손뼉도 마주쳐야 소리가 난다.'라는 말을 들을 때마다 나는 위장이

뒤틀리는 것 같다. 또 '저 여자가 내 화를 돋우었다.'라는 말은 그 어떤 이유로도 허용할 수 없는 학대를 합리화하고 학대자가 아무런 책임을 지지 않고 빠져나갈 수 있게 만드는 구실이다. 안타깝게도 학대를 합리화하는 그런 '놀라운' 변명들을 피해자들도 대부분 옳다고 믿는다. 그 같은 정당화를 믿게 되면 피해자들은 자기에게 일어나는 일이 어느 정도는 자기 때문이라고 굳게 믿게 된다. 그 때문에 학대자들은 어떠한 처벌도 받지 않고 자기가 한 행동은 여성이 원한 것이라고 믿으며 일말의 죄책감조차 품지 않게 된다. 더구나 그런 변명을 허용하면 희생자는 자신이 자신의 운명을 통제하고 있다는 그릇된 생각을 하게 된다. 어떤 지뢰를 피해야 하는지만 알면 학대를 당하지 않을 수 있다고 생각하게 된다. 이런 믿음은 실제로도 피해자의 불안을 일시적으로는 잠재우는 효과가 있는데, 이에 관해서는 앞으로 더 자세하게 살펴볼 것이다. 어떤 형태로든 힘을 사용해 다른 사람을 위협하고 통제하는 행위는 그 어떤 변명으로도 정당화할 수 없다. 학대자의 결정에 여성이 영향을 미칠 수 있다는 생각은 잘못한 쪽은 여성이기 때문에 어떤 방법을 써서라도 벌을 줘야 한다고 생각하는 학대자의 행위를 옹호하고 도리어 피해자를 비난하는 행위이다.

자기가 남자를 '그저 충분히 더 사랑하기만 한다면' 남자가 자신을 해치지 않을 테고 두 사람의 상황은 훨씬 나아지리라는 믿음도 아주 위험한 오해이다. 이런 생각은 학대자가 피해자이며 여자가 좀 더 싹싹하고 '사랑스럽다면' 모든 일이 해결될 수 있다는 잘못된 결론으로 이끈다. 학대자와 피해자 모두 이런 생각을 하면서 시간을 흘려보내면 결국 두 사람의 처지는 완전히 양극화되어 학대자는 훨씬 더 의기양양해지며 피해자는 더욱 더 초라해지고 무기력해진다.

처음부터 학대하지는 않는다

앞에서 언급한 것처럼 학대는 시간이 흐르면서 점진적으로 악화된다. 그 이유는 학대자가 고의적으로 그런 상황을 조성하기 때문이다. 처음부터 아주 거칠게 행동하면 상대방은 진작에 떠나버릴 것이다. 학대자와의 관계는 처음에는 믿을 수 없을 정도로 근사하게 시작할 때가 많다. 장차 피해자가 될 사람은 학대자의 상냥함에, 깊은 관심에, 배려에 사로잡힌다. 학대자가 매력적이고 카리스마 넘치는 사람이라면 피해자는 어쩔 수 없이 상대방의 매력에 빠져들고 만다. 연애 초기에도 갑자기 흥분해서 자신은 애정 결핍이고 강박적이며 아주 성급한 사람임을 드러내 보여 피해자를 두렵게 만드는 학대자도 물론 있다. 하지만 그 외에는 좋은 점이 너무 많아서 피해자는 어딘지 모르게 개운하지 않은 이런 경고 신호들을 무시해버릴 수 있다. 시간이 흐르면서 학대자의 행동은 계속해서 바뀔 테고, 당신은 어째서 두 사람 사이가 그런 식으로 변해가는지를 이해하지 못해 혼란스러워질 것이다. 또 어째서 그렇게 불편한 마음이 드는지 콕 집어서 말할 수 없기 때문에 상대방을 만날 때마다 행복하지 않은 이유를 도저히 알아낼 수가 없을 것이다.

학대자는 누구에게나 매력적으로 보인다는 사실은 당신의 혼란을 더욱 더 부추긴다. 누구나 그 사람이 너무나도 멋진 사람이라고 생각하고 당신을 정말로 사랑한다고 느끼기 때문에 당신은 스스로 세정신이 아닐 수도 있다는 의심을 품게 될 수도 있다. 학대자는 사교적일 수도 있고 내성적일 수도 있으며 야심만만한 사람일 수도 있고 느긋한 사람일 수도 있다. 돈과 권력이 많은 사람일 수도 있고 아닐 수도 있다. 학대자는 온갖 모습을 할 수 있기 때문에 만남 초기에 학대자임을 파악하기란 더욱 어렵다. 다행히 학대자들 대부분에게는 인간관계에서 드러나는 공통된 특징이 몇 가지 있다. 따라서 만남 초기에 가능하면 빨리 그 특성들을 파악하고 안전하게 그 관계에서 벗어날 수 있어야 한다. 학대자와 함께하는 시간이 길수록 학대는 더 심해지고 학대에서 벗어나기는 더욱 더 어려워진다. 만남 초기에 학대자에게서 발견할 수 있는 위험 징후에는 다음과 같은 것들이 있다.

- 지나치게 열정적이고 과도하게 상대방의 일에 관여한다.
- 끊임없이 연락을 하려고 한다.
- 너무나도 빨리 심각한 사이가 되려고 한다.
- 지나치게 친절해서 어떨 때는 위선적이라고 느껴진다.
- 언제나 자신과만 시간을 보내기를 바라고 당신이 다른 사람과 함께 있는 것을 좋아하지 않는다. 특히 자신을 좋아하지 않는다는 느낌이 드는 사람들이 당신과 함께 있는 것을 좋아하지 않는다.
- 예전에 자신과 만났던 사람들을 좋게 말하지 않는다.
- 다른 사람과 협력하지 않은 적이 있다.
- 당신을 존중하지 않는다.

- 당신이 원하지 않는 호의를 베풀거나 불편하게 만든다.
- 밤에도 여러 번 전화를 하고 무슨 일을 하고 있는지 알아내려고 한다.
- 당신을 휘두르려고 한다.
- 당신을 소유하려고 한다.
- 특별한 이유도 없이 질투한다.
- 늘 남을 탓한다.
- 늘 자신이 옳다.
- 자기중심적이다.
- 마약을 하거나 술을 많이 마신다.
- 섹스를 해야 한다고 강요한다.
- 화가 날 때마다 위협한다.
- 이중 잣대를 가지고 있다.
- 여성을 대하는 태도가 부정적이다.
- 다른 사람이 있으면 당신을 대하는 태도가 달라진다.
- 두 사람이 있을 때나 다른 사람들 앞에서 당신을 우습게 만들거나 창피를 준다.
- 당신이 한 일이나 하고자 하는 일을 우습게 여긴다.
- 당신과 당신이 내린 결정에 항상 의문을 제기한다.
- 항상 당신의 의견에 반대한다.
- 취약함에 이끌리는 것처럼 보인다.
- 당신이 어떤 일을 하건, 어떤 노력을 하건 간에 당신과 함께 있으면 행복해 보이지 않는다.

• 당신을 고립시키려고 한다.

어떤 관계를 맺고 있을 때는 그 관계가 어떤 모습인지를 제대로 파악할 수가 없다. 학대 관계를 맺고 있을 때는 더욱 그렇다. 학대 관계를 맺고 있는 피해자는 늘 확신이 들지 않고 끊임없이 무엇이 진실인지 몰라 당혹스럽다. 가장 중요한 것은 **그 사람과의 관계를 스스로 어떻게 느끼는지를 세밀하게 관찰하는** 일이다. '이 사람과 함께 있을 때 나는 어떤 마음이 드는가?'야말로 무엇보다도 고려해야 할 가장 중요한 판단 근거이다. 학대 행동은 파악하기가 어려우며, 두 사람의 관계를 객관적으로 보기란 언제나 쉽지 않다. 어떤 관계든지 인간관계에서는 누구나 상대에게 혼날 것이라는 두려움을 느끼지 않고 자유롭게 자기 생각을 말하고 자기주장을 할 수 있어야 한다. 누구나 자신의 가치를 인정하고 존중해주는 사람과 함께할 권리가 있다.

게임의 규칙은
정해져 있다

　학대자에게 학대는 일종의 게임이다. 그 게임에서 완벽하게 이기려고 학대자는 만반의 준비를 갖춘다. 수많은 여성이 말해준 동일한 이야기들을 듣고서 나는 학대가 사실은 학대자를 위한 게임이라는 사실을 깨달았다. 학대자는 규칙을 만들고 자기가 이길 때까지 게임을 멈추지 않는다. 학대자에게 두 사람의 관계는 이기느냐 지느냐의 문제일 뿐이다.

　내가 독자들에게 전할 수 있는 내용이 단 하나뿐이라면 무엇보다도 학대를 받는 사람들은 두 사람의 관계에서 한 발 뒤로 물러나 객관적으로 그 관계를 들여다보는 것이 중요하다는 말을 하고 싶다. 사람들은 대부분 당면한 문제가 있으면 그 문제를 자세히 들여다보고 해결책을 찾으려고 한다. 문제가 생기면 가장 좋은 방법으로 문제를 해결하고 다음 단계로 넘어가고 싶어 한다. **하지만 학대자들은 그렇지 않다.** 학대자는 오직 이길 생각만 한다. 이긴다는 것은 권력을 가지고 다른 사람을 통제한다는 뜻이다. 학대자에게는 무엇보다도 권력과 통제가 가장 중요하다.

　멀리 떨어져서 관찰하면 학대자는 자신이 원하는 것을 얻기 위해 사용할 수단으로 가득 찬 가방을 들고 있음을 알 수 있다. 한 가지 수단이 제대로 힘을 발휘하지 못하면 학대자는 다른 수단을 꺼내 든다. 자기가 원하는 바를 쟁취할 때까지 필요한 수단을 꺼내고 또 꺼낸다. 상대방의 친절함을 약함으로 해석하고 그 약함을 이용해 마음대로 착취한다. 거만한 학대자는 당신을 초라하게 만들면서 자신이 우위에 있음을 확인한다. 학대자는 이기려고 수단과 방법을 가리지 않는다. 비겁한 행동을 하고 육체적으로, 감정적으로, 경제적으로 해를 끼치고 아이들을 해치며 법을 어길 수도 있다. 학대자는 규칙을 만들지만 그 규칙을 자신에게 적용하지는 않는다. 학대자는 당신을 잘 안다. 당신과 조금만 함께 시간을 보내면 당신에게 어떤 수단을 사용해야 하고 어떤 수단은 사용할 필요가 없는지를 정확하게 파악한다. 훨씬 범위를 좁혀 당신에게 먹히는 전략만을 구사하기 때문에 훨씬 효과적으로 당신을 통제하고 신속하게 승리를 쟁취한다.

아무리 노력해도 해결 방법은 없다

당신은 끊임없이 혼란에 빠진다. 왜냐하면 분명히 문제가 있는데, 어디에서도 실제로 존재하는 문제를 해결할 방법이 없는 것처럼 보이기 때문이다. 당신이 문제를 해결하려고 애쓸수록 학대자는 당신을 방해하고 더욱 더 가혹하게 맞선다. 당신은 어째서 학대자가 그런 행동을 하는지 도무지 알 수가 없다. 어째서 학대자에게는 두 사람 사이에 생긴 문제를 해결할 마음이 전혀 없는 것처럼 보이는지 당신은 도무지 이해할 수가 없다. 그런 학대자의 태도 때문에 당신이 문제라고 생각했던 일에는 집중하지 못하게 되고 학대자가 제시하는 시시콜콜한 문제 때문에 두 사람의 관계는 수렁에 빠지고 만다. 아무리 노력해도 그런 문제를 해결할 방법이 없기 때문에 결국 당신은 지쳐버린다. 이런 문제는 학대자가 두 사람 사이에 놓인 문제를 실제로 존재하는 문제라고 생각하지 않기 때문에 생긴다. 학대자에게 두 사람 관계는 오직 이기고 지는 싸움일 뿐이다. 자신이 이길 기회를 얻으려고 학대자는 일부러 자신을 당신의 반대편에 놓는다. 학대자에게 협력은 없다. 오직 승자와 패자만이 있을 뿐이다. 학대자는 당신을 통제하는 데 효과가 있는 방법을 찾으려고 다양한 시도를 하면서 결국 원하는 것을 쟁취한다. 학대자에게는 권위와 권력과 통제력을 획득하는 것이 당신을 상대로 승리했음을 의미한다. 학대자는 궁극의 지배자가 되고자 한다.

학대자가 그런 식으로 행동했을 때 얻는 이익은 무엇일까? 학대자가 벌이고 있는 게임에서 당신이 하는 역할은 무엇인지 솔직하게 생각해보자. 학대자는 결국 자기가 원하는 것을 갖게 된다. 학대자는 굳이 큰 힘을 들이지 않고도 자신이 원하는 것을 얻는 방법을 안다. 학대자는 두 사람의 관계를 개선하거나 당신의 필요를 충족시켜주거나 당신을 기분 좋게 해줄 노력을 전혀 하지 않는다. 그런 노력을 하는 사람은 당신이다. 당신이 뱅글뱅글 원을 돌면서 학대자를 달래려고 애쓰는 동안에도 학대자는 그저 등을 기대고 앉아 당혹스러워하는 당신을 지켜볼 뿐이다. 학대자는 끊임없이 규칙을 바꾸기 때문에 학대자를 만족시킬 수 있는 방법은 없다. 아무리 열심히 노력해도 당신이 하는 일은 학대자에게는 **부족해** 보인다. 당신이 힘을 얻으려면 그 게임이 언제나 같은 방식(학대자는 언제나 이기고 당신은 언제나 지는 방식)으로 규칙이 정해서 있다는 사실을 깨달아야 한다. 공정한 시합을 하려면 당신은 더 넓게 볼 수 있어야 한다. 지금 당장 당신을 괴롭히는 문제를 옆으로 치워두고 어떤 식으로 시합이 진행되고 있는지를 바라볼 수 있어야 한다. 그래야만 그와 관계를 맺은 이후로 처음으로 힘을 갖게 되고 실제로 벌어지고 있는 일을 제대로 볼 수 있다.

2부

내가 과민 반응을 하는 걸까?

– 정서적 학대의 패턴 감지하기

내가 과민 반응을 한다고 생각했어요. 하지만 이제는 알아요. 비정상적인 헛소리를 그렇게 많이 들으면 그런 반응을 하는 게 정상이란 걸요.

– 매들린 스크라이브스Madeline Scribes

좋은 사람으로
행세해야 하는 이유

　'학대'라는 말을 들으면 사람들은 대부분 남자가 아내를 때리는 고전적인 가정 폭력만을 떠올린다. 이런 분명한 학대는 쉽게 인지할 수 있다. 하지만 가장 교활한 학대는 사실상 아주 교묘해서 학대자에게서 흔히 학대자라고 보일 만한 특징을 찾을 수 없는 경우가 많다. 학대자도 때로는 성격이 아주 좋고 사랑스럽고 재미있고 따뜻하고 매력적일 수 있기 때문에 피해자는 자신이 학대 관계를 맺고 있다는 의심을 쉽게 할 수 없다. 학대자가 아무리 친화력을 가장한 가면을 쓰고 있다고 해도 그 밑에 숨겨진 공격성을 과소평가하면 안 된다. 학대자는 무슨 일이 있어도 상대방을 지배하고 통제하려고 든다.

　학대자는 도전을 피하지 않으며 도전을 받는 즉시 싸우려 든다는 말로 설명할 수 있는 사람이다. 학대자는 상어와 같다. 상대가 약하다는 사실을 인지하는 순간 상대방을 죽이려고 무자비하게 덤비는 사람이다. 공격할 때에는 힘과 권력을 가장 명확하게 드러낼 수 있는 위치를 점유하기 때문에 학대자는 공격을 할 때 가장 편한 기분을 느낀다. 상대방이 자신을 적절하게 방어한다고 느낄 때는 지배자로서의 상위 위치를 잃었다고 느끼기 때문에 재빨리 더 큰 공격으로 맞받아친다. 학대자의 목표는 오직 승리하는 것임을 기억해야 한다. 하지만 학대자는 자신의 공격성을 그대로 드러내면 자신의 진짜 모습과 진짜 의도가 노출된다는 사실도 알고 있다. 그는 다른 사람들에게는 자신의 공격성을 감추려고 노력한다. 그래야 '좋은 사람'으로 행세하면서 동시에 자신이 원하는 대로 당신을 휘두르고 위협하고 협박할 수 있기 때문이다. 피해자가 미처 깨닫지도 못하는 사이에 학대자가 권력과 통제력을 거머쥐어 학대 관계라는 복잡한 원단을 짤 수 있는 것은 교묘한 학대, 은밀한 공격성이라는 전략을 구사하기 때문이다.

통제는 나의 힘

학대자는 자신이 원하는 것을 얻어내려고 유머에서부터 은밀한 조작까지 활용할 수 있는 모든 교묘한 전략을 활용한다. 학대자는 자신의 매력으로, 카리스마로, 논리로, 그것도 아니면 동정을 사서 당신의 경계심을 허물고 우위를 차지하는 방법을 알고 있다. 학대자가 구사하는 전략은 피해자를 더 어리둥절하게, 더욱 더 취약해지고 연약하게 만든다. 어떤 전략은 너무나도 교묘해서 실제로 감지할 수 없기 때문에 나쁜 행동을 했다고 비난을 해도 그 사실을 부인하고 쉽게 빠져나갈 수 있다. 당신의 직감은 분명히 무언가 잘못되었다고 말하지만 그 직감을 뒷받침할 증거는 제시할 수가 없다. 그저 곤혹스러운 상태로 계속 의아해할 수밖에 없다. 계속해서 위협받고 있다는 느낌은 들지만 그런 느낌이 드는 이유를 정확하게 콕 집어서 밝힐 수가 없다.

학대자와 함께할 때는 반드시 그가 난폭하게 행동한 뒤에 다시 그런 행동을 할 때까지 중간 기간에 나타나는 행동들을 자세하게 살펴봐야 한다. 그래야만 학대임이 분명한 행동을 하고도 저벌받지 않고 넘어가는 이유를 제대로 이해하고 더 많은 정보를 얻을 수 있다.

SCENE 페이지

페이지는 50대 초반의 여성으로, 자기 의사와는 상관없이 34년 만에 결혼 생활이 끝난 뒤에야 나를 찾아왔다. 페이지는 최근에 남편이 바람을 피운 사실을 알았다. 남편이 놓아둔 신용카드 명세서를 보고서야 남편이 2년 반 동안 한 여자를 만나려고 거의 8000달러를 썼다는 사실을 알게 된 것이다. 자기가 사용한 돈과 바람피운 사실이 드러난 뒤에야 페이지의 남편은 자신이 페이지 곁을 떠날 생각이라고 말했다.

페이지는 바람을 피우고 결혼 생활을 끝내버린 남편을 향한 분노를 치유하려고 나를 찾아왔다. 페이지가 이야기를 해나가는 동안 페이지의 결혼 생활은 매우 심각했음이 분명하게 드러났다.

페이지에게서 결혼 생활 이야기를 듣는 동안 처음에는 어째서 그런 상황에서도 결혼 생활을 유지한 것인지 이해가 되지 않았다. 페이지와 남편 사이에는 자녀가 둘 있었다. 페이지는 전업주부였고 남편은 은행원이었다. 남편은 가족이 편안하게 생활할 수 있을 만큼 넉넉하게 돈을 버는 사람이었는데도 가족이 먹을 식료품은 페이지가 직접 사야 한다며 여기저기에서 이상한 일들을 하기를 요구했다. 페이지가 집에서 아이들을 양육하기를 바라면서도 가족에게 필요한 식료품과 생필품을 구입해야 하는 책임은 페이지에게 있으며, 자신은 페이지의 의무를 도울 생각이 없다고 했다. 그 때문에 페이지는 자기 아이들을 데리고 다니면서 베이비시터나 가정부로 일을 해야 했다.

한번은 페이지가 남편에게 가족이 쓸 식탁을 새로 사줄 수 있는지 묻자 남편은 그런 물건은 페이지 돈으로 사야 한다고 대답했다. 페이지가 생필품과 식료품을 사느라 식탁을 살 여유가 없다고 하자 남편은 "그거, 안됐네."라고 말할 뿐이었다. 차고에는 남편이 자신을 위해 구입한 화려한 최신 자동차가 두 대나 있었는데도 말이다.

식탁을 새로 사야 한다는 말을 하고 3년이 지났을 때 페이지의 남편은 놀랍게도 새 식탁을 구입했다. 페이지는 집에 돌아와서야 그 식탁을 보았는데, 페이지가 사야 한다고 말했던 식탁이 아니었다. 그 식탁은 페이지가 필요하다고 말한 식탁과 일치하는 점이 한 군데도 없었다. 페이지는 그 식탁이 마음에 들지 않았고, 남편은 페이지가 고마워하지 않는다는 이유를 들어 길길이 날뛰며 화를 냈다. 그런 남편을 본 페이지는 남편에게 고마워하지 않고 노고를 인정하지 않은 자신에게 죄의식을 느꼈다. 그래서 페이지는 자신은 식탁이 마음에 든다고, 가족에게 새로 식탁을 사준 남편은 정말로 멋진 사람이라고 생각한다는 사실을 남편에게 보여주기 위해 최선을 다했다.

내가 페이지의 경험을 소개하는 것은 페이지의 이야기가 가장 놀랍고도 끔찍한 학대 관계를 보여주는 예이기 때문이 아니다. 바로 학대자가 어떤 식으로 교묘한 방법을 사용해 피해자를 자기 뜻대로 움직이는지, 어떻게 자기가 원하는 대로 하게 만드는지 어떤 식으로 더 많은 권력을 사용해 피해자를 통제하는지를 보여주는 적절한 예이기 때문에 소개했다. 페이지의 남편(학대자)은 자신이 번 돈은 일방적으로 자기 자신만을 위해서 사용했다. 가족에게 필요한 물건이 아니라 비싼 자동차를 사는 데 소비했다. 가족에게 필요한 식탁을 구입할 때도 구입 시기나 식탁의 종류를 자기가 혼자서 결정했다. 이것은 페이지의 남편이 자기가 페이지에게 돈 이야기를 할 때마다 페이지가 어떤 느낌이 들지, 가정에 충분한 수입이 있는데도 밖에 나가 일해야 할 때, 생필품을 구입할 돈을 벌려고 아이들을 데리고 베이비시터 일이나 가정부 일 같은 힘든 육체노동을 해야 할 때 페이지가 어떤 마음이 들지를 조금도 신경 쓰지 않는다는 뜻이다. 경제적인 면에서 페이지가 좋아하는 식탁을 사지 않은 것은 실은 자신에게 대든 페이지를 수동적으로 공격하고 처벌하는 행위이다.

페이지의 이야기는 학대자가 자기 요구에 피해자가 어떤 식으로 반응하고 얼마나 참아내는지를 보려고 피해자를 밀고 당기는 방식을 잘 보여준다. 페이지의 남편은 페이지의 감정과 경험을 무시하면서 계속 아내를 억압했고, 아내를(그리고 자기 아이들을) 자기 소유물로 취급했다. 이런 학대자의 태도는 페이지가 중요한 사람이 아니라는 신호를 계속 보내 페이지를 무력하게 만든다. 페이지의 남편은 페이지가 필요한 것들을 제공하는 시간을 늦춤으로써 권력을 유지했다. 생활비를 주는 시간을 늦추고 가족에게 필요한 식탁을 3년 뒤에나 구입함으로써 페이지에게는 스스로 살아갈 수 있는 돈을 충분히 벌지 못한다는 인식을 심어준 것이다. 식탁을 구입한 뒤에는 수비로 태세를 전환해 페이지가 분명히 고마워해야 할 상황에서 '고마워하지 않았다'는 이유로 아내를 비난하면서 페이지를 뒤흔들었다. 마침내 페이지의 남편은 '나는 너를 위해서 이렇게 좋은 일을 했는데, 너는 그걸 좋아하지 않았어. 넌 나에게 상처를 줬어.'라는 식으로 희생자 흉내까지 냈다.

페이지의 부부 관계에서 페이지가 어떤 역할을 했는지를 살펴보는 일도 중요하다. 두 사람이 그런 관계를 맺게 된 데에는 페이지에게도 책임이 있어서가 아니다. 두 사람 사이에 어떤 일이 있었는지를 제대로 알고 있어야만 당신의 동반자가 당신에게 심어주려는 생각과 달리 당신은 무기력하지 않다는 사실을 알 수 있기 때문이다.

물론 페이지의 책임도 크다. 남편이 태만하게 굴면서 남편으로서 아버지로서의 역할을 하지 않을 때도 혼자서 열심히 일해 필요한 부분을 채웠고, 부당하게 대하는 남편의 태도를 그대로 받아들이고 자기 힘으로 가족에게 필요한 생필품과 식료품을 마련했다는 데 페이지의 책임이 있다. 싸우기 싫어하는 페이지는 남편에게 맞섰을 때 당연히 발생할 갈등을 견뎌내기보다는 자신이 할 수 있는 일을 찾아 하는 것이 더 좋은 방법이라고 생각했기 때문에 모든 희생을 감내하면서 남편과 부딪칠 일을 피했다. 페이지는 언제나 학대자를 같은 방식으로 대했다. 최선을 다해 학대자에게 그 사람은 아주 근사한 사람이고 자신은 학내자에게 많은 빚을 지고 있다는 인성을 심어주었다. 자존감이 아주 낮은 페이지는 남편에게 맞서는 일을 점점 더 어려워했다.

도대체 왜 페이지는 자신을 위해서, 그리고 아이들을 위해서 나서지 않았을까? 어째서 남편에게 "아니, 싫어. 나나 아이들 모두 이 터무니없는 상황을 더는 참지 않을 거야."라고 말하지 못했을까? 이 책을 읽어나가는 동안 당신은 페이지가 그렇게 하지 못한 데에는 상당히 복잡한 이유가 있음을 알게 될 것이다. 페이지가 남편에게 맞서지 못한 것은 페이지가 맞서는 순간 남편이 페이지에게 더 큰 대가를 지불하게 했을 것이기 때문이다. 또 페이지에게는 남편에게 맞서 싸울 기력이 남아 있지 않았기 때문이다. 페이지를 지지해주거나 다른 선택을 할 수 있게 해줄 자원이 달리 없었고 남편이 약속한 말들을 믿었기 때문이다. 페이지는 남편이 자신을 사랑한다고 느꼈으며, 사랑은 양보하고 다른 사람을 받아들여야 함을 의미한다고 생각했다. 어쨌든 페이지는 남편은 좋은 사람이라고 생각했다. 남편이 가족에게 살 집을 마련해주고 아이들과 놀아주기도 했기 때문이다. 무엇보다 페이지는 오랫동안 남편에게 언어 학대를 받으면서 실제로 자신감이 완전히 사라졌기 때문에 남편에게 맞서지 못했다.

서서히
불편하게 만드는
재주

학대자라고 해서 처음부터 날카로운 말을 하고 비웃고 당신을 문 밖으로 집어 던지지는 않는다. 그런 행동을 처음부터 한다면 당연히 당신은 아무 문제 없이 관계를 끊어버리고 말았을 것이다. 학대자도 당연히 그 사실을 안다. 그렇기 때문에 표면 밑에서 부글부글 끓어오르는 분노와 불안을 감추고 처음에는 아주 신중하게 행동한다.

시간이 흐르면 학대자는 서서히 당신을 해칠 말들을 하거나 당신을 우습게 만든다. 학대자는 자신과 다른 성(性)을 비하하거나 상스러운 말을 자주 한다. 특별히 당신을 지칭하는 말은 아니지만 분명히 당신이나 당신 가족, 친구들을 비하하는 말을 해 당신 마음을 불편하게 만든다. 자신이 빠져나갈 구멍을 만들려고 언제나 당신 반응을 세밀하게 관찰한다. 마음이 불편해진 당신이 방어를 하려고 하거나 반박하려고 하면 너무 민감하다거나 농담도 모른다는 식으로 오히려 당신을 탓한다. 그러면 당신은 '내가 너무 과민하게 반응하는 걸까?'라는 생각을 하게 된다. 그렇게 학대 관계는 시작된다.

상대방을 교묘하고 날카롭게 비난하고 비웃고 깎아내리는 학대자의 언행과 자기 자신을 의심하고 믿지 못하게 되는 피해자의 태도가 결합해 학대 관계라는 옷감은 짜이기 시작한나. 학대사는 사신과 사신이 한 행동을 책임지지도 인정하지도 않는다. 학대자는 자기가 한 행동에 책임을 지는 순간 약자의 위치에 놓인다고 믿는다. 학대자는 그런 상황을 받아들일 수가 없다. 학대자는 자신이 언제나 권력을 쥐고 있어야 한다. 항상 자신이 상대방을 손에 쥐고 휘둘러야 한다. 자신에게 통제권이 없음을 알게 되는 순간 학대자는 아주 심각하게 불안해져서 결국에는 폭발해버리고 만다.

SCENE 켄달 ❶

30대 초반인 켄달은 이제 막 결혼 생활을 끝냈다. 예전에 켄달은 활기차고 쾌활했으며 미래에 대한 기대로 가득 차 있었다. 하지만 이제 열정은 사라졌고, 인생은 그저 살아내는 것이라는 듯 조금은 무심한 사람이 되어버렸다. 나를 찾아왔을 때 켄달은 결혼 생활을 하는 동안 자신에게 무슨 일이 벌어졌으며, 어째서 자신이 그렇게 지쳐버렸는지를 알고 싶어 했다. 게다가 그 모든 일을 겪은 자신이 앞으로 또다시 누군가를 믿고 함께할 수 있을지도 궁금해했다.

켄달은 전남편에게 단 한 번도 자신이 원하는 일을 내색해본 적이 없었다. 켄달의 전남편은 켄달이 원하는 것을 말할 때마다 항상 반대 입장을 취했다. 그는 켄달이 원하는 것은 무엇이든지 비웃거나 우습게 만들거나 원하는 대로 하면 안 되는 온갖 이유를 댐으로써 결국에는 켄달이 포기하게 만들었다. 정말로 중요한 일에 관해서는 켄달이 주장을 내세워보기도 했지만 그럴 때마다 부부는 싸울 수밖에 없었고, 결국 켄달은 어떤 주제로 싸움을 하건 간에 그렇게 격렬한 싸움을 해야 할 만큼 중요한 일은 없다는 사실을 배울 수밖에 없었다.

켄달은 결혼하기 전에 있었던 일도 말해주었다. 켄달과 당시 약혼자였던 전남편은 예식장을 결정해야 했다. 켄달은 가까운 사람들만 모여 해변에서 행하는 작은 결혼식을 원했다. 약혼자도 켄달의 말에 동의했고, 두 사람은 그런 곳을 찾아 십여 곳을 둘러보았다. 계속해서 마음에 들지 않는 장소를 둘러본 뒤에야 마지막으로 켄달 마음에 꼭 드는 곳을 발견했다. 켄달은 그곳에서 결혼식을 올린다는 생각에 너무나도 행복했고 신이 났지만, 곧 행복했던 마음은 산산이 부서졌다. 전남편은 켄달이 선택한 곳에서는 결혼식을 올릴 수가 없다고 했다. 자신은 이전에 보았던 곳이 마음에 드니 그곳에서만 결혼식을 하고 싶다고 했다. 그곳을 그렇게나 좋아했다는 사실을 전혀 눈치채지 못했는데도 말이다. 켄달은 왜 자신에게는 너무나도 중요한 결정을 전남편이 막으려고 하는 것인지, 자신에게는 그다지 중요하지 않은 문제를 가지고 켄달의 의견을 억누르려고 하는 것인지 이해할 수가 없었다. 켄달이 원했던 곳은 전남편이 좋다고 하는 곳과 가격도 동일했다. 더 멀지도 않았고 공간도 넓었다. 켄달이 어째서 자신이 택한 곳에서 결혼식을 하면 안 되는지 묻자 전남편은 씩 웃으면서 대답했다. "나도 몰라. 그냥 마음에 안 들어. 그런 문제 가지고 괜히 흥분하지 마."

이 이야기를 하고 나서 켄달은 "그때 이떤 사람인 줄 알았어야 했어요."라고 했다. 하지만 그때는 잘 알지 못했다. 기분 좋은 말을 잘하고 다정한 전남편이 자기를 지배하려는 사람임을 눈치채지 못했다. 그저 그 남자를 기쁘게 해주는 것만이 자신의 의무인 듯이 남자를 즐겁게 해주려고 노력했을 뿐이다. 두 사람이 어떠한 싸움도 하지 않고 몇 주 동안 잘 지낼 때도 있었다. 하지만 켄달이 무언가를 원하거나 결정을 내리려고만 하면 다시 싸우게 되었다. 수년 동안 켄달이 무언가를 원하기만 하면 너무나도 크게 싸우게 되니, 결국 켄달은 무언가를 원한다는 생각 자체를 포기하고 말았다. 싸움은 켄달을 너무나도 지치게 했다.

─────────────────────────

켄달의 이야기는 상대방을 공격하고 통제하는 관계에서 흔히 나타나는 학대 유형을 보여준다. 학대자는 피해자가 진심으로 원하는 것을 '허락'하면 결국 피해자에게 힘이 생기고 자신감이 생겨 자신의 권위와 통제력이 손상된다고 느낀다. 피해자가 자신을 갖게 되면 결국 언젠가는 자기 곁을 떠날 수도 있다고 생각한다. 영리한 학대자는 가끔씩 부스러기를 던져주고 피해자가 원하는 것을 할 수 있게 해준다. 하지만 자세히 들여다보면 학대자가 허용하는 일은 상당히 하찮거나 자신은 조금도 신경 쓰지 않는 일들뿐이다. 그러다가 피해자가 정말로 원하는 일을 하려고 하거나 학대자가 반대하는 일 때문에 맞서려고 하면 그때까지 자신이 허락해주었던 모든 일을 열거하면서 부당한 취급을 받고 있는 것은 자신이라며 반박한다. 이 책을 읽는 독자에게는 이런 패턴이 분명하게 보이겠지만 실제로 이런 관계를 경험하는 여성들은 그런 패턴을 제대로 볼 수 없다는 사실을 명심해야 한다. 그런 여성들이 사랑한 남자는 근사하고 사랑스럽고 관대한 사람이었다. 더구나 그 남자들은 그 여성들의 남편이기도 하다. 그 남자의 온갖 좋은 점을 다 알고 있는 여성으로서는 자기 남자에게 다른 면이 있음을 이해하기가 쉽지 않다. 그 때문에 여자는 혼란을 느낄 수밖에 없다. 여자는 자기 남자가 관대하고 사려 깊고 자신을 위해 무엇이든지 할 수 있음을 안다. 하지만 자신이 정말로 원하는 것은 무엇이든지 막는 것 같다. 그 두 남자는 분명히 다른 사람처럼 느껴진다. 결국 여자는 자신이 터무니없는 것을 소망했기 때문에 문제가 생겼다고 믿게 되고 자기 느낌은 어처구니없는 생각이라고 치부해버린다.

하찮은 것만 허용하다

그렇게 모든 것이 시작된다. 처음에는 그 정도는 사실 아무것도 아니라고 생각하면서 아주 작은 소망부터 포기해나간다. 작은 일을 포기하고 나면 적어도 당분간은 모든 문제가 풀린 것처럼 보인다. 학대자는 (가끔은 그런 결정이야말로 당신이 정말로 원했던 것임을, 아니면 당신보다도 당신의 마음을 자신이 더 잘 알기 때문에 더 좋은 결정을 했다는 확신을 심어주면서) 자신이 원하는 것을 얻었기에 행복해한다. 그리고 당신도 결국은 원했던 것이 그다지 중요하지 않았음을 알았으니 어쨌거나 만족스러워한다. 결국 인간관계란 서로 양보하고 타협하는 과정일 테니까. 어쩌면 당신은 상대방이 어떤 밀을 했긴, 대도를 사과했건 히지 않았건 간에 무조건 상대방을 용서해주는 사람일 수도 있다. 그래야 두 사람이 다시 화목해지고 이전과 같은 방식으로 살아갈 수 있으니까.

그러나 학대자의 공격성은 날이 갈수록 서서히 심해지고, 학대자는 상대방을 더욱 더 우습게 여긴다. 상대방의 인내심이 어디까지인지를 매순간 시험해보면서, 그리고 자기 행동이 어떠한 처벌도 받지 않고 용인되는 경험을 하면서 학대자는 자기가 그런 행동을 또 해도 된다는 사실을 알게 된다. 하지만 나중에 같은 행동을 하게 된다면 그 강도는 더욱 더 세질 테고 더 많은 것을 요구하게 될 것이다. 당신이 그런 식으로 행동하지 않았다면 난폭하게 행동하지 않았을 거라는 학대자의 말을 믿으면서 당신은 계속해서 학대자의 행동을 용인하고 받아준다. 당신이 움츠러들수록 학대자가 당신을 존중하는 마음은 사라진다. 결국 학대자는 자신이 가혹한 행위를 하는 데는 모두 정당한 이유가 있다는 엉뚱한 결론을 내리게 된다.

그 사람은 공감 능력이
전혀 없다

공감 능력과 양심은 직접적으로 관련이 있다. 공감 능력이 뛰어난 사람이 옳고 그름을 구분할 수 있는 양심 지수도 높다. 학대자는 공감 능력이 떨어지기 때문에 다른 사람의 입장에서 생각할 수 있는 능력이 거의 없다. 그래서 사람을 어떻게 대해야 하는지도 제대로 알지 못한다. 학대자는 다른 사람의 바람에 반응하지 않을 때가 많다. 모든 것은 철저하게 학대자 위주이다. 무언가 자신에게 잘못되었다는 느낌이 들면, 혹은 자신이 필요로 하는 것을 갖는 데 당신이나 당신이 필요로 하는 것이 방해가 되면 모든 사람을 불쾌하게 만들어버린다. 상대방이 무언가를 필요로 한다는 것은 학대자에게 아주 불편한 일이다. 학대자는 자신의 필요가 아니라 다른 사람이 필요한 일을 살펴려고 하지 않는다.

SCENE 엘리자베스

엘리자베스는 50대 후반으로 두 번째 남편과 20년 정도 함께 살았다. 활동적인 두 사람은 처음 만났을 때부터 자유롭게 여행도 다니고 자기 일도 열심히 할 수 있도록 아이는 갖지 말자고 합의했다.

몇 해 전에 엘리자베스는 스키를 타러 갔다가 사고를 당해 다리를 다쳤다. 일도 당분간을 쉬어야 할 정도로 큰 부상이었다. 당시 엘리자베스의 남편은 출장을 갔는데, 보통 출장에서 돌아올 때면 남편은 늘 기분이 나빴다. 엘리자베스는 출장에서 돌아오는 날 저녁밥을 차려놓지 않으면 남편이 화를 내리라는 사실을 알고 있었지만 다리가 너무 아팠기 때문에 남편에게 미리 그날은 저녁을 차릴 수 없으니 조금만 사정을 봐달라고 부탁했다. 하지만 집에 돌아온 남편의 상태는 그 어느 때보다 나빴다. 남편은 집으로 돌아와 아내에게 인사도 건네지 않고는 곧바로 부엌으로 들어가 찬장 문을 세게 여닫으면서 요란하게 접시를 꺼냈다.

잠시 뒤에 엘리자베스가 침실에서 나와 부엌으로 가자 엘리자베스의 남편은 '잠자는 공주'를 깨울 생각은 없었는데 미안하다며 비아냥거렸다. 엘리자베스는 그런 태도는 부당하다며 항의했고, 남편은 다쳤다는 사실부터가 잘못이라며 엘리자베스를 비난하기 시작했다. 엘리자베스는 사고가 일어난 경위를 설명하고, 그런 일은 누구도 예상할 수 없는 일이라고 반박했다. 하지만 그런 대답은 사태를 더욱 악화시킬 뿐이었다. 엘리자베스의 남편은 스키를 타러 가기로 결정했다는 것 자체가 '아무 생각 없는' 한심한 결정이었고 엘리자베스의 무능력을 증명한다며 비난했다.

엘리자베스는 남편의 말에 더는 대꾸하지 않고 그대로 침실로 돌아왔지만 이미 상처를 입었고 화가 났다. 정말로 스키를 타러 간

것이 아무 생각 없는 한심한 결정이었는지 궁금했다. 그다음으로 는 다친 다리를 생각했고, 앞으로도 엘리자베스가 좋아하는 일들 을 할 수 있을지 걱정됐다. 또 만약 다리가 제대로 낫지 않아 남편 과 함께 다닐 수 없다면 그때도 남편이 엘리자베스와 함께 살지 궁 금해졌다.

두 사람이 사귀기 시작했을 때는 남편이 거친 말을 하면 엘리자 베스가 화를 냈고, 그러면 남편이 사과는 했다. 하지만 그것도 벌써 오래전 일이었다. 엘리자베스는 자신이 아무 생각도 없는 한심한 사람은 아니라는 사실을 잘 알았지만 남편의 말에 마음이 아팠고, 남편이 자신을 그런 사람으로 본다는 생각에 걱정됐다.

엘리자베스는 남편과 지내는 일이 계속 힘들어지는 이유를 정확 하게는 알지 못했다. 남편에게는 공감 능력이 부족하다는 사실을 알지 못한 것이다. 남편이 사용하는 단어에 신경을 쓰느라 남편이 그런 식 으로 반응하는 이유를 정확하게 판단할 수가 없었다.

엘리자베스의 남편은 아내가 아파한다는 사실을 조금도 안쓰럽게 여기지 않았다. 그보다는 오히려 아내가 다쳤다는 사실 때문에 더욱 화를 냈다. 당신이 몸이 아프거나 도움이 필요할 때 학대자에게는 다 른 사람의 처지를 공감할 능력이 없음이 분명하게 드러날 때가 많다. 학대자는 당신과 자신이 개별 존재라는 생각을 하지 못한다. 당신이 어떤 감정을 느끼고 어떤 일을 겪고 있는지에 대해서는 조금도 신경 쓰지 않는다. 당신에게 필요한 일이 있다는 사실은 학대자를 불편하게 만들 뿐이다. 당신이 육체적으로나 감정적으로 어려운 일을 겪는 것을 보면 오히려 당신 생각을 더 하지 않거나 당신에게 결함이 있다고 생각할 수도 있다. 학대자는 상대방의 약한 모습에는 흥미가 없으며, 오히려 그 때문에 당신을 비난하고 불쾌해한다.

학대자가 어떤 형태로든 당신을 돕거나 당신 일을 함께 해주리라는 생각은 하면 안 된다. 혹시라도 학대자가 당신을 돕는다면 그건 당신이 하루라도 빨리 제자리로 돌아가 자신을 돕기를 바라기 때문이다.

도움이 필요할 때 도움을 줄 줄 모르는 사람

엘리자베스의 남편처럼 적개심을 분명하게 드러내지는 않는다 하라도 어쨌든 학대자에게는 분명히 공감 능력이 결여되어 있다. 다음 이야기에 나오는 헤일리의 남편처럼 말이다.

SCENE 헤일리 ❶

20대 중반인 헤일리는 최근에 학교를 졸업했고 3년 사귄 남자친구와 결혼한 지도 얼마 되지 않았다. 두 사람에게는 오랫동안 세운 계획이 있었다.

결혼하고 몇 달 지났을 때 직장에 있던 헤일리는 갑자기 배가 찌르는 듯이 아팠다. 통증이 너무 심했기에 직장에서 버티지 못하고 집으로 돌아가기로 한 헤일리는 남편에게 전화를 걸어 상황을 이야기했다. 그때 남편은 집에서 공부를 하고 있었기 때문에 헤일리는 혼자 있지 않아도 된다는 사실에 안심이 됐다.

몇 시간 뒤, 통증이 훨씬 심해져 헤일리는 병원에 가야 했다. 의사는 배가 아픈 이유를 정확하게 진단하지 못했고, 응급 수술을 해야 하는지 판단을 내리지 못했다. 헤일리는 무서웠다. 그때까지 한 번도 입원해본 적도 수술을 받아본 적도 없었기 때문이다. 그런데 헤일리가 잔뜩 걱정하면서 병원 침대에 누워 있을 때 헤일리의 남편은 문득 배가 고프다는 생각을 했다. 게다가 끝내야 할 숙제도 있었기 때문에 나쁜 일은 없을 거라고 헤일리를 달래주고는 이마에 입을 맞추고 집으로 돌아가버렸다.

혹시 수술을 해야 할지도 모르는데 혼자 있게 됐다는 생각에 잔뜩 겁이 난 헤일리는 부모님에게 전화했고, 그 길로 병원으로 달려온 헤일리의 부모님은 아픈 딸을 혼자 두고 사위가 집으로 갔다는 사실에 당혹스러워하며 화를 내기도 했다. 헤일리는 남편이 해야 할 공부가 너무 많고 병원에 있어봐야 할 일도 없었으니 집에 가는 것이 더 합리적인 선택이었음을 부모님께 애써 설명해야 했다.

낭종이 터져서 복통이 심했던 헤일리는 얼마 후 퇴원을 했다. 부모님이 헤일리를 집에 데려다주자 헤일리의 남편은 책상에 앉아 헤일리를 돌아보면서 "괜찮아서 다행이네."라고 말하고는 다시 책으로 고개를 돌렸다.

헤일리의 남편은 헤일리를 함부로 대하시는 않았다. 나쁜 말을 하지도 않았고(적어도 이때는) 입원을 했다는 이유로 죄의식을 느끼게 하지도 않았다. 하지만 헤일리의 남편은 아내가 잘못될 수도 있다는 걱정을 조금도 하지 않았고 고통을 느끼는 아내를 보고 조금도 괴로워하지 않았다. 다른 사람의 마음을 헤아릴 수 있는 능력이 없기 때문에 아내 일은 옆으로 미뤄두고 자신에게 좀 더 급한 일(식사와 공부)에 집중할 수 있었다.

학대자에게 상대방의 행복은 고려해야 할 일이 아니다. 학대자는 관계 개선에는 관심이 없다. 학대자의 주요 관심사는 두 사람의 관계에서 자신이 원하는 것을 얻는 것이다. 그 과정에서 상대방의 소망이 이루어질 기회가 생긴다면 학대자는 그 상황을 내버려둘 수도 있고 막을 수도 있다.

"너는 내가
제일 잘 알아!"

학대자의 마음 깊은 곳에는 불안이 자리 잡고 있어서 끊임없이 일관되게 당신을 괴롭힘으로써 자신의 불안을 달랜다. 학대자의 자아ego는 취약하고 제대로 발달하지 못했다. 연약한 자아를 지닌 학대자는 당신의 자율성을 위협으로 보고 당신의 콧대를 꺾는 일이 자기 의무라고 믿는다. 그래야만 자기가 더 대단하고 중요한 사람이라고 느끼고, 열등감이라는 진짜 문제를 회피할 수 있기 때문이다.

치유해줄 수 있다는 생각으로 학대자의 불안을 감싸 안으면 안 된다. 많은 여성이 학대자가 경험하는 '고통'에 휘말린 채 평생 동안 그 곁을 지키면서 살아간다. 학대자는 자기 자신도 책임질 마음이 전혀 없기 때문에 자신이 어떤 행동을 하는지를 조금쯤은 안다고 해도 바뀔 가능성은 거의 없다. 자신이 해온 대로 해서 원하는 것을 얻고 언제나 게임에서 이겼다는 사실을 자랑스럽게 여기며, 자신이 그 누구보다 우월하다고 생각한다.

일부러 반대 입장을 취하다

학대자는 다른 사람들이 자신을 위해 최선을 다하리라고 생각한다. 다른 사람은 자신을 돌볼 의무가 있으니 친절이나 배려에도 학대자는 고마워하지 않는다. 학대자는 당신이 자신에게 빚을 지고 있다고 믿는다. 아무리 노력해도 당신은 학대자가 만족할 만큼 충분히 해낼 수는 없을 테고, 학대자는 당신이 목표에 도달하지 못하도록 계속해서 기준을 높여갈 것이다. 자신을 왕이라고 생각하는 학대자는 자신이 받아야 할 합당한 대우를 받지 않았다고 느끼는 순간 엄청난 분노를 표출한다. 당신이 자신을 제대로 대우해주지 못하고 있다고 느끼는 순간 학대자는 당신에게 벌을 줄 것이다. 그래야 다음번에는 잘할 것임을 알고 있으니까.

일부러 반대 입장을 취하는 것은 학대자들 대부분이 자주 구사하는 교묘한 전술이다. 물론 당신과 반대 입장을 취한다고 해서 모두 학대자는 아니다. 하지만 당신이 상대방에게 당신을 입증해 보이려고 애쓴다거나 허락을 구하려고 하거나 인정을 받고 싶어 한다면 두 사람의 관계에는 분명히 권력 차이가 있는 것이다. 두 사람의 관계에서 권력이 한쪽으로 쏠리면 힘이 없는 사람은 상대의 허락을 받지 않는 한 그 무엇도 할 수 없는 상황이 된다. 관계를 장악하고 조금씩 당신의 권리를 빼앗는 학대자는 결국 당신을 완전히 무기력하게 만든다.

SCENE 켄달 ❷

자기가 원하는 일을 하나도 하지 못하게 했던 남편을 두었던 켄달의 이야기를 앞에서 다뤘다. 다시 켄달 이야기로 돌아가 켄달의 남편이 켄달을 심하게 통제한 방법을 살펴보자.

켄달도 처음에는 남편을 굳게 믿었기 때문에 하루 동안 있었던 일, 친구들, 직장 등에 대해 말했다. 하지만 점점 시간이 흐르면서 남편에게 이야기를 하면 마음을 다치거나 자기 자신이 우습게 여겨져 점점 더 입을 다물게 되었다. 켄달의 남편은 켄달이 함께 일하기 어려운 동료 이야기를 하면 그 즉시 동료 편에 서서 어째서 그 동료가 그런 식으로 행동할 수밖에 없었는지, 어째서 그 문제에서는 잘못한 쪽이 켄달일 수밖에 없는지를 말했다. 켄달이 어떤 이야기를 꺼내든 남편의 태도는 같았다. 심지어 잘못한 사람이 켄달이 아님이 분명할 때도 남편은 켄달을 비난했다.

켄달은 언제나 자신이 아니라 다른 사람 편을 드는 남편 때문에 남편이 자신을 지지하지 않는다는 느낌을 받는다는 사실을 알리려고 애썼다. 남편이 자신에게 해주었으면 하는 일도 말했다. 자신이 다른 사람 때문에 상처를 받았다는 것을 알아주고 힘든 하루를 보냈음을 이해하고 그저 안아주기를 원한다는 사실을 말해주었다. 그런데 그런 말을 들을 때마다 켄달의 남편은 자신을 방어하면서 잘못 생각하고 있는 사람은 켄달이라고 말했다.(켄달이 원하는 것을 말할 때마다 켄달의 남편은 아내를 공격하면서 "언제나 제대로 판단할 필요가 있다."라고 말한다는 사실에 주목해야 한다.)

켄달의 남편은 아내를 '영업사원'이라고 불렀다. 원하는 것이 있거나 필요한 것이 있을 때마다 자기한테 그걸 얻어내려고 아주 좋은 모습만 보여주려고 한다는 것이 그 이유였다. 켄달이 정말로 필요하다고 생각하고 무언가를 요구할 때면 켄달의 남편은 그런 요구가 어째서 터무니없는지, 어째서 켄달이 필요도 없는 요구를 하는지 지적하면서 아내의 요구를 물리쳤다.

켄달의 남편은 '승리'했고 켄달은 화를 참아내면서 자신이 원하는 것을 얻지도 못한 채 그 상황을 받아들이고 자신의 소망을 흘려보내야만 했다. 결국 켄달이 원하는 일을 부탁해야 할 때마다 가능한 한 남편 마음에 들도록 애를 쓰는 것은 계속해서 거절을 당했기 때문에 채택할 수밖에 없었던 생존 전략이었다.

아무리 애를 써도 어떤 결과도 얻지 못한 켄달은 결국 마음을 닫아버렸다. 자신을 둘러싼 벽을 세우고 남편과는 대화를 하지 않고 자기 자신은 막아버렸다. 어차피 결론을 아는데 더 노력하는 것이 무슨 의미가 있을까? 켄달이 그런 결정을 내렸다고 비난할 수 있는 사람은 없을 것이다.

왠지 법정에 출두해 자신을 변호하고 있는 것 같은 기분이 드는가? 필요한 일이나 소망하는 일을 하고자 할 때, 그리고 필요한 물건을 얻고자 할 때도 그 이유를 늘 동반자에게 정확하게 설명해야 하는가? 그렇다면 의심할 여지 없이 동반자가 당신을 통제하는 관계를 맺고 있으며, 동반자가 두 사람의 관계를 어떤 식으로 규정하건 간에 그 관계는 분명히 학대 관계일 가능성이 크다. 어떤 일에 대해 허락을 받아야 한다거나 새로운 소식을 전할 때 동반자가 어떤 반응을 보일지 두렵다면 당신은 어느 정도는 동반자에게서 직접적인 학대를 받고 있는 것이다. 당신이 두려워하는 이유는 동반자가 당신을 통제하고 험하게 대하기 때문이다. 동반자의 이런 두 가지 행동은 모두 상대방을 무기력하게 만든다.

두 사람이 맺는 관계가 이렇게 힘들면 당연히 안 된다. 동반자가 당신을 이해하고 있다는 느낌을 받아야지 늘 반대한다는 느낌을 받으면 안 된다. 동반자는 인생을 함께 살아가는 진정한 동반자라는 느낌이 들어야지 항상 **반대**만 하는 반대자라는 느낌이 들면 안 된다.

능숙하게 방어하고
능숙하게 조종하다

학대자는 사람을 다루는 능력이 뛰어나다. 학대자는 정확한 정보를 주면 당신이 그 정보를 유리하게 사용할 수도 있다고 믿기 때문에 애매모호하게 반응한다. 당신에게 알려줄 정보를 신중하게 고르고 총체적인 진실은 세세하게 알려주지 않는다. 학대자는 당신의 약함을 교묘하게 조종해 자신에게 유리하게 활용할 수도 있다. 어쩌면 그는 당신보다도 당신을 더 잘 알아 당신의 반응을 예측할 수 있는지도 모른다. 또 상황을 왜곡하는 데는 전문가라서 잘못은 전적으로 당신에게 미루며, 절대로 책임지는 법이 없으니 늘 학대자 자신을 희생자로 만든다. 자기가 한 행동을 당신이 지적하기라도 하는 날이면 자신이 학대한 내용을 축소하거나 부정한다. 실제로는 자기가 죄의식을 느껴야 하는 일에도 당신이 하지 않은 일을 거론하며 당신을 비난할 때가 많다. 그 때문에 당신은 학대자에게 맞설 때마다 사실 잘못한 사람은 그가 아니라 당신이라는 생각을 하면서 뒤로 물러나야 한다.

가장 능력이 뛰어난 학대자는 목소리를 높이지도 폭력을 휘두르지도 않는다. 교묘하게 사람을 조종할 수 있는 사람이야말로 가장 무시무시한 학대자이다. 상대방이 자신감을 잃어버리고 자기 자신에게 의문을 갖게 만들기 때문이다. 이런 식으로 조종을 당한 사람에게는 너무나도 깊은 상처가 나고, 그 상처가 남긴 커다란 흉터는 두 사람의 관계가 끝난 뒤에도 사라지지 않는다.

내가 미쳤을지도 모른다는 의심

학대자와 맞서는 것은 당신이 정당한 주장을 하고 있음을 밝혀야 하는, 아주 힘 빠지는 일이다. 당신이 어떤 주장을 하더라도 그는 아주 쉽게 그 주장을 물리치고 당신이 반박할 수 없게 만들어버린다. 그는 자기가 옳은 것처럼 보이게 만드는 단편적인 진실과 지나치게 과장해 부풀리는 당신의 잘못이라는 두 가지 무기를 들고서 논쟁의 본질을 설명해나간다. 학대자의 설명은 당신이 설명한 상황을 보잘것없게 만들어버리고 또다시 당신으로 하여금 잘못한 사람은 학대자가 아닌 당신일 수도 있다고 생각하게 만든다. 학대자의 설명은 논리적인 것처럼 들린다. 더구나 설명을 할 때 태도는 공정하고 차분하다. 당신이 흥분해서 감정을 드러낼수록 그는 여유롭게 등을 기대고 앉아 당신이 '얼마나 흥분해 있는지', '얼마나 날뛰고 있는지'를 알려준다. 실제로 나에게 도움을 구하러 오는 여성들은 대부분 수년 동안 널뛰는 감정 기복을 겪으며 자신이 미쳤을지도 모른다는 의심을 품고 있다.

SCENE 알렉스

알렉스는 이혼을 절대로 용납하지 않는 신앙심 깊은 가정에서 자랐다. 알렉스와 남편은 자녀를 다섯 명 두었고, 두 사람은 15년 동안 부부로 지냈다. 알렉스의 남편은 잘생겼고 카리스마가 있었으며 직장에서도 성공했다. 알렉스는 똑똑하고 현명하고 사교적인 남편에게 끌렸다.

알렉스는 결혼을 하고 남편과 계속해서 싸워야 했던 이유를 자신이 '지나치게 감정적'이기 때문이라고 고백했다. 알렉스가 슬퍼하거나 화를 낼 때마다 알렉스의 남편은 불쾌해했다. 알렉스가 자기 감정을 드러낼 때마다 알렉스의 남편은 그 즉시 알렉스가 느끼는 감정은 옳지 않다며 자기주장을 뒷받침하는 온갖 이유를 들었다. 남편의 말은 알렉스에게 엄연한 사실을 상기시켜주는 것 같았고 논리적으로 들렸기 때문에 알렉스는 두 사람 관계에서 있어 문제가 있는 사람은 자신임을 수긍할 수밖에 없었다.

알렉스는 감정을 드러내고 말을 하면 남편이 들은 체도 하지 않는다는 사실을 잘 알았기에 절대로 감정을 드러내지 않고 차분하게 말하려고 노력했다. 하지만 그런 노력은 아무 소용이 없었다. 알렉스가 아무리 차분하고 신중한 태도로 의견을 제시해도 그는 "진정해."라거나 "지금 당신은 제정신이 아니야."라고 말했다. 알렉스는 그런 남편에 대해 "내가 무슨 일을 해도 절대로 움직이지 않는 거대한 바위 같았다."라고 했다. 그런 남편의 태도에 점점 더 좌절한 알렉스는 자신의 말을 들어주지 않는 남편을 더는 참아내지 못하고 분노를 터뜨렸다.

나를 찾아왔을 때 알렉스는 자신이 '미쳐가고 있다'고 생각했다. 10년이 넘는 세월 동안 여러 정신과 의사를 찾아다녔던 알렉스는 다양한 기분 장애라는 진단을 받았다. 당연히 약도 많이 먹었는데, 대부분은 전에 먹었던 약의 부작용을 없애려고 먹는 약이었다. 그런 알렉스를 내가 도울 수 있으리라는 확신은 없었지만 알렉스의 무기력함 속에는 결의가 있었고 자신과 남편 사이에 어떤 문제가 있는지 알아내겠다는 의지가 대단해 결국 나도 함께 노력해주기로 했다.

알렉스와 몇 번 내담을 진행하자 알렉스가 기분 장애를 겪고 있고 정신적 고통을 받고 있는 이유를 분명하게 알 수 있었다. 알렉스의 남편이 학대자였던 것이다. 알렉스는 가끔은 아이들에게도 가해지는 교묘한 학대를 참아야 했다. 남편이 가하는 교묘한 학대는 가정생활에 큰 문제를 일으켰지만 알렉스는 집안의 모든 문제는 자신이 감정 기복이 심하기 때문에 일어나는 것이라고 굳게 믿고 있었다.

알렉스에게는 특히 고통스러웠던 사건이 하나 있었다. 쉽게 이야기를 털어놓지 못했던 알렉스는 나와 함께 몇 달 동안이나 치료를 한 뒤에야 마음을 열고 그 이야기를 들려주었다.

어느 날 밤, 아이들이 모두 잠자리에 든 뒤에 몇 시간 동안 남편의 긴 비난을 들은 알렉스는 그 상황에서 벗어나려고 현관문으로 걸어가기 시작했다. 그런데 알렉스의 남편은 알렉스가 밖으로 나가지 못하게 앞을 가로막았다. 꼼짝도 않는 남편을 밀어내려고 알렉스는 주먹으로 남편의 어깨를 치려고 했지만, 그 순간 알렉스의 남편은 알렉스의 주먹으로 얼굴을 들이밀었고, 알렉스는 손목이 부러지고 말았다.

그때부터 알렉스의 남편은 아내가 자신을 학대한다고 주장했다. 그 일을 떠올릴 때마다 알렉스는 엄청나게 부끄러웠고 고통스러웠다. 주먹으로 얼굴을 때린 알렉스가 학대자라는 남편의 주장에 반박할 수 없었기 때문에 알렉스는 자신이 어떤 사람인지를 심각하게 고민해야 했다.

스스로 부끄럽다는 감정 외에도 알렉스의 가족이 전적으로 남편의 편을 든다는 사실 역시 알렉스를 외롭게 했고 버림받았다는 기분을 느끼게 했다. 알렉스의 가족은 '분노를 조절하지 못하는' 알렉스 옆에 있어준다는 이유로 알렉스의 남편을 칭찬했다. 그리고 알렉스의 남편은 기회가 있을 때마다 가족들의 말을 들먹이면서 누가 봐도 알렉스는 제정신이 아니라는 사실을 상기시켰다.

나중에 알렉스의 남편은 알렉스가 '항복하게' 하려고 일부러 얼굴을 들이밀었다는 사실을 은밀하게 고백했다. 하지만 자신의 행동은 정당했다고 했다. 상대방에게 해서는 안 되는 행동을 한 사람도 자신이 아니라 알렉스라고 했다.

나를 찾아왔을 때 알렉스는 내가 두 사람은 학대 관계를 맺고 있으며 학대자는 **남편**이라는 말을 하자 도저히 믿을 수 없어 했다. 자기가 부부 관계를 엉망으로 만드는 모든 문제를 제공하는 사람이라는 생각에 기분이 좋지 않았던 알렉스는 자신에게도 사람이라면 누구나 가져야 하는 기본 권리가 있다는 생각을 사실상 할 수가 없었다. 위협을 느끼면 집에서 나갈 수 있다는 사실을 포함해서 말이다.

다행히 지금 알렉스는 아주 잘 지낸다. 그녀는 내가 만나본 그 누구보다도 공정하고 논리적인 여성이다. 현재 알렉스는 이혼했고 결코 과거에 연연하지 않는다. 다시 유머를 되찾았고 몇 가지 취미를 즐기며 엄마 역할을 잘해내고 있다. 매사에 현명한 결정을 내릴 수도 있게 되었다. 남편이 했던 말이나 행동 때문에 자기 결정에 확신이 들지 않을 때에도 그 상황을 객관적으로 관찰할 수 있게 되었고, 자신이 어떤 식으로 남편에게 휘둘려왔는지를 판단할 수 있게 되었다. 또다시 직접 판단하고 책임지는 삶을 살아간다는 사실에 알렉스는 정말 행복해하고 있다.

차분하고 집착한 사람이
승리자가 되는 게임

학대자와 관계를 맺은 적이 있는 사람들은 누구나 증언하듯이 학대자와는 두 사람 모두의 바람을 충족할 수 있는 생산적인 대화를 하기 힘들다. 학대자의 입장은 아주 단호해서 상대방의 말을 들어주거나 필요한 부분을 채워줄 마음이 전혀 없는 경우가 많다. 그럴 때마다 피해자는 자신이 힘이 없어 동반자가 들어주지 않는다는 생각에 해결 방법을 찾거나 동반자의 마음을 움직일 수 있는 방법을 찾으려고 애쓴다. 옳은 방법으로 제대로 접근하면 분명히 당신의 말을 들어줄 거라고 믿는 것이다. 하지만 학대자는 들어주지 않는다.

학대자는 상대방이 제기하는 모든 문제를 자신에 대한 전면적인 공격으로 받아들인다. 학대자가 드러내는 심각한 자기 방어 행동과 절대로 책임을 지지 않으려는 태도 때문에 피해자는 어떤 식으로든 논쟁을 벌이게 되는 상황을 피하게 된다. 결국 피해자는 하고 싶은 말이 생길 때면 아주 신중하게 단어를 골라 말하는 법을 배우게 된다. 정말 빠른 속도로 학대자에게 아주 가까이는 가지 않은 채 주위를 맴도는 법을 알게 되고 지난 경험에서 격렬하게 반응하는 동반자 때문에 알게 된 다양한 지뢰를 피해가려고 최선을 다하게 된다. 아주 사소한 문제를 해결할 때도 피해자는 이런 조심성을 보일 때가 많다.

SCENE 샘 ❶

샘은 어렸을 때 군인인 아버지를 따라 전 세계를 돌아다니며 지냈다. 18세 때 샘은 아버지와 같은 삶을 살기로 결심하고 군대에 들어가 외국으로 나갔다. 샘은 뛰어난 군인이었다. 강인하고 자신감 넘치는 샘은 당연히 아주 빠른 속도로 진급했다.

30대 중반이었을 때 미국으로 돌아온 샘은 남편을 만났다. 6개월 동안 연애를 하고 결혼을 한 두 사람은 곧 아이를 가졌고 샘이 아들을 돌보며 집에 있기로 결정했다. 이 문제는 두 사람이 어느 정도 합의한 내용이었다.

샘은 전업주부로 생활한 지가 거의 13년이 되었을 때 나를 찾아왔다. 샘은 만성우울증에 시달렸고 아들이 학교에 가 있을 때면 침대에 누워 텔레비전이나 보는 자신을 치료할 필요가 있다고 생각했다. 심지어 알코올 문제도 겪고 있었다. 그리고 매일 오후 다섯 시쯤 되면 극도로 불안해졌다. 완전히 패닉 상태에 빠지는 날도 있었다.

샘은 남편을 '독재자'라고 불렀다. 샘은 결혼 초부터 남편의 성향을 알았다고 했다. 남편은 특정한 방식대로 일을 처리하기를 원했고 샘이 자기 방식을 따르지 않으면 고함을 지르며 '폭발'했다. 샘의 남편은 대부분 말없이 혼자 시간을 보냈다. 샘으로서는 남편이 말을 하지 않고 화를 내고 있으면 직장 일 때문에 화가 난 것인지 자기 때문에 화가 난 것인지 알 수가 없었다. 혹시라도 자칫 잘못해서 부언가 요구라도 했나가는 남편이 자신에게 화를 낼 수도 있었기 때문에 샘은 침묵하는 것이 가장 좋은 방법이라는 결론을 내렸다. 결국 샘이 남편에게 그 무엇도 요구하지 않는 것이 두 사람 사이에 지켜야 할 규칙이 되었다.

샘은 불안과 공포를 잊으려고 술을 마셨다. 술을 마시는 것만이 마음을 가라앉힐 수 있는 유일한 방법이었다. 오후 다섯 시쯤에는 보통 여섯 시에 도착하는 남편을 위해 저녁을 준비했다.

집에 돌아오면 남편은 자신이 좋아하는 음식을 먹기를 원했다. 자신이 기대했던 만큼 좋은 식사가 준비되어 있지 않거나 집이 완벽하게 깨끗하게 청소가 되어 있지 않으면 현관을 들어서는 순간 아들이 있거나 말거나 샘에게 고함을 치면서 비난을 퍼부었다.

그런 남편에게 말대꾸라도 하는 날이면 남편은 자신이 제공하는 걸 넙죽 받아쓰면서 조금도 고마운 줄 모르는 사람이라고 샘에게 비난의 화살을 돌렸다. 샘은 고마움을 모르는 사람은 되고 싶지 않았다. 어쨌거나 남편이 벌어온 돈으로 살아가고 있다는 사실에는 **감사하고** 있었다. 그런 남편에게 불만을 터뜨린다는 사실이 샘은 편치 않았기에 남편에게 충분히 고마워하고 있음을 보여줘야 한다고 생각했다. 그리고 남편의 행동은 마음에 들지 않았지만 자신도 완벽한 사람은 아니라고 생각했다.

남편의 기대에 맞춰야 하는 부분은 저녁 식사와 집 안 청소만이 아니었다. 어떤 일이건 남편이 생각하는 대로 제대로 해내지 못하면 샘은 벌을 받아야 했다. 샘의 남편은 고함을 지르고 샘을 비하했다.(이런 행동이 샘의 남편에게 유리하게 작용했다는 사실에 주목해야 하는데, 남편은 원하는 목적을 달성할 수 있었기 때문에 더욱 더 난폭하게 언어폭력을 사용했다.) 그러니 샘은 남편이 돌아오는 시간이 가까워지면 극심한 불안에 시달릴 수밖에 없었다.

───

공격성은 수동적 공격성이라고 하더라도 공포를 기반으로 하는 관계를 만든다. 그래서 공격성을 접하다 보면 아무리 상황이 크게 문제없이 지나간다고 해도 언제나 벌을 받을 수 있다는 위협이 피해자의 머리 위에서 맴돌 수밖에 없다. 샘의 처지에서는 엄청난 공포는 아니더라도 두려움은 느끼게 마련이다. 그런 두려움은 시간이 지나면 불안으로 바뀐다. 예전에 동반자와 느꼈던 친밀함은 조금씩 사라져가고 이제는 동반자를 기쁘게 해야 한다는 강박관념에 시달리게 된다. 다시 동반자와 연결되어 있다는 느낌을 받고 싶어서 동반자에게서 인정받으려고 한다.

아주 논리적으로 보이는 사람

문제가 자기에게 있어도 학대자는 그 사실을 무시하며 언제나 자신은 책임이 없다는 태도를 취하고 오히려 당신을 공격하면서 무엇이든 당신이 잘못한 것처럼 만들어버린다. 그것이 학대자들의 전략이다. 학대자는 상대방이 비난을 받을 만한 다른 일을 꺼내들거나 자신의 행동은 상대방 잘못에 반응한 결과라는 식으로 자기 자신을 정당화한다.

논쟁을 할 때마다 기분이 나쁘고 항상 자신이 잘못했다는 기분이 들 때면 두 사람이 논쟁을 벌인 내용이 아니라 그 논쟁이 진행되는 방식에 좀 더 주의를 기울여야 한다. 상대가 주제에서 벗어날 때마다 대화를 멈추고 정말로 논의했으면 하는 주제로 다시 돌아가야 한다. 당신이 주제에서 벗어나고 방어해야 한다는 기분을 느끼도록 화제를 다른 방향으로 몰고 가는 전략에 휘말리면 안 된다. 상대는 그저 당신을 비난하게 내버려두고 당신은 계속해서 해야 할 말을 해나가야 한다.

학대자의 중요한 특징 하나는 아주 논리적인 것처럼 느껴진다는 점이다. 학대자는 논리적으로 자신을 변호하고 상대방의 기분을 하찮은 것으로 만들어버리는 데 능숙한 사람이다. 그 때문에 당신은 혼란스러워지고, 논리적이지 못한 자신을 탓하게 된다. 계속해서 반복되는 그런 상황은 학대자가 구사하는 거대한 전략의 일부일 수 있다. 학대자는 계속해서 피해자를 차분하게 논리적으로 몰아붙인다. 학대자가 차분하게 논리적으로 행동할수록 당신은 더욱 감정적으로 대응하고, 동반자가 당신의 심정을 전혀 이해해주지 못하는 것 같아 더욱 흥분한다. 학대자의 세상에서는 차분하고 침착한 사람이 승리자이다. 그러니까 학대자가 승리자인 것이다.

그는
결코 책임지지
않는다

학대자는 자기 잘못을 인정하는 법이 없으며 자기가 한 행동도 책임지지 않는다. 문제가 생기면 늘 원인을 외부 탓으로 돌리고, 자신이 아닌 다른 사람을 탓하면서 자기 자신을 정당화한다. 학대자에게는 모든 것이 다 다른 사람의 잘못이다. 당신이 실제로 벌어지고 있는 일을 정확하게 파악하지 못하도록 진짜 문제가 아닌 다른 일에 신경을 쏟게 만든다. 학대자가 공격적으로 행동하면서도 결국 어떠한 비난도 받지 않고 어떠한 결과도 책임지지 않을 수 있는 것은 그 때문이다. 그리고 학대자는 자신이 비난도 받지 않고 책임도 지지 않는다는 사실을 자신에게는 잘못이 없다는 증거로 사용하며, 이로써 자신의 공격적인 행동을 정당화한다.

죄의식도 후회도 없는

사람들은 대부분 잘못된 일을 할 때면 죄책감과 죄의식을 느낀다. 자기가 한 일에 책임을 져야 하기 때문에 되도록 옳은 일을 하려고 노력한다. 하지만 학대자에게는 그런 의식이 없다. 학대자는 잘못을 해도 죄의식을 느끼거나 후회하지 않기에 자기 행동에 문제가 있음을 느끼지 못한다. 자기 행동에 책임지지 않으려고 학대자는 피해자를 비난한다. 그런 뒤에는 전혀 문제없이 피해자를 다시 학대한다.

SCENE 캐서린

30대 후반인 캐서린은 자기 분야에서 성공했고 기분에 상관없이 언제나 완벽하게 미소를 짓는 사람이다. 나를 찾아왔을 때는 이혼한 상태였지만 여전히 결혼 생활에서 경험한 스트레스 때문에 외상 후 스트레스 장애를 겪고 있었다. 캐서린의 전남편은 육체 학대와 언어 학대를 하는 사람이었다.

학대 관계가 으레 그렇듯이 육체 학대는 어느 정도 관계가 진전이 되었을 때 시작된다. 캐서린의 경우도 가끔씩 당하는 언어 학대에 익숙해진 뒤에야 육체 학대가 시작되었다. 언어 학대도 처음부터 명확하지는 않았다. 처음에는 그저 조금 빈정대는 형태였을 뿐이다. 캐서린의 남편은 캐서린이 손 세정제를 사용하고 아들에게 멀티비타민을 먹인다는 이유로 '극성 엄마'라고 놀렸고 캐서린의 친정 식구들, 그중에서도 특히 동생을 우습게 여기는 말들을 하기 시작했다.

시간이 흐르면서 캐서린은 사소한 일을 결정할 때도 힘들고 불편해졌다. 하다못해 배달 음식을 주문할 식당을 고르는 가벼운 결정을 할 때에도 캐서린은 극심한 불안을 느꼈다. 캐서린이 어떤 식당을 고르건 남편은 늘 음식 때문에 캐서린을 힘들게 했다. 남편에게 직접 원하는 식당을 고르라고 하면 '귀찮은 일'을 하게 한다는 이유로 불같이 화를 냈다. 남편의 이런 반응은 그저 배달 음식을 주문하는 일에 그치지 않았다. 사실상 모든 일에 남편은 같은 식으로 반응했다.

어느 날 밤, 캐서린의 남편은 술에 잔뜩 취해 있었다. 아들을 재우고 난 뒤 캐서린은 그 밤이 아주 끔찍해지리라는 사실을 알았다. 침실로 들어가자 캐서린의 남편은 캐서린과 자기 동료에 관해 전혀 근거도 없는 비방을 늘어놓기 시작했다.(두 사람이 비난을 들을 만한 이유는 없었지만 캐서린의 남편은 소유욕이 강했고 편집증이 있었다.) 캐서린은 남편을 안심시키려고 자신은 언제나 남편을 완벽하게 믿고 있으며 사랑하고 있다고 말했지만 그런 말들은 캐서린의 남편을 더욱 화가 나게 만들었을 뿐이다. 캐서린의 남편은 고함을 지르면서 캐서린에게 욕을 하더니 침대에서 아내를 내동댕이치고 난폭하게 벽에 밀어붙였다. 간신히 몸을 일으켜 다른 방으로 도망간 캐서린은 문을 걸어 잠그고 경찰을 불렀다.

경찰이 도착하자 캐서린의 남편은 자신이 그런 행동을 한 이유는 모두 캐서린 때문이라고 비난하면서 당장 떠나지 않으면 가만두지 않겠다며 경찰을 위협했다. 결국 캐서린의 남편은 체포되었고 무거운 형량을 받았다.

캐서린의 전남편은 지금도 여전히 캐서린 때문에 체포되고 벌을 받았다며 캐서린을 비난하고 있다. 그는 캐서린을 때린 것도 캐서린을 집어 던진 것도 캐서린의 목숨을 위협한 것도 심지어 경찰

의 생명을 위협한 것도 모두 자기 잘못은 아니라고 했다. 불행하게
도 아주 많은 여자들이 이런 경험을 하는데, 학대자가 처벌을 받는
이유가 자기 때문이라며 스스로를 탓하는 경우도 많다.

***

학대자가 쉽게 변하지 않는 가장 큰 이유는 어떤 일에든 절대로 자
기는 책임이 없다고 생각하기 때문이다. 한 사람이 변하려면 자기가
하는 행동이 다른 사람에게 해가 될 수 있다거나 역효과를 낸다는 사
실을 인정해야 하는데, 학대자는 무조건 다른 사람 탓을 하기 때문에
책임을 지지도 않으며 바뀌는 일은 더더욱 없다.

자기 행동에 전혀 책임을 지려 하지 않는 모습도 학대자일 가능성
을 나타내는 지표이다. 그런 태도가 가장 두드러지게 나타나는 관계는
남녀 관계이지만 일반적으로 책임을 지지 않는 사람은 모든 관계에서
같은 태도를 취한다. 자기 행동을 조금도 책임지려고 하지 않는 학대
자는 인간관계는 물론이고 일에서도 책임을 지는 법이 없다. 다른 사
람 때문에 자신이 불행하다며 끊임없이 다른 사람을 비난하고 다른 사
람에게 잘못을 돌리면서 잘못된 자기 행동을 정당화한다면 그 사람이
행동하는 방식을 자세히 들여다보아야 한다. 분명히 어떤 패턴을 발견
할 수 있을 것이다.

언제나
피해자인 척

학대자가 상대방을 휘두를 때 사용하는 가장 큰 무기는 스스로 피해자인 척하는 것이다. 학대자는 상처를 입은 사람은 자기 자신이라는 설정 아래 공격적인 행동을 교묘하게 감추고 피해자 흉내를 낸다. 학대자는 상대방이 미안해하게 만드는 데 선수이다. 어떤 버튼을 누르면 동정심을 야기할 수 있는지 정확하게 안다. 학대자의 동반자는 보통 공감 능력이 뛰어나기 때문에 학대자의 사연에 언제나 진심으로 마음 아파 한다.

내가 만나본 피해자들은 대부분 자기를 학대한 사람이 아주 힘든 어린 시절을 보냈다고 말했다. 그것도 학대자가 어떤 일을 당했는지 아주 자세하게 설명했다. 학대자에 관한 이야기를 해나가는 동안 피해자들은 그런 경험을 했다면 그런 학대 행위를 하는 것도 당연하다는 반응을 보였다. 당연하게 여기지는 않는다고 해도 최소한 학대자를 안쓰럽게 생각하고 학대 행동을 했다는 사실도 이해해줘야 한다고 믿는다. 자기가 학대자를 충분히 사랑해주기만 한다면 학대 행위는 치료가 되고 더는 학대를 하지 않으리라고 믿는다.

자비로운 동반자에게는 이 같은 이유가 충분히 말이 되겠지만, 상대방이 이해를 해준다는 사실과는 별개로 누구나 자기가 한 일에 책임을 서야 한다는 사실은 변함이 없다. 누구나 아주 다양한 감정을 느낀다. 하지만 사람들은 대부분 자기 감정대로 마음껏 행동하면 안 된다는 사실 역시 배운다. 누구나 과거에 커다란 상처를 입었을 수는 있어도 그 때문에 타인을 괴롭힐 수는 없다. 나를 찾아온 내담자 모두 과거에 고통스러웠던 경험을 했다. 하지만 그 때문에 다른 사람을 해치는 일이 정당한지를 물으면 모두들 아주 끔찍하다는 표정을 지으며 그러면 안 된다고 대답했다.

피해자 흉내는 학대자가 다른 사람을 쥐고 휘두를 때 구사하는 전략으로 학대자가 자주 활용하는 아주 강력한 무기이다. 피해자를 가해자로 만들어 어떤 일이든 할 수 있는 자유를 얻을 수 있기 때문에 피해자 흉내는 학대자에게 아주 **유리**하게 작용한다. 안 그래도 **자기가 한 일조차 책임을 지지 않는 사람인 학대자**가 피해자 흉내를 내기 시작하면 학대자가 책임질 일은 애초에 없어진다. 인생을 살아가는 정말로 편리한 태도이다.

사실 끔찍한 일은 누구에게나 일어난다. 정말 함께 있기 어려운 사람들을 만나기도 하고, 도저히 어찌해볼 수 없는 상사와 함께 일할 수도 있고 가족이나 친구들과 문제를 겪기도 한다. 그런 사람들 때문에 분통을 터뜨리고 하소연을 하고 우는 것은 당연하다. 하지만 학대자가 겪는 문제에는 일정한 패턴이 있다. 학대자에게는 특별한 이유도 없이, 학대자에게는 전혀 책임도 없는 나쁜 일이 항상 일어나거나 언제나 사람들이 학대자에게 잘못을 저지른다. 학대자에게는 보통 편집증이 있기 때문에 **모든 사람**이 아무 이유 없이 **자신을** 반대한다고 생각한다.

언제나 적반하장의 명수

학대자는 대화를 할 때도 자신을 분명하게 희생자로 만든다. 직접적으로, 혹은 은근하게 당신을 몰아붙여 결국은 당신이 참지 못하고 반격하게 만든다. 당신이 화를 내면 학대자는 한 발 뒤로 물러나 결국 문제가 있는 사람은 당신이라고 지적한다.

상황은 늘 비슷하게 흘러간다. 학대자는 문제가 발생하면 화를 내면서 문제가 동반자 때문에 발생했다고 탓한다. 동반자에게 욕을 하고 동반자를 깎아내리기도 한다. 피해자는 한동안은 묵묵히 학대자의 말을 들으면서 참지만 결국 참지 못하고 거친 말을 내뱉는다. 그런데 거친 말을 내뱉을 때는 피해자가 감정적으로 아주 흥분해 있을 때가 많다. 그 순간을 놓치지 않고 학대자는 아주 재빨리(그리고 아주 차분하게) 뒤로 물러나 자신이 피해자라고 선언하면서 상대방이 가해자라고 비난한다. '흥분'하고 있고(감정적으로 반응하고 있으며) 거친 말을 한 사람은 피해자이기 때문에 학대자는 자신의 비난이 정당하다고 생각한다. 그에 반해 피해자는 자기가 금방 한 일에 책임과 죄책감을 느낀다.(그것이 피해자의 성격이다.) 그리고 자신이 끔찍한 행동을 했다고 느끼기 때문에 학대자의 피해자 흉내를 진실이라고 믿어버린다.

피해자가 자신에게 했던 말을 마음에 담아두었던 학대자는 시간이 흐르면 피해자에게 '가혹한' 말이나 행동을 한다. 그런가 하면 피해자의 반응을 피해자를 괴롭히는 수단으로 활용하는 학대자도 있다.

SCENE 케이트

40대 초반인 케이트는 키가 크고 활력이 넘친다. 세 아이를 둔 케이트 부부는 신앙심도 깊었다. 두 사람은 대학에서 만났고 짧은 약혼 시기를 거쳐 곧바로 결혼했다. 결혼하고 얼마 되지 않아 첫째 아이가 생긴 후로는 케이트가 학교를 그만두고 아기를 돌보면서 남편이 일을 할 수 있도록 돕기로 했다. 그 뒤로 두 사람은 두 아이를 더 낳았다.

케이트는 '한동안은 모든 것이 다 좋았다'고 했다. 문제는 둘째 아이를 낳으면서 생겼다. 둘째 아이를 임신하고 출산하면서 케이트는 우울증 때문에 힘들었지만 남편은 '조금도 도움이' 되지 않았다. 남편은 그저 이겨내라고만 했다. 모든 여자들이 해내는 일을 제대로 해내지 못하는 케이트에게 문제가 있다고도 했다.

케이트의 남편은 진득하게 오랫동안 한 직장을 다니는 사람이 아니었다. 계속해서 직장을 바꾸었고, 아무 대책 없이 갑자기 직업을 바꾸기도 했다. 케이트는 남편이 일을 하면서 행복하기를 바랐고 능력이 있는 사람이니 언젠가는 성공하리라고 믿었다. 남편을 너무나도 믿었기 때문에 남편의 행동에는 어떤 패턴이 있을 수도 있다는 생각은 전혀 하지 못한 채로 남편이 무슨 일을 하건 아무 의심 없이 지지해주었다.

하지만 수년이 흐르자 케이트의 남편은 아내에게 언어폭력을 사용하기 시작했다. 처음에는 케이트도 남편에 맞서 싸웠고, 남편도 보통은 사과를 했다. 하지만 시간이 지나면서 두 사람이 싸우는 횟수는 늘어났고 싸움이 지속되는 시간도 길어졌다. 상황이 그런 식으로 흘러가자 더는 싸우고 싶지 않았던 케이트는 싸움을 하면 빨리 사과를 하는 사람이 되었다.

하지만 케이트가 사과를 할수록 남편은 더욱 더 화를 냈다. 남편이 폭언을 쏟아부을 때면 케이트는 남편을 피해 벽장으로 들어갈 때도 있었다. 벽장에서 케이트는 동그랗게 몸을 말아 가능한 한 남편에게서 몸을 숨기려고 했지만 그때도 남편은 벽장으로 따라 들어와 계속해서 나쁜 말을 쏟아냈다. 마침내 참을 수 없게 된 케이트가 울면서 소리를 지르면 남편은 뒤로 물러나 차분하게 더는 아무 말도 하지 않으면서 케이트가 난폭한 말을 했다는 사실을 기록해두었다.

나중에 케이트가 남편에게 계속 거칠게 행동하면 남편의 곁을 떠날 거라고 말하자 케이트의 남편은 그동안 기록해두었던 케이트의 행동을 들이밀면서 만약 케이트가 떠난다면 케이트가 정신적으로 불안정하다는 사실을 폭로할 거라고 말했다. 케이트에게는 아이들을 양육할 자격이 없음을 분명히 밝혀 다시는 아이들을 보지 못하게 만들겠다는 협박도 했다. 언제나 난폭하게 행동하는 케이트 때문에 자신이 피해자임은 분명하지만 자신은 '좋은 남자'이고 아내의 행복을 걱정하기 때문에 자신은 피해자임이 분명함에도 불구하고 케이트의 옆에 남아 있는 것이라고도 말했다.

시간이 지날수록 케이트는 점점 더 남편에게 존중받지 못하고 있다고 느꼈다. 그런 남편에게 맞서 케이트기 지신을 변호할 때면 케이트의 남편은 사실을 왜곡하고 오히려 자신을 피해자로 만들었다. 케이트가 결혼 생활을 끝내려고 했을 때는 이렇게 왜곡한 사실을 케이트가 떠나지 못하게 하는 수단으로 사용했다.

―――――――――――――――――――――――――――――

학대자가 자신의 어린 시절이나 지난 배우자나 연인에 관해, 직장 생활에 관해 어떤 식으로 이야기하는지 잘 살펴야 한다. 그리고 그들이 했던 경험을 계속 반복하고 있다는 생각이 들면 주의해야 한다. 누구나 힘든 일은 겪을 수 있지만 경험하는 일들이 동일한 패턴으로 진행된다면 문제는 학대자에게 있을 수도 있다.

남자 학대자는 여자 상사처럼 권위 있는 여자와는 잘 지내지 못할 때가 많다. 당신의 남자가 지위가 높은 여자들을 어떤 식으로 이야기하는지 잘 살펴봐야 한다. 상사를 존중하는지 아니면 빈정대는지를 잘 들어봐야 한다. 이전 동반자들을 나쁘게 말하고 험한 욕을 한다면, 또는 문제가 되는 행동을 해 직장에서 해고되었거나 직장을 그만둔 적이 있다면 그 남자는 학대 행동을 할 가능성이 있다. 그런 식으로 행동하는 사람은 그 누구도 바꿀 수가 없다.

왜 나를 괴롭히는
그에게서 벗어날 수 없는가

학대 관계에서 가장 당혹스러운 것 가운데 하나는 밀고 당기기다. 학대자라고 언제나 비열하고 잔혹하지는 않다. 늘 문제만 있었다면 피해자는 고민할 이유도 없이 떠나버렸을 것이다. 그러나 학대자는 아주 상냥하고 사랑스러운 모습으로 매력을 드러내기도 한다. 그는 그런 자신이 당신을 원하고 사랑한다는 것은 당신에게 찾아온 행운임을 끊임없이 상기시킬 것이다. 자신이 원할 때는 당신을 칭찬하고 찬사를 늘어놓을 것이다. 하지만 당신이 학대자를 믿고 있고 학대자에게 의지한다는 확신을 하게 되는 순간 다른 모습을 보이기 시작한다. 학대자가 태도를 바꾸면 모든 일이 잘되고 있다고 생각했던 당신은 당황하게 되고 갈피를 잡지 못한다. 당신이 무슨 잘못을 했기에 상대방이 그런 식으로 난폭하게 변했는지 의아해진다. 학대자가 난폭한 행동을 한 뒤에 또다시 난폭한 행동을 하기까지는 비교적 조용하고 행복한 시기가 있는데, 이 시기에는 두려워하지 않아도 된다는 안도감과 언제라도 다시 같은 일이 벌어질지도 모른다는 두려움이 항상 공존한다.

학대자는 잔혹하고 사람을 비웃고 비난하고 끊임없이 요구하고 난폭하게 행동하지만 따뜻하게 배려하고 다정하고 사랑스러워 보일 때도 있다. 학대자가 따뜻하게 행동할 때면 피해자는 고마워하면서 학대자와 훨씬 가까워졌다고 느낀다. 그 때문에 당신이 '제대로' 행동하기만 한다면 그가 계속해서 당신을 사랑하고 잘 대해주리라는 희망을 품고서 그 사람이 기분 나빠지지 않도록 노력하게 된다. 심지어 당신은 두 사람이 힘든 시기를 잘 견뎌왔다고, 이제는 나쁜 시간은 다 지나갔다고, 강한 사람들은 그런 고난을 이겨낸다고 믿게 될 수도 있다. 하지만 그런 믿음은 진실이 아니다. 학대자가 보이는 이해심은 진짜 이해심이 아니다. 그가 정말로 당신 마음을 이해했다면 다시는 학대를 하지 않을 테니까.

밀고 당기기의 귀재

학대자는 매력적이고 사랑스러운 모습을 반드시 유지한다. 그래야 당신이 떠나지 못하고 다른 사람들이 보기에도 멋진 사람으로 남을 수 있기 때문이다. 학대자는 멍청하지 않다. 학대자는 대부분 자신이 어떤 방식으로 학대를 하고 있는지 분명하게 안다. 또한 외부인이 학대자를 근사한 사람이라고 생각하면 당신 쪽이 아니라 자기편에 서준다는 사실도 안다. 외부에 비처지는 모습은 학대자가 당신을 고립시킬 수 있는 강력한 힘을 만들어준다. 하지만 당신은 상당히 오랫동안 이런 사실을 깨닫지 못한다.

학대자는 당신에게 상당히 많은 것을 맞추어준다. 그는 어디까지 밀어붙이고 언제 뒤로 빠져야 하는지 안다. 학대는 점진적으로 악화되기 때문에 위험 수위도 점점 더 높아진다. 학대자는 지난번에 어느 정도까지 당신을 밀어붙였는지, 어느 정도가 되어야 처벌을 받지 않고 빠져나갈 수 있는지 안다. 이전 경험 덕분에 학대자는 같은 행동을 반복해도, 그보다 조금 더 거친 행동을 해도 빠져나갈 수 있음을 안다. 학대자는 당신을 작은 모퉁이로 밀어 넣을 때까지 매번 조금씩 더 많이 밀어붙인다. 학대자는 그런 상황을 승리라고, 자기 지배력을 입증하는 증거라고 생각한다. 그리고 당신이 그 모퉁이에서 벗어나려고 할 때마다 다시 그곳으로 당신을 되돌려놓는 일을 자신의 의무라고 생각한다. 학대자는 일단 정확하게 자신이 원하는 곳으로 당신을 밀어 넣고 당신이 무서워서 감히 이동할 생각을 하지 못하면 다시 태도를 누그러뜨려 매력적인 사람으로 돌아가기 때문에 당신은 그때마다 심란해진다.

SCENE 다이앤 ❶

다이앤은 남편과 거의 20년 동안 결혼 생활을 했다. 두 사람 모두 재혼한 사이였다. 다이앤은 멋진 체격을 지닌 남편의 매력에 이끌렸다. 남편은 자기 분야에서 성공한 사람이었고, 한동안 재정적으로 어려웠던 다이앤은 다시 결혼을 했을 때 안도했다.

다이앤의 남편은 아주 완고한 사람이었다. 노동 강도가 상당히 높은 일을 해내느라 조금도 여유가 없었으며 술을 좋아하기도 했다. 매일 술을 마시지는 않았지만 일단 마셨다 하면 와인 한두 잔으로 끝나지는 않았다. 결혼 초기에는 술을 자주 마시지 않았지만 시간이 흐르면서 다이앤의 남편은 점점 더 자주 마셨다. 결혼 초기에 다이앤은 친구들과 함께 저녁을 먹는 날이면 술이 대부분의 문제를 일으킨다는 사실을 깨달았다.(남편의 행동이 아니라 술에 문제가 있다고 생각했다는 점에 주목해야 한다.) 늦게까지 아주 많이 마신 날이면 다이앤의 남편은 친구들 앞에서도 아내를 깎아내리고 조롱하며 아내의 잘못을 지적했다. 하루는 남편이 너무 심한 말을 해서 다이앤은 함께 식사를 못하겠다고 생각해 다른 사람들에게 양해를 구하고 저녁 식사가 끝날 때까지 바에 앉아 있었다. 그리고 집으로 돌아온 뒤에는 남편을 내버려두고 다른 방에서 잤다. 다음 날, 다이앤이 남편에게 그런 식으로 행동하면 참을 수 없다고 말했더니 남편은 사과하면서 절대로 나쁜 의도로 그런 말을 한 것은 아니라고 빌었다. 너무나도 절절하게 빌었기 때문에 다이앤은 마지못해 남편을 용서해주었다.

그때부터 2주 동안 다이앤의 남편은 아내에게 꽃을 사다주고 사랑한다는 메모를 남기고 안아주고 키스해주었다. 아내가 부탁한 집안일도 깔끔하게 끝냈다. 남편은 다이앤을 정말 사랑한다고, 다이앤 때문에 정말 행복하다고 말했다. 그렇게 자상한 남편과 함께 산다는 사실에 다이앤은 안심했고 고마워했다.

또 다른 사건은 그로부터 몇 달 뒤에 벌어졌다. 이번에는 결혼 기념일을 축하하려고 나간 외식 자리였다. 자리가 나기를 기다리는 동안 두 사람은 와인을 한잔했다. 다이앤은 남편과 외식을 한다는 사실에 아주 들떠 있었지만, 그 즐거움은 남편의 관심이 음료를 내오는 예쁜 종업원에게 가 있다는 사실을 깨닫는 순간 사라졌다. 남편은 계속해서 예쁜 종업원과 잡담을 하면서 끊임없이 질문을 퍼부었고 아주 예쁘다는 소리를 했다. 남편은 다이앤에게 청혼을 할 때도 같은 방식으로 칭찬을 퍼붓고 관심을 보였다는 사실이 떠올랐다. 그리고 자신이 바로 옆에 앉아 있는데도 그렇게 거침없이 다른 여자에게 구애할 정도라면 자신이 없을 때는 어느 지경까지 될지 궁금해졌다.

그런 생각을 하자 다이앤은 화가 났다. 바에서 일어나 식탁으로 걸어가며 다이앤은 다른 여자와 시시덕거린 남편에게 마음이 아프다고, 화도 많이 난다고 했다. 남편은 곧바로 사과하면서 자신은 다른 여자에게는 관심 없다고 했다. 자기 눈은 언제나 아내만을 쫓는다고 말했다. 식탁 위로 손을 뻗은 남편은 다이앤의 손을 꼭 잡고 저녁을 먹는 내내 사랑스러운 눈길로 다이앤을 쳐다보았다.

다이앤의 이야기에서 학대자가 구사한 전략은 아내를 심하게 때리고는 다음 날이면 후회하고 참회하는 전형적인 밀고 당기기가 아니다. 밀고 당기기 전략은 분명하게 드러나기도 하지만 교묘해서 부당한 취급이 드러나지 않을 때도 있다. 학대자가 구사하는 전략이 교묘할수록 피해자는 자신이 밀고 당기기 학대를 받고 있다는 사실을 깨닫지 못한다. 하지만 다이앤의 경우에서 알 수 있듯이 이런 교묘한 패턴으로 학대를 하는 사람은 허용할 수 없는 행동(밀기)을 한 뒤에는 즉시 사랑스럽게 상대방을 배려하거나 진심으로 뉘우치는 것 같은 행동(당기기)을 한다. 이렇게 완벽하게 조작된 행동 때문에 피해자는 부당한 취급을

받는데도 두 사람의 관계에서 벗어나지 못한다.

피해자는 학대자가 가진 좋은 자질을 찾고 그 자질에 집중한다. 피해자는 학대자가 바다로 떠내려가는 것을 막아줄 유일한 구명줄인 것처럼, 자신의 몸을 지켜주는 안전한 뗏목인 것처럼 매달린다. 애초에 피해자가 학대자에게 끌린 이유는 좋은 자질 때문이다. 따라서 그 자질에만 집중한다면 실제로 두 사람의 관계에 심각한 문제가 있다는 사실을 굳이 파헤칠 필요가 없다. 자신이 맺고 있는 관계가 원하는 모습과는 전혀 다르다는 사실을 인정하기란 너무 어려운 일이어서 피해자들은 놀라울 정도로 자기 앞에 놓인 현실을 보지 않으려고 애쓴다.

학대자는 당신이 흔들린다는 사실을 알아챌 때마다 단점을 상쇄하는 자신의 매력적인 특질을 부각해 당신이 애써 부정하는 현실을 더욱 부정하게 만든다. 학대 행위를 했거나 절대로 해서는 안 될 일을 하다가 들켰을 때는 특히 그렇다. 심지어 자기 입으로도 말하기 힘든 잘못을 저지를 때면 학대자는 깊이 후회하고 반성한다. 그런 일을 할 때마다 학대자는 사과하고 상냥하게 행동하면서 앞으로는 상대방이 원하는 일이라면 무슨 일이든 해내겠다고 약속한다. 그러면 이미 두 사람의 관계에 많은 것을 투자한 당신은 그런 태도야말로 변할 수 있다는 증거라고 생각하고 희망을 갖는다. 또다시 같은 일이 벌어지기 전까지는 말이다. 이런 상황은 계속해서 반복된다.

밀고 당기기 전략은 학대자가 구사하는 아주 효과적인 전략이다. 상대방을 계속해서 혼란스럽게 만들 수 있기 때문이다. 학대자가 밀고 당기기 전략을 구사하면 피해자는 자신의 동반자가 실제로는 어떤 사람인지를 파악하지 못해 당황하게 된다. 무시하고 깔보고 비난하고 잔혹하게 행동하는 모습이 진짜 모습인지, 자기가 한 행동을 후회하고 다정하고 매력적이고 사랑스럽게 자신을 대하는 모습이 진짜 모습인지 알 수가 없게 된다. 당연히 피해자는 자신의 동반자가 사랑스러운 사람이기를 바라기 때문에 함께하는 사람의 '깊은 내면에는 사실은 좋은 사람이 있다'라고 믿는 쪽을 택한다. 그 때문에 동반자가 하는 모든 용납할 수 없는 행동을 어린 시절에 겪은 상처 때문이라거나 그저 다른 사람이 하는 행동에 반응하는 것뿐이라는 식으로 정당화한다. 그가 상처를 입은 사람이라고 생각할 때 당신은 그 사람과 훨씬 가깝게 느껴지며 그 사람을 이해할 수 있는 사람은 자신뿐이라고 여기게 된다. 학대자는 피해자 흉내를 냄으로써 그런 당신의 생각을 더욱 부추기고 자신을 전적으로 이해할 수 있는 사람은 당신뿐이라고 확신하게 만든다.

교묘한
질투

    학대자는 당신이 만나는 모든 사람을 위협으로 여긴다. 그 사람이 가족이건 친구이건 심지어 아이가 되었건 간에 말이다. 학대자가 질투를 하고 자기 영역을 지키려고 할 때 나타나는 패턴에는 다양한 측면이 있다. 학대자는 당신을 자기 소유라고 생각하기 때문에 당신이 다른 사람과 맺을 수 있는 긴밀함의 정도는 자신이 규정해줘야 한다고 생각한다. 학대자에게 당신은 소유물이다. 학대자가 질투심을 드러내는 가장 단순한 상황은 당신이 학대자가 아닌 다른 사람에게 당신의 시간과 관심을 쏟을 때이다. 하지만 그 정도 질투는 그저 빙산의 일각일 뿐이다. 당신이 다른 사람과 교류하면 당신과 자신의 관계에 대해서도 문제가 생기리라고 믿기 때문에 학대자는 당신과 타인이 맺는 관계를 위협으로 느낀다. 학대자도 어느 정도는 자신이 학대를 한다는 사실을 잘못으로 여기기 때문에 당신이 다른 사람과 교류하면 자부심이 높아지고 당신을 도울 사람들을 알게 되니 당신이 자신을 떠날 가능성이 높아진다는 사실을 안다.

    학대자는 그 누구보다도 먼저 자신의 필요를 채워야 한다. 당신의 관심을 요구한다는 뜻이다. 사람마다 필요한 요구 사항은 다르지만 학대자를 자세히 살펴보면 학대자는 자신이 원하는 것을 얻지 못할 때면 아이처럼 짜증을 내고 토라지고 방구석에 처박히고 폭언을 쏟아낼 때가 많다는 사실을 알 수 있다. 아이가 생기면 이런 행동은 훨씬 더 두드러진다. 아이가 생기면 엄마의 관심은 아이에게 갈 수밖에 없다. 처음으로 학대자가 당신의 관심을 아이와 나누어야 하는 일이 생기는 것이다. 자기에게 와야 할 관심이 다른 곳으로 쏠리는 상황이 마음에 들지 않는 학대자는 그 사실을 분명하게 알려준다. 남편이 모유 수유를 하는 아들에게 미친 듯이 화를 냈다고 말한 내담자도 있다. 그 남자는 아내가 딸을 기를 때는 아무렇지도 않았다. 하지만 아들을 돌볼 때는 질투가 하늘을 찌르는 것 같았다. 아내가 아이를 돌봐줘야 할 때마다 거칠게 폭언을 쏟아냈고, 아들에게도 극단적으로 화를 내고 난폭하게 대했다.

보통 '질투'라는 말을 들으면 대부분 학대자가 피해자의 관심을 두고 다른 남자와 경쟁을 하는 상황을 떠올린다. 물론 그 같은 전형적인 질투를 하는 학대자도 있지만 예상하지 못한 상황에서 훨씬 교묘한 방법으로 질투를 하는 사람도 있다. 가족과의 사이나 동성 친구 간의 관계를 질투하는 경우도 많다. 초기에 드러나는 질투심은 전혀 해롭지 않은 것처럼 보일 수도 있다. 아주 기발한 유머라는 형태로 포장해 가족이나 친구를 교묘하게 깎아내리는 말로 시작할 수도 있다. 학대자가 질투하는 대상이 당신에게 흥미를 보이는 이성이라면 그때는 아주 공격적으로 그 사람을 깎아내린다. 아무한테나 쉽게 넘어가는 사람이라며 당신에게 심한 욕을 하고 공격할 수도 있다. 너무 심하게 몰아붙인다는 생각에 당신이 학대자에게 맞서면 그때는 또 당신이 너무 예민하다고, 농담을 받아들이지 못한다고 빈정거린다.

　시간이 흘러 학대자가 지나치게 사람들을 공격하는 말을 하게 되면 결국 당신도 참지 못하고 사랑하는 사람들을 방어하게 된다. 당신이 교류하는 사람들이 자신을 좋아하지 않는다는 사실을 눈치채면 학대자는 더욱 더 소유욕에 불타오르고 그 사람들을 향한 분노는 거세진다. 그 때문에 교묘하게, 혹은 분명하게 당신과 교류하는 사람들을 깎아내리고 비난한다. 당신이 사랑하는 사람들을 우습게 여기고 경멸하며 그들이 당신에게 나쁜 영향을 미친다고 주장한다. 그래도 당신이 여전히 그 사람들과 교류하려고 하면 자신보다 그 사람들을 더 좋아한다고 비난한다. 학대자로서는 더 이상 참을 수 없는 지경에 이르면 그 사람들과 절대로 만나지 말라고 요구할 수도 있다. 당신이 사람들과 교류하면서 도움을 받고 자신감을 회복하고 점점 더 강해진다는 사실을 알게 될수록 학대자는 더욱 더 강력하게 그들과의 관계를 끊으라고 요구한다. 학대자에게는 그런 사람들이 위협이 된다. 그 사람들은 학대자가 없어도 당신이 살아나갈 수 있음을 의미하기 때문이다. 당신이 독립적인 사람임을 의미하기 때문이다.

　학대자는 자신은 당신에게만 완벽하게 충실한데 어째서 당신은 자신에게 같은 의리를 보이지 않는지 묻는다. 그런 말을 들으면 피해자는 학대자의 논리가 말이 되는 것처럼 느껴지고, 학대자가 그런 말을 해도 되는 이유를 자신이 제공했다는 생각에 죄의식을 느낀다. 결국 피해자는 학대자의 비난을 피할 수 있는 모든 일을 하려고 애쓰게 된다. 그 일이 다른 사람과 관계를 끊는 일이라고 할지라도 말이다.

학대자는 아주 현명하게 당신이 사랑하는 사람들을 공격한다. 그는 엉뚱한 비난을 하면 안 된다는 사실을 잘 안다. 그래서 일말의 진실이 담긴 불평을 당신의 친구나 가족을 대상으로 퍼붓는다. 학대자의 말이 어느 정도는 정당하다는 사실을 아는 당신은 그 사람들에게 퍼붓는 비난을 인정하게 될 수도 있다. 일단 당신과 당신을 지지해줄 사람들의 관계에 금이 가기 시작하면 학대자는 그 틈을 이용해 이득을 취한다. 당신에게 실제 의도를 들키지 않고 최대한 밀어붙일 수 있는 한계를 알아 아주 교묘하게 당신과 당신을 지지하는 사람들 사이를 벌려놓는다. 결국 당신이 눈치채지 못하는 사이에 당신과 사랑하는 사람들 사이는 멀어지고, 그 때문에 학대자가 당신의 가장 가까운 '지원자'가 되어 당신은 학대자에게 더욱 더 매달릴 수밖에 없게 된다.

스스로에게 자신이 없는 그 사람

학대자에게는 당신이 만나는 사람들뿐 아니라 당신조차도 질투의 대상이다. 학대자는 당신과 경쟁하면서 자기에게는 없는 당신만의 장점과 능력을 시기한다. 체중이 줄었다거나 승진을 했다거나 다른 사람에게 칭찬을 듣는 등, 당신이 어떤 한 분야에서 두각을 나타낸다는 사실을 인지하면 학대자는 아주 교묘하게 그 사실을 깎아내리는 말을 하면서 당신이 성취한 결과를 하찮은 일로 만들어버린다. 유머라는 가면을 쓰고 있지만 의도적으로 당신을 깎아내리고 있음이 분명하다. 학대자로서는 당신이 자신은 이루지 못하는 일을 했을 때, 갖지 못한 무언가를 가졌을 때, 특히 당신을 깎아내린다. 학대자는 스스로에게 자신이 없기 때문에 당신을 깎아내림으로써 자신이 우월하다고 느끼고 불안을 해소한다. 학대자에게는 그 어떤 칭찬도, 마음을 편하게 해주려는 노력도 아무 소용이 없다. 아무리 사랑해도, 어떠한 노력을 해도 누구든 학대자의 마음에 놓여 있는 공허를 채워줄 수 없다.

당신에게 좋은 일이 생겼을 때, 당신이 신나는 기회를 잡았을 때 동반자가 어떤 식으로 반응하는지 주의 깊게 살펴봐야 한다. 당신을 격려해주고 함께 기뻐하는지, 괜히 싸움을 걸면서 당신이 행복해지지 못하도록 방해하는지, 결국은 그 기회를 포기하도록 유도하지는 않는지 확인해야 한다. 학대자는 아주 교묘하게 그런 기회를 포기하도록 유도하기 때문에 피해자는 학대자의 의도를 눈치채지 못할 때가 많다.

삶을 행복하게 해주는 좋은 일이 생겼을 때 동반자에게서 어떤 느낌을 받을 수 있는지를 분명하게 관찰하는 일은 아주 중요하다. 동반자에게 말해야 한다는 생각만 하면 기쁨이 줄어들거나 왠지 숨기고 싶다거나 신랄한 말을 들을 것이 분명해서 일단은 알리지 않는 편이 좋겠다는 생각이 든다면 분명히 문제가 있는 것이다.

"당신
가족과 친구는
좀 이상해."

사람들은 학대자가 동반자를 도와줄 사람들, 특히 가족이나 친구들에게서 고립시킬 때 주로 어떤 방법을 사용하는지 잘 안다. 제삼자의 눈으로 보면 학대자가 하는 행동은 쉽게 인지할 수 있다. 하지만 자신이 피해자가 되면 학대자의 행동을 분명하게 인지하기가 어렵다.

처음에 학대자는 당신과 가까운 사람들과 자신도 친해지고 싶다고 말한다. 하지만 조금만 시간이 지나면 교묘하게 그 사람들을 깎아내리는 말을 하기 시작한다. 그럴 필요가 없는 순간에도 갈등을 조장하거나 큰일을 만들어낸다. 학대자의 이런 반응 때문에 당신은 당혹스러워지고 스스로 내린 판단을 의심하게 된다. 당신이 사랑하는 사람들을 향한 학대자의 말과 태도는 당신이 그 사람들과의 관계를 다른 각도로 보게 하고, 점점 더 학대자의 견해에 공감하게 만든다. 학대자의 태도를 지적하는 사람들에게 맞서 학대자를 옹호하는 동안 사람들은 그의 편에 선 당신에게 실망한다. 그와 반대로 학대자에게 맞서 사랑하는 사람들을 옹호하면 학대자는 당신이 자신에게 충실하지 못하다며 당신을 공격한다. 가운데 낀 당신은 이러지도 저러지도 못하는 사이에 지쳐간다. 앞에서 언급한 것처럼 당신이 다른 사람들과 맺고 있는 유대 관계에 금이 가면 결국 지연스럽게 당신은 고립되고 만다.

SCENE 클로이

이제 막 대학을 졸업한 클로이는 2년 전에 약혼했고 활달한 성격에 맞는 아주 화려한 옷을 즐겨 입는다. 동물과 아이를 사랑하는 클로이와 약혼자는 어서 빨리 가족을 이루고 싶어 했다.

클로이는 아주 친밀한 가정에서 자랐다. 클로이는 형제가 네 명인 집의 막내였고, 형제들은 모두 부모님과 가까운 곳에 살면서 아이를 양육하겠다는 결정을 내렸다. 클로이에게는 가족 가까이 살고 싶다는 소망을 완벽하게 이해해주는 동반자를 만나는 일이 아주 중요했기 때문에 약혼자가 같은 소망을 품고 있다는 사실을 알고서는 정말로 기뻐했다.

하지만 작년부터 클로이는 가족 때문에 약혼자와 다투기 시작했다. 소소하던 문제는 아주 커다란 싸움으로 번져나갔고, 클로이가 나를 찾아올 무렵에는 약혼자와 가족 중 한쪽을 택해야 한다는 기분이 들 정도로 상황이 심각해졌다. 클로이는 "어떻게 이런 일이 있을 수 있는지 모르겠어요."라고 말했다.

약혼자와 사귀기 시작할 무렵에는 약혼자도 클로이 가족을 정말로 만나고 싶어 했다. 클로이는 언니와 정말로 가까운 사이였기 때문에 약혼자에게도 언니를 제일 먼저 소개했다. 언니와 약혼자가 잘 지내는 모습을 본 클로이는 다른 가족들도 모두 소개해주었다. "한동안은 정말로 좋았어요." 클로이는 그렇게 말했다.

하지만 옛일을 돌이켜보던 클로이는 가족을 소개하고 6개월쯤 지났을 때부터 약혼자에게서 가족을 방어해야 한다는 생각이 들었다고 했다. "아주 사소한 트집을 잡았어요. 특히 우리 엄마랑 언니한테요. 가끔은 나도 아주 조금은 동의한 적이 있지만 왠지 부당한 트집을 잡는다는 느낌도 들었어요." 클로이는 가족의 입장을 설명하려고 노력했지만 약혼자는 이해하려고도 사정을 봐주려고도 하지 않았다. 결국 시간이 흐를수록 약혼자의 비난은 더욱 거세어져만 갔다.

얼마 전에 클로이의 약혼자는 클로이의 언니, 그리고 몇몇 친구와 함께 저녁 식사를 하는 자리에서 언니와 언니의 일을 우습게 여기면서 아주 쓸모없는 일을 한다고 놀렸다. 상처를 받고 화가 난 언니를 달래주려고 클로이는 약혼자의 행동을 이해해 달라고, 정말로 그런 의미로 말한 것은 아니라고 말했다. 클로이가 자신을 놀린 사람 편에 서자 언니는 더욱 상처를 받았다. 한편 클로이가 약혼자의 행동을 지적하자 약혼자는 언니가 너무 민감한 거라고, 자신은 그저 농담을 했을 뿐이라고 했다. 약혼자는 언니에게 건성으로 사과했고, 역시나 농담을 했을 뿐이라며 자기 행동을 정당화했다.

그 뒤로 몇 달 동안 클로이의 가족은 클로이의 약혼자가 가족 모임에 참석하는 횟수가 눈에 띄게 줄어들고, 약혼자의 태도가 어딘지 모르게 거만하다는 사실을 눈치챘다. 클로이의 어머니가 모든 사람에게 예의 바르게 행동할 생각이 있다면 추수감사절 만찬에 약혼자를 데려와도 된다고 했을 때 클로이는 화가 났고 상처를 받았다. 클로이가 가족과 힘든 시기를 보내고 있을 때 약혼자는 클로이에게 아주 다정하고 부드럽게 대했고, 자신은 결코 자기나 가족 가운데 한쪽을 택하라는 강요는 하지 않을 거라고 하면서 어떤 일이 있어도 클로이를 사랑하고 지지할 거라고 말했다. 클로이는 자신을 아껴주고 사심 없이 돌봐주는 약혼자를 보면서 마음이 놓였지만 아무 이유 없이 약혼자를 공격하고 괴롭히는 가족들을 생각하면 화가 나고 혼란스럽고 실망스러웠다.

클로이의 이야기는 고립화 과정이 아주 교묘하게 시작된다는 사실을 잘 보여준다. 학대자는 당신이 사랑하는 사람들에게 자기도 애정이 있음을 드러내 보이면서 당신이 자기 말을 믿게 한다. 가끔 가면을 벗고 자신의 진짜 모습을 다른 사람들에게 드러냈을 때는 재빨리 자기 행동을 합리화하거나 상처를 입었다는 태도를 취함으로써 당신의 동정심을 유발한다. 다른 사람들은 이러한 학대자의 놀이에 휘둘리지 않지만 당신은 아무도 보지 못한 학대자의 '진짜' 사랑스러운 면을 알고 있다고 생각하기 때문에 당연히 학대자의 말을 믿는다. 그리고 모든 것이 시작된다.

파트너를 주변 사람들과 떨어뜨리는 과정

시간이 지나면 다른 사람들을 향했던 비웃음과 경멸이 당신을 향한다. 당신을 함부로 대하는 일은 보통 두 사람이 있을 때 주로 벌어지지만 다른 사람 앞에서도 자기가 당신을 참아주고 있다고 하거나 비하하는 말로 당신에게 창피를 준다. 당신을 어딘가 모자란 사람으로 만들기도 한다. 학대자의 이런 태도는 당신이 스스로를 의심하게 할 뿐 아니라 당신만 점점 더 사람들에게서 멀어지게 만든다. 심지어 학대자는 자기 생각이 아니라 다른 사람의 생각이라고 하거나 다른 사람에게 들었다면서 당신에게 상처 주는 말을 할 수도 있다. 그런 말을 들을 때마다 당신의 자존심은 낮아지고 자부심에 금이 간다. 어째서 그렇게 상처를 주는 행동을 하느냐고 항의를 하면 학대자는 방어 태세를 갖추고 당신을 도리어 공격하거나 당신이 너무 민감한 것뿐이라고 일축한다. 아니면 당신에게 고통을 주는 사람이 자신이면서도 당신 편이 되어 당신을 위로하려고 한다. 자기가 비난받을 일이 아닌데도 당신이 자기를 비난하고 있다고 하거나 자기 생각이 아니라 다른 사람의 생각인데도 자기를 탓하고 있다는 이유를 들어 당신에게 마음껏 분노해도 좋을 상황을 만들고 있는 것이다.

그 정도 상황이 되면 피해자는 움츠러들고 변명을 늘어놓으면서 가족이나 친구들과는 만나지 않게 된다. 학대자 때문에 당혹스럽고 학대자와의 관계가 민망해서 의도적으로 사랑하는 사람들을 피하는 경우도 있다. 부끄럽기 때문이다. 학대자와의 관계가 부끄럽게 여겨지기 때문에 피해자는 더욱 더 다른 사람과 멀어져 홀로 고립되었다는 느낌을 갖게 된다. 어차피 다른 사람들은 이해해주지 않으리라는 두려움에, 그리고 학대자와 헤어지라는 압력을 받을지도 모른다는 두려움에 당신이 느끼는 감정을 다른 사람에게는 말하지 못하고 입을 다물게 된다. 스스로 헤어진다는 결심을 하지 못했다면 사랑하는 사람들이 당신에게 학대자와 헤어지라고 하는 말은 아무 소용이 없다. 그 때문에 헤어짐을 권하는 사람들과는 더욱 소원해질 수밖에 없다.

　제삼자의 눈으로 봤을 때 당신은 껍데기밖에 남지 않게 된다. 당신 자신의 모습을 잃어버리게 된다. 사람들은 계속해서 당신에게 학대자와 헤어져야 한다고 말하거나 학대자에 관해 불평을 늘어놓는 당신에게 지쳐 떠나버린다. 당신은 동반자를 기쁘게 해주려고 엄청난 노력을 들이지만 언제나 충분하지 않다. 그 어떤 노력도 결국 실패로 돌아간다. 당신이 원하는 소망이 이루어지리라는 기대는 포기해버리고 모든 것이 두려워진다. 자신도 모르게 당신은 당신을 괴롭히는 진짜 이유를 잊으려고 다른 일에 몰두한다. 아이들에게 신경을 쓰거나 무기력함을 잊게 해줄 온갖 일에 집중하려고 한다. 무슨 일이건 간에 당신이 직접 통제하고 있다는 느낌을 받을 수 있는 일을 하고자 한다. 당신은 몸을 지나치게 의식하게 되고 당신의 몸에서는 다양한 신체 증상이 나타난다. 결국 당신은 자기 몸조차도 마음대로 하지 못한다는 생각을 하게 된다. 자신을 보호하려고 하다가 감정은 마비되어버린다. 당신은 사랑하는 사람들과 멀어져 철저히 분리되고 고립되어버린다. 하지만 그보다도 더 심각한 문제는 자기 자신에게서도 고립된다는 점이다.

절대로
맞서지 못하게
하려는 의도

　당신이 스스로를 옹호한다거나 '싫다'라고 말한다거나 학대자에게 감정적으로 반응하면 학대자는 당신에게 벌을 준다. 보복을 가한다. 학대자가 당신에게 벌주는 이유는 두 가지이다. 첫째는 자기가 분노를 발산하는 것은 정당하다고 생각하기 때문이고 둘째는 자기에게 맞서지 말라는 경고를 하기 위해서다.

　사실 학대자는 당신으로서는 했는지도 모르는 일을 가지고도 당신에게 벌을 줄 수 있다. 학대자는 극도로 경쟁심이 강한 사람이라서 당신이 어떤 분야에서 성공했다면 그 사실만으로도 당신에게 벌을 내린다. 당신의 성공을 자신에게 가하는 위협이라고 생각하기 때문이다.

SCENE 그레첸 ❶

　그레첸은 몇 년 전에 남편과 이혼했다. 남편이 바람을 피운 사실을 알았기 때문이다. 처음에는 남편이 바람을 피웠다는 사실을 알고도 용서할 수 있으리라고 생각했지만, 두 사람이 정신과 치료를 받는 동안 남편이 결혼 생활 내내 수많은 거짓말을 했음을 알고는 도저히 함께할 수가 없었다.

그런데 이혼을 했다고 모두 끝난 것은 아니었다. 공동 양육은 너무나도 힘든 일이었다. 그레첸의 전남편은 규칙대로 하는 일이 하나도 없었다. 대부분의 경우 그레첸은 그저 참아내면서 진흙탕 싸움에 말려들지 않으려고 노력했지만, 어쩔 수 없이 자기주장을 내세워야 하는 일들이 생겼다. 예를 들어 전남편이 처방받지도 않은 약을 세 살 아이에게 먹이려 할 때는 반대할 수밖에 없었다. 그런데 오히려 그레첸의 전남편은 그레첸이 아이를 과보호하느라 야단법석을 떠는 엄마라고 비난했다. 그레첸은 화가 났지만 일단 그 상황에서 벗어난 뒤에 자기가 정말로 야단법석을 떠는 엄마인지 곰곰이 생각해봤다.

한번은 전남편과 시간을 보내고 온 딸아이의 긴 머리카락이 귀 어귀까지 삭둑 잘려져 있었다. 그레첸의 전남편은 아무 말도 없이 딸아이의 머리카락이 들어 있는 비닐봉지를 그레첸에게 내밀었다. 그레첸에게 벌을 준 것이다. 처방을 받지 않은 약을 딸에게 먹였다고 항의한 그레첸을 벌하려고 딸아이의 머리카락을 마음대로 자른 것이다. 그는 그레첸을 향한 응징임이 분명하지만 꼭 그렇다고는 단언하기 힘든 방식으로 그레첸에게 벌을 줬다. 그레첸이 자신에게 앙갚음을 하려고 딸의 머리카락을 잘랐다고 말하면 전남편은 껄껄 웃으면서 두 일을 그런 식으로 연결하는 그레첸에게 미쳤다고 말할 것이다. 하지만 전남편이 전하려는 메시지는 분명하다. 자신에게 맞서지 말라는 것이다.

처벌은 언제나 가혹하다. 앞에서 살펴본 것처럼 학대자는 늘 사실을 왜곡하고 잘못을 피해자에게 돌린다. 피해자가 자기 자신을 옹호하려고 할 때마다 학대자는 같은 전략을 구사한다. 만약 과거에 동일한 전략을 구사했지만 피해자가 확고하게 맞서 자신을 방어했다면 다음에는 더 비열한 전략을 구사한다. 학대자는 상처 주는 말을 하고 위협하고 협박하며 필요하다고 생각할 때는 폭력을 행사한다. 어떻게 해야 피해자가 가장 두려워하고 격렬하게 흥분하는지를 잘 알기 때문에 정확하게 급소를 공략한다.

불행하게도 학대자는 아이들을 이용해 피해자를 처벌할 때가 많다. 학대자에게 맞설 만큼 가치가 있는 일은 없다는 인식을 심어주려고 학대자는 보통 아주 가혹한 벌을 내린다. 제삼자가 보기에는 도대체 왜 학대자 곁을 떠나지도 않고 자기주장은 해보지도 않는지 이해하기 어렵다. 하지만 당신은 그 이유를 정확하게 알고 있다. 치러야 할 대가가 너무 크기 때문이고, 당신만 희생하면 당신과 아이들이 무사할 수 있기 때문이다.

도전에 응징하는 방법

학대자가 내리는 벌은 직접적인 공격일 수도 있고 수동적인 공격일 수도 있다. 언어나 육체 폭력을 쓰기도 하고, 그 둘을 모두 사용하기도 한다. 학대자들은 자신이 내리는 벌이 어느 정도인지를 정확하게 계산하기 때문에 당신이 항의하면 무슨 이야기냐며 어깨를 으쓱해버리거나 그럴 의도는 아니었다고 부정한다.

학대자는 피해자를 아예 상대하지 않는 간접 학대 방법을 구사해 자신이 화가 났음을 분명하게 알린다. 일단 학대자가 '나 화났으니 건드리지 마' 전략을 구사하면 당신은 학대자가 아무 반응도 보이지 않는 이유를 알아내려고 애쓰게 된다. 하지만 학대자가 아무 반응도 보이지 않는 이유를 알아내려고 할수록 학대자는 더욱 더 강력하게 저항하면서 자신이 화난 이유를 숨긴다. 그 때문에 결국 당신은 이제부터는 절대로 학대자를 자극하지 말자는 생각을 하게 된다.

SCENE 수전

60대 후반인 수전은 은퇴한 간호사이다. 목소리가 부드럽고 온화한 수전은 있는 힘을 다해 네 아이를 길렀고 거의 30년 동안 병원에서 헌신적으로 일했다.

수전과 수전의 남편은 대학에서 만난 지 얼마 안 되어 결혼했다. 운동 실력이 뛰어났던 수전의 남편은 '여자라면 누구나 좋아할 만한 사람'이었다. 남편이 수전을 택했을 때 수전은 모든 여자가 바라는 남자가 자신을 택했다는 사실이 믿어지지가 않았다. 그리고 자신도 '동화 속에 나오는 결혼 생활'을 해나갈 수 있기를 꿈꾸었다. 하지만 현실은 바람과는 정반대로 흘러갔다.

수전은 자신이 행복해할 때마다 남편이 화내는 이유를 알 수 없었다. 수전이 행복해질 수 있는 일이 생길 때마다 남편은 말이 없어졌고, 수전의 일에는 조금도 관심을 보이지 않았다. 수전이 보기에는 분명히 행복해야 할 일에 남편이 그렇게 불행해한다는 사실은 당혹스러웠다. 수전이 아주 조심스럽게 남편에게 다가가 무슨 문제가 있는지 물어봐도 남편은 그저 아무 문제 없다고만 대답했다. 남편은 한번 입을 다물면 몇 주 동안이나 말을 하지 않을 때도 있어서 수전은 자기가 상처를 준 것은 아닌지 걱정할 수밖에 없었다.

남편의 입을 열게 하려고 아무리 노력을 해도 남편은 짧게 단답형으로만 대답했다. 수전이 도대체 왜 그러냐고, 제발 이유를 말해달라고 통사정을 할 때면 남편은 버럭 화를 내면서 제발 귀찮게 하지 말라고 했다. 남편의 격한 반응에 놀란 수전은 더는 남편을 자극할 수가 없어 마음에 상처를 잔뜩 입은 채 물러날 수밖에 없었다.

그런 일이 있은 뒤에는 곧 남편은 침묵을 깼고 다시 행복한 것처럼 보였다. 자신에게 버럭 소리를 지른 남편 때문에 아직도 속이 상해 있던 수전은 자신의 심정을 이야기했지만, 남편은 수전이 지나치게 심각하게 받아들이는 거라면서 수전의 마음을 무시했다. 남편의 기분이 풀려가는 동안 수전은 냉랭한 태도를 유지하면서 자기는 아직 마음이 풀리지 않았고 화가 나 있음을 계속해서 남편에게 알리려고 했다. 하지만 남편이 꽃을 사주고 달콤한 말을 속삭이자 수전은 마음이 풀리고 다시 남편에게 애정을 느꼈다. 그렇게 자상한 남편을 모질게 대했다는 사실이 부끄러웠고 다시는 남편을 몰아붙이지 않으리라고 다짐했다. 화해를 하고 나면 며칠이나 몇 주 성도는 다시 신혼으로 돌아간 것처럼 행복한 시기가 짧게 찾아왔다. 그러나 그 시기가 지나면 또다시 같은 일이 반복됐다.

나를 찾아왔을 때 수전은 결혼 전보다 몸무게가 23킬로그램이나 불어 있었고 자존감은 완전히 바닥을 치고 있었다. 수전은 나에게 우울증을 치료하고 싶다고 했고 '근사하고 인내심 많은' 남편을 향한 자신의 분노를 없애고 싶다고 했다.

수전은 자신이 하는 말이나 행동이 남편의 반응을 유도하는 것이 아니라 남편의 분노가 전체 상황을 이끌고 있다는 사실을 몰랐다. 수전의 남편은 아내가 행복하기를 바라지 않았다. 아내가 행복하다는 사실은 자신의 통제력이 약해진다는 것을 뜻하기 때문이다. 남편의 행동에서 분명하게 알 수 있듯이 수전의 남편은 아내의 기분이 가라앉고 행복이 '사라질 때' 훨씬 행복해진다.

수전의 이야기에서 볼 수 있듯 학대자는 아무 반응도 하지 않고 있다가 자신은 아무 일도 하지 않았다는 이유를 들면서 당신을 비난하고 벌을 준다. 당신이 학대자에게 부당하다고 맞서는 순간 학대자는 마음껏 분노를 발산해도 된다고 생각한다. 당신이 노력할수록 학대자는 자신이 원하는 권력을 획득하게 된다. 벌을 받는 관계가 지속되는 동안 당신은 마음을 다칠 뿐 아니라 스스로 무능하다고 느낀다. (실제로도 무능력해진다.)

"그냥
놓아줄 수는 없지."

학대 관계를 이해하려고 할 때에는 통제라는 개념이 중요하다. 학대는 어떤 형태가 되었건 간에 상대방에 대한 통제권을 획득하려는 시도이기 때문이다. 교묘하게 휘두르는 학대이건 모욕하는 학대이건 조금씩 자신감을 깎아먹는 학대이건 학대자가 하는 모든 행위에는 상대방을 통제하겠다는 한 가지 목표가 있다.

함부로 상대방을 깎아내리고 뺨을 때리지 않는 한 학대자가 동반자를 통제하려는 의도가 있음을 알아채기는 쉽지 않다. 그런데 가장 지배욕이 강한 학대자는 동반자에게 함부로 말하거나 육체 폭력을 휘두르지 않는다. 전통적으로 학대를 당하고 휘둘린다고 분류할 수 있는 그 어떤 행동도 당하지 않아야만 피해자가 자신은 정상적인 관계를 맺고 있다고 생각하기 때문이다.

SCENE 로렌

전직 모델인 로렌은 아이비리그 대학교를 졸업했다. 남편도 아이비리그에서 만났다. 부부에게 두 아들이 생긴 뒤부터 로렌은 파트타임 컨설턴트로 일했다. 로렌의 남편은 출장이 잦았는데, 한번 나가면 몇 주씩 돌아오지 않을 때가 많았다.

남편이 집에 있을 때면 부부는 말다툼을 많이 했다. "일단 그 사람이 출장을 가면 평화로웠어요. 일상을 살 수 있었고 아이들도 제 말을 잘 들었고요. 하지만 남편만 집에 있으면 너무나 복잡해졌어요. 아이들이 해야 하는 일을 못하게 했고, 제가 무슨 부탁을 하든지 반대로만 했어요." 로렌이 아이들에게 자러 가기 전에는 초콜릿을 먹으면 안 된다고 말하면 남편은 굳이 초콜릿을 가져와서 아이들에게 주었다. 그런 남편이 자신을 무시하는 것만 같아 도대체 왜 그러느냐고 물으면 남편은 큰일도 아닌데 속 좁게 화를 내지 말라고 했다. 그저 초콜릿을 조금 준 것뿐이라고 말했다. 하지만 그건 초콜릿 문제가 아니었다. 로렌에게 그 사건은 자신이 존중해줬으면 하는 바람으로 정한 방침을 남편이 고의로 무시한 사건이었다.

로렌은 또 다른 이야기도 들려주었다. 로렌은 가족이 모두 함께 영화를 보러 갈 수 있는 시간을 몇 달 동안이나 기다리고 있었다. 그런데 마침내 집 가까운 극장에서 영화를 상영했을 때는 남편이 출장 가 있었다. 로렌은 남편이 돌아올 때까지 기다렸다가 다 함께 영화를 보러 가자고 했다. 한편 그 사이에 로렌은 아버지가 몸이 아파 병원에 입원했다는 소식을 들었고, 남편이 집으로 돌아오자마자 아버지를 보러 갔다. 병원에 도착한 후 로렌은 가족들이 궁금해서 전화를 걸었는데, 그때 아이들은 아주 신난 채로 아빠와 영화를 보러 왔다고 말했다. 아이들은 엄마가 그 영화를 보려고 가장 완벽한 시간을 기다리고 있었다는 사실을 몰랐다. 하지만 남편은 알았다. 도대체 어떻게 그럴 수 있느냐고 남편에게 따져 묻자 남편은 로렌이 화를 내는 이유를 모르겠다고, '영화는 그저 영화일 뿐'이라고 했다. 가고 싶으면 다시 가서 보면 된다면서.

로렌은 결혼 생활을 하고 있었지만 늘 혼자라고 느꼈다. 행복하고 평화로운 가정을 만들겠다는 로렌의 노력은 쓸모없는 것처럼 느껴졌다. 도대체 무엇 때문에 그런 생각이 드는 것인지, 로렌은 알 수가 없었다. 로렌은 남편을 사랑했다. 집에 있을 때면 남편은 아이들을 정성껏 돌봐주었다. 가끔 꽃을 사 오고 하루에도 몇 번씩 문자를 보내는 남편이었다. 로렌은 늘 자신에게 물어야 했다. 어째서 좋은 면을 보면서 만족하지 못하는 걸까? 어째서 남편 말처럼 그저 아무 일도 아니라고 넘기지 못하고 그렇게 쉽게 화내는 것일까?

로렌의 남편은 수동적으로 공격하면서 상대방을 통제하는 사람이다. 의도적으로 로렌의 말을 어김으로써 실제로 두 사람 사이를 통제하는 사람이 누구인지를 교묘하게 알리는 사람이다. 로렌이 문제를 깨닫고 남편의 행동을 지적할 때마다 남편은 로렌의 기분을 하찮은 것으로 치부하고 로렌에게 잘못을 덮어씌운다. 그 때문에 로렌은 실제로 해결해야 할 문제가 아니라 자기 자신을 의심하느라 정신이 없어진다. 그런 식으로 로렌의 남편은 부부 관계에서 지배권을 확보한다.

가장 초기에 나타나는 통제 방식이자 학대 관계에서 가장 흔히 볼 수 있는 통제 방식은 상대방이 느끼는 감정을 무의미하다거나 지나치다머 없애러 하는 것, 혹은 그런 감정을 갖는다는 이유로 상대방을 공격하는 것이다. 이런 통제 행위는 너무나도 교묘해서 미처 깨닫지도 못하는 상태로 피해자는 엄청난 고통을 받을 수 있다. 동반자에게서 당신의 행동을 좋아하지 않는다는 말을 들으면 방어 자세를 취하게 된다. 그리고 어째서 그런 일을 했는지 자기 입장을 설명하려 들 수밖에 없다. 그 과정에서 분명히 두 사람 사이에 의견이 오갈 수밖에 없고 가끔은 아주 가열되고 상대방이 하는 말을 자신에 대한 공격으로 느끼는 경우도 있을 수 있다.

사실 부부 사이에서는 서로 상대방이 무슨 생각을 하는지 좀 더 잘 알기 위해서, 또 그 과정에서 서로 합의점을 찾고 조정하기 위해서 그런 논쟁을 할 수도 있다. 하지만 통제하는 관계에서 학대자는 상대의 감정이 틀렸다고 일축하고 왜 틀렸는지를 설명한다. 학대자는 넓은 마음을 가지고 당신이 혼란에 빠진 이유, 혹은 잘못 생각하고 있는 이유를 알려준다. 도대체 왜 그런 식으로 생각하는지 터무니없다거나 상대가 미쳤다는 식으로 모욕을 가하는 학대자도 있다. 학대자가 제시하는 이유가 너무나도 그럴듯해서 당신은 정말로 틀린 쪽은 자신이 아닌지 고민하게 될 수도 있다. 아니면 학대자 스스로 피해자 놀이를 해 당신이 처음부터 그런 생각을 가졌다는 사실을 미안하게 만들 수도 있다. 그는 모든 것을 통제하기를 원하기 때문에 사실상 통제가 불가능한 상대방의 감정까지도 통제하려는 시도를 멈추지 않는다.

벗어날 수 없게 만드는 전략

학대자는 통제 욕구가 강하다는 말만으로는 학대자의 성향을 모두 설명할 수 없다. 통제 욕구가 있는 학대자들이 행동하는 방식은 아주 다양하지만 모든 학대자에게는 공통적으로 존재하는 특징이 있다. 학대자는 상대방이 가지고 있는 모든 권력(자존감, 자부심, 업적, 재정 독립성, 가깝게 지내는 사람들, 자신과 다른 생각, 상대방의 고유한 감정 등)을 자신을 향한 위협이라고 생각한다. 당신에게 이런 힘이 있다는 것은 당신에게는 힘이 있고 당신을 도와줄 사람들도 있기 때문에 언제라도 학대자에게서 벗어날 수 있음을 뜻한다. 학대자는 자신이 언제나 권력의 꼭대기에 있어야 하기 때문에 그 자리를 조금이라도 낮추거나 없앨 가능성이 있는 모든 일들은 위협이라고 생각한다. 시간이 흐를수록 학대자는 피해자에게서 더 많은 힘을 앗아가기 때문에 결국 피해자에게는 아주 하찮은 힘조차 남지 않게 될 수도 있다.

학대자는 당신의 모든 인생에, 인생의 모든 측면에 대해 간섭하고 통제하려고 한다. 당신의 재정 문제, 함께 시간을 보내는 사람, 아이를 양육하는 방법, 그 밖에 모든 일들을 자신의 통제 아래 두려고 한다. 당신이 행복해할 때마다 그 행복을 소멸하려고 노력한다. 학대자는 피해자의 삶을 너무나도 힘들게 만들기 때문에 결국 피해자는 절대로 자신의 진짜 감정은 드러내지 않고 표현을 자제하는 법을 배우게 된다.

학대자는 가끔은 피해자에게 자유를 주어 자신에게 중요하지 않은 일은 당신이 스스로 결정할 수 있게 한다. 그 때문에 피해자는 자기에게도 자유 의지가 있다는 환상을 갖게 된다.

피해자는 완벽하게 통제하려는 학대자에게 반응 히면서 점점 더 불안해질 수밖에 없다. 통제당하고 있다는 사실을 부정하고 자기에게도 어느 정도는 통제권이 있다고 믿기도 하지만 마음속 깊은 곳에서는 그렇지 않다는 사실을 알고 있다. 그래서 자신이 할 수 있는 일은 무작정 하려고 한다. 음식을 지나치게 많이 먹는다거나 먹지 않는다거나 과도하게 운동을 한다거나 물건을 마구 사들인다거나 알코올 중독이 될 정도로 술을 많이 마신다거나 처방한 약을 마구 복용한다. 결국 육체적으로는 병들어가고 정신적으로는 강박적인 불안에 시달린다. 아이들만이 유일한 안식처라고 느낄 때는 아이들에게 병적으로 집착한다.

함께하고 있을 때건 두 사람의 관계가 끝났을 때건 간에 감시는 학대자의 전형적인 행동이다. 상대방에 관해 모든 것을 알지 못하면 통제권을 상실한 것 같아 학대자는 공포에 질린다. 당신도 자기처럼 분명히 기만적일 것이라고 생각하며 의심을 하고 모든 의심에 유죄라는 판결을 내린다. 당신을 계속 감시하면서 자신의 편집증을 충족시킨다. 두 사람이 사랑을 시작할 때는 그런 관심이 분명히 사랑스러웠을 것이다. 끊임없이 연락을 하려는 이유는 당신을 걱정하고 신경 쓰기 때문이라고 믿었을 것이다. 하지만 시간이 지나면서 그 자리는 끊임없는 요구와 요청, 학대자에게 필요한 일들로 채워진다. 학대자의 요구를 모두 들어주는 동안 당신은 숨이 막히거나 죽을 것 같은 기분이 들기도 한다.

진정한 친밀함은 서로가 상대방에게 자기 감정을 완전히 드러내고 상대의 감정을 이해할 때에만 형성된다. 따라서 학대자와 진정으로 친밀한 관계는 맺을 수 없다. 두 사람이 서로 함께 협력하고 있으며 이해하고 서로를 지지하고 있다는 마음이 들 때에만 정서적 친밀감은 형성되고 진짜 생각과 감정을 상대방에게 드러낼 수 있다. 학대 관계에서는 자기 생각을 마음껏 드러내는 일이 위험하기 때문에 진짜 감정과 소망은 최대한 숨기고 학대자가 듣고자 하는 말만 하게 된다. 피해자로서는 마음을 심하게 다치지 않으려고 어쩔 수 없이 선택하는 반응이다. 피해자가 이런 식으로 반응을 해야만 학대 관계는 유지될 수 있다.

두 사람의 관계가 끝난다고 해도 학대자는 피해자를 그냥 놓아주지 않는다. 감시를 하고 스토킹을 하는 일 외에도 다양한 방법으로 피해자를 통제하려고 든다. 자신이 힘을 쓸 수 없다는 생각이 학대자를 압도하기 때문에 당신이 자기 없이 당신 자신의 삶을 살아가고 있다는 생각을 하면 참을 수가 없다. 자신이 당신을 통제하지 못하는 상황을 학대자는 총력전으로 받아들이고 어떤 수단을 사용해서라도 당신의 일거수일투족을 감시하는 일을 스스로 정당화한다. 오만한 학대자는 자신이 당신을 감시하고 있음을 눈치채게 내버려둔다. 당신을 위협하려고 교묘하게 힌트를 주거나 명백하게 협박한다. 당신이 자기 것이라고, 당신이 자기 소유라고 믿기 때문이다.

그는 나를 '우습게' 만든다

유머는 학대자가 쓰는 아주 중요한 학대 수단이다. 아주 가혹한 학대도 유머라는 가면을 쓰고 있을 때가 있다. 유머라는 수단을 활용하면 불쾌한 말을 하고 끔찍한 일을 해도 처벌받지 않고 무사히 지나갈 수 있기 때문이다. 학대자들은 상대방의 생김새나 신체 특징, 신체 부위, 성격, 좋아하거나 싫어하는 것들, 재정 상태, 배경, 아이들, 가족들, 친구들, 동료들을 우습게 만든다. 어떤 대상을 우습게 만드는지는 학대자에게 중요하지 않다. 중요한 것은 당신을 깎아내린다는 점이다.

"그냥 농담일 뿐이야."

학대자는 비난을 유머로 포장하기 때문에 "그냥 농담이야."혹은 "당신은 너무 예민해." 같은 말로 상황을 넘길 수 있다. 또 학대자의 말은 최소한의 진실을 담고 있거나 상대방이 불안해하는 지점을 건드릴 때가 많다.

SCENE 샬럿

샬럿은 재미있고 카리스마 넘치는 남자와 결혼했다. 샬럿의 남편은 사회 활동도 열심히 했고 남녀 모두에게 인기가 많았다. 다른 여자들의 시선을 사로잡을 정도로 여자들과 시시덕거리기를 좋아했지만 그 때문에 샬럿이 걱정을 해야 할 정도로 선을 넘지는 않았다. 적어도 샬럿은 그렇게 생각했다.

운동을 아주 많이 하는 샬럿은 날씬한 몸매를 유지하려고 상당히 애를 썼다. 대학교 때 섭식 장애가 있었던 샬럿은 지금은 회복됐지만 언제나 외모에 극도로 신경을 썼다. 그런데 아내가 셀룰라이트에 아주 민감하다는 사실을 알면서도 샬럿의 남편은 기회가 있을 때마다 '놀리는 것처럼' 셀룰라이트가 있는 부위를 쿡 찌르거나 셀룰라이트가 도드라지도록 샬럿의 피부를 움켜잡고 놀랍다는 듯이 "우와, 이것 좀 봐!"라고 소리쳤다. 샬럿이 남편에게 그런 행동을 할 때마다 기분이 나쁘다는 말을 하면 남편은 정색을 하면서 너무 민감하다고 비난하거나 아주 조심스럽게 살얼음 위를 걷는 것처럼 살아야겠다고 비아냥거렸다.

학대자들은 그런 식으로 사실을 왜곡한다. 샬럿은 몇 년이나 남편이 쳐놓은 그물에 걸려들었다. 남편이 아니라 까칠하고 농담을 모르는 자신이 문제라고 믿었다.

제니퍼

30대 후반인 제니퍼는 유쾌하고 사교적인 성격으로 판매업에서 두각을 나타냈고 두 아이의 엄마로 15년 동안 결혼 생활을 했다. 제니퍼의 남편은 다른 사람을 우습게 만드는 '농담'을 좋아했다. 어쩌다 보니 제니퍼의 남편은 수년 동안 식업을 갖지 못해 생활비를 제니퍼에게 의존해야 했고, 제니퍼는 혼자서 가족 생계를 책임져야 했다. 매일 아침 제니퍼가 가장 먼저 하는 일은 샤워였는데, 샤워를 할 때마다 제니퍼의 남편은 아주 재미있는 일이라고 생각하는지, 얼음물을 한 양동이 가져와 제니퍼에게 뿌리고는 죽어라고 웃어댔다. 제니퍼가 정색을 하고 화라도 내면 남편은 '유머를 모르는 사람'이라면서 제니퍼를 나무랐다. 그런 날이면 제니퍼는 화가 난 채로 직장에 나갔지만 하루 종일 근무를 하고 집에 올 무렵이면 화가 풀려 있었다. 하지만 같은 일은 다음에도 또 일어났다.

하루 종일 고단하게 서서 일하고 돌아와도 제니퍼는 집에서 쉬지 못하고 아이들을 돌봐야 했다. 아이들을 재우고 나면 제니퍼는 뜨거운 물로 목욕을 하고 싶었다. 제니퍼는 자기가 욕조에 들어가 쉬고 있을 때면 남편이 순전히 재미로 다가와서는 오줌을 눈 적이 몇 번 있다고 했다.

그런 남편에게 제니퍼가 화를 내면 남편은 어떻게 반응했을까? 맞다. 당신이 지금 생각하는 그대로 반응했다. 아내에게 유머 감각이 없다며 되레 자신이 화를 낸 것이다.

클레어

클레어의 어머니는 완벽주의자였다. 클레어는 "언제나 날씬하셨던 엄마는 늘 옷을 완벽하게 격식을 갖춰서 입으셨어요."라고 했다. 클레어의 어머니는 사람은 언제나 빛이 나야 한다고 했다. 그 말은 클레어와 클레어의 동생이 사람들 앞에 나설 때는 언제나 특별한 존재가 되어야 한다는 뜻이었다. 집에서 클레어의 어머니는 두 딸이 먹어야 하는 식사량을 정확하게 통제했고 아이들이 너무 많이 먹었다는 생각이 들 때면 넌지시 공격하는 말을 했다.

클레어의 어머니는 클레어가 지독한 얼간이라서 발레를 배우기에는 모자라다고 했다. 또 클레어가 발을 헛딛거나 물건을 떨어뜨리는 흉내를 내면서 웃어댔다. 하지만 클레어가 미처 반응도 하기 전에 클레어를 왈칵 안고는 "이런, 너도 엄마가 널 얼마나 사랑하는지 알지, 그렇지?"라고 말했다. 그런 어머니의 모습에 클레어는 늘 혼란스러웠다. 어머니는 늘 클레어의 마음을 아프게 하면서 동시에 정말로 사랑한다고 말했다. 자신을 아프게 하는 사람과 자신을 사랑하는 사람 중 어느 쪽이 어머니의 진짜 모습인지, 아니면 그 둘 다 진짜 모습인지 클레어는 도무지 알 수가 없었다. 클레어는 어머니가 자신을 사랑한다는 사실을 알았고, 그렇다면 어머니가 내뱉는 비판도 사실일 거라고 생각했다. 클레어는 사랑은 비열함과 연결되어 있다는 생각을 하게 되었고, 잔혹함은 사랑하는 사람들 사이에 있을 수밖에 없는 일부 모습이라고 생각하게 되었다.

당연히 클레어의 어머니는 클레어의 많은 부분을 우습게 만들었고, 클레어는 어머니가 하는 끔찍한 말들이 진실이라고 믿으며 자랐다. 결국 자신감이 완전히 사라진 클레어는 사람들과도 제대로 지내지 못했을 뿐 아니라 늘 자기 안에 어머니의 비판적인 목소리를 간직하고 있느라 성인이 된 뒤에도 오랫동안 자아비판을 하는 사람이 되어버렸다. 안타깝지만 어린 시절 지나치게 놀림이나 비난을 받은 사람들은 클레어처럼 될 수밖에 없다.

━━━━━━━━━━━━━━━━━━━━━━━━

학대자들은 다른 사람 앞에서 피해자를 '우습게' 만든다. 함께 있는 사람들은 그런 태도를 당혹스러워하면서도 마지못해 맞장구를 치며 웃는 경우가 많다. 그러는 동안 피해자는 당황하게 된다. 그리고 남들 앞에서 우스워진 것 같고 자기편은 아무도 없는 것 같아 쓸쓸해진다. 왜 그런 말을 하냐고 한 마디라도 반박하면 학대자는 괜한 일로 야단법석을 떤다며 비아냥거린다. 모두 재미있어했는데 왜 혼자 민감하게 반응하냐고 받아친다. 학대자가 상황을 왜곡하는 것이다.

유머를 가장한 학대에는 피해자의 인간성을 말살하려는 의도가 숨어 있다. 피해자를 우습게 만들고 비하하려는 의도가 숨어 있다. 유머를 가장한 학대를 받은 사람은 자신감을 잃고 수치심을 느낀다. 동반자가 당신의 기분을 나쁘게 만드는 일을 한다면 주의해야 한다. 당신을 우습게 만드는 사람이 동반자일 수는 없다.

침대에서
일어나는 일

　학대자는 다른 사람에게 공감하는 능력이 거의 없기 때문에 상대 방도 소망과 욕구를 가진, 살아 숨 쉬는 인간이라는 생각을 거의 하지 못한다. 학대자에게 당신은 하나의 객체로, 자신이 소유한 물건일 뿐이다.

　당신은 학대자가 당신을 대하는 방식에 너무나도 익숙해져 있기 때문에 자신을 물건처럼 취급하는 학대를 받고 있음을 깨닫지 못할 때가 많다. 또 너무나 불안해서 동반자가 당신을 물건 이상으로는 보지 않는다는 사실을 인정하지 못하는 경우도 있다. 한번 학대자가 당신을 어떻게 생각하는지를 알게 되면 막아두었던 수문이 열리면서 그 사람이 당신을 인간 이하로 취급했던 모든 일들이 떠올라 괴로워질 테니 말이다.

SCENE 에밀리

　에밀리는 마침내 이혼을 한 뒤에 곧바로 나를 찾아왔다. 키가 크고 머리카락이 검은 40대 중반의 에밀리는 몇 주나 잠을 못 잔 사람처럼 보였다. 내가 사는 주에는 자신을 스토킹하는 전남편을 피해 몇 주 선에 이사 왔다고 했다.

　에밀리가 말해주는 전남편과의 이야기는 학대 관계에서 나타날 수 있는 특징을 전부 가지고 있었다. 에밀리의 친구와 가족들도 에밀리의 남편을 좋아하지 않았다. 그런 남편을 위해 계속 변명을 하다 보니 몇 년이 흐르는 사이에 에밀리는 연락하는 사람도 만나는 사람도 없어졌고, 결국 자신을 도와줄 사람은 하나도 없이 고립되고 말았다. 에밀리는 피임약을 먹고 있었다. '남편과 자신 같은 사람이 꾸린 가정에서 아이를 기른다는 것이 두려웠기' 때문이기도 했지만 남편 같은 사람하고는 아이를 갖고 싶지 않기 때문이기도 했다. 하지만 너무나도 무서워서 그런 말을 남편에게 할 수는 없었다.

　에밀리의 남편은 늘 에밀리의 몸매를 비하하면서 몸무게를 언급하고 깎아내리는 말을 하며 모욕했다. 어느 날 밤에는 에밀리가 핫초콜릿을 마시면서 침대에 누워 책을 읽고 있었다. 침실로 들어와 그 모습을 본 에밀리의 남편은 큰 소리로 혐오스럽다고 말하면서 '뚱뚱한 소'라고 했다. 에밀리가 들고 있던 머그잔을 낚아챈 남편은 에밀리가 덮고 있는 이불도 걷어 냈다. 에밀리를 침대에서 끌어낸 남편은 에밀리의 팔과 머리카락을 움켜쥐고 복도로 끌고 나가면서 너무나 역겨워서 도저히 같이 잘 수가 없다고 말했다.

　그전까지는 남편이 에밀리를 깎아내리고 물건을 던지고 문을 거칠게 닫기는 했지만 육체 폭력을 휘두르는 사람이 아니었기 때문에 에밀리는 자신이 학대를 받고 있다는 생각은 하지 못했다. 그런데 그 사건 이후로 에밀리는 남편이 자신과 한 침대에서 자지 못하게 하려면 역겹고 혐오스러운 모습으로 있어야 한다는 사실을 깨달았다. 그래야 남편이 자신을 거부하리라는 사실을 안 것이다.

자신이 학대를 받고 있다는 사실을 깨달을 때까지 에밀리에게는 몇 달이 걸렸다. 에밀리에게도 '학대'라는 말은 인정하기 힘든 단어였다. 하지만 지금까지의 생활이 학대를 받는 삶이었음을 알게 된 뒤로는 에밀리는 자신이 감내해야 했던 모든 일들을 깨달았고 그제야 충분히 슬퍼할 수 있었다.

학대자에게 물건 취급을 받고 있다는 느낌은 육체관계를 맺을 때 가장 쉽게 알 수 있다. 학대를 받는 여자들은 학대자와 섹스를 할 때 이런 기분을 느낀다는 말을 자주 한다.

- "너무 공허해요."
- "그 사람은 나를 보는 것 같지 않아요."
- "너무 공격적이에요. 마치 나한테 화난 것 같아요."
- "자기 마음대로만 해요. 난 그 사람이 하자는 대로 해야 하고요."
- "내가 좋은지 안 좋은지는 전혀 신경 쓰지 않아요."
- "그 사람이 원하는 게 있는데, 그걸 하지 않으면 미친 듯이 화내요."
- "나를 전혀 좋아하지 않는 것처럼 행동해요……. 섹스를 원하기 전까지는요."

침실에서 일어나는 일은 언제나 둘의 관계가 어떤 식으로 이루어지는지를 알려주는 거울이다. 동반자가 당신을 존중하지 않는다면 육체관계를 맺을 때도 당신을 존중하지 않는다는 느낌이 들 수밖에 없다.

학대와 포르노그래피

학대자는 포르노그래피에 큰 영향을 받고 있는 경우가 많다. 학대자의 심리를 살펴보는 일은 이 책의 범위를 벗어나는 일이지만 현재 나와 있는 연구 결과를 보면 포르노그래피는 남성이 여성을 보는 방식에 영향을 미치고 여성을 대하는 방법을 결정한다고 한다.

포르노그래피와 남성의 행동을 연구한 서른세 개 연구 결과를 메타 분석한 결과에 따르면 폭력적이건 폭력적이지 않건 간에 포르노그래피는 남성의 공격성을 부추긴다고 한다. 펜실베이니아대학교 정신의학과에서 성폭행에 의한 외상 및 정신병리학을 담당하는 메리 앤 레이든Mary Anne Layden은 한 연구에서 다음과 같이 말했다. "가정 폭력은 여성에게 가해지는 또 다른 형태의 폭력인데, 다른 폭력과 마찬가지로 포르노그래피가 가정 폭력에 미치는 영향력은 점점 더 증가하고 있다. 가정 폭력은 보통 육체 폭력과 감정 폭력을 수반하는데, 포르노그래피는 가정 폭력에 성폭력을 더하는 경우가 많다." 레이든은 포르노그래피가 여성과 아이를 보거나 대하는 방식에 해로운 영향을 미쳐 부정적인 행동과 태도를 야기하고 그릇된 행동을 마음껏 해도 된다는 인식을 심어준다는 증거가 매우 많다고 했다.

포르노그래피를 보는 데 찬성을 하건 하지 않건 간에 포르노그래피가 출연자들을 객체화하는 것은 분명하다. 포르노그래피를 보는 사람은 머지않아 포르노그래피에 너무나도 익숙해져서 출연하는 사람들도 자신만의 바람이 있는 실제 사람이라는 사실을 망각해버린다. 포르노그래피는 학대자가 다른 사람과 연결될 필요도 없이 성욕을 채울 수 있는 배출구 역할을 한다. 진짜 인간관계를 꾸준히 맺기 힘든 학대자에게 포르노그래피는 동반자의 필요를 충족시켜주거나 배려해줄 필요 없이 성적 욕망을 쉽게 채울 수 있는 수단이 된다. 포르노그래피를 이용하면 학대자는 곤경에 처할 일이 전혀 없다.

포르노그래피를 보는 사람은 점점 둔감해져서 동반자를 통해서는 성적으로 자극을 받기 어려워진다는 연구 결과들도 있다. 본질적으로 포르노그래피는 감각을 극대화시켜 자극하기 때문에 실제로 관계를 맺는 사람은 포르노그래피가 주는 극도의 자극을 줄 수 없다.

학대자는 상대방을 기쁘게 해주고 싶어 하는 동반자를 택한다. 학대자를 성적으로 기쁘게 하는 일이라면 자신이 불편하더라도 무조건 맞춰준다고 말하는 여성을 많이 만나보았다. 그런 여성들은 동반자의 말을 듣지 않는다면 동반자가 한눈을 판다거나 어떤 식으로든 문제를 일으킬 것이라며 두려워한다. 학대자들은 '자신이 원하는 대로' 당신이 하지 않으면 차갑다거나 지나치게 고상한 척한다거나, 아니면 정반대로 너무나도 쉬운 사람이라 그 누구도 당신을 원하지 않는다는 등의 말을 해서 당신을 불편하게 만든다. 상황을 왜곡하는 데 능숙한 학대자는 그런 당신을 자신이 택했다는 사실이 '행운'임을 알고 자신이 여전히 당신을 원하고 있다는 사실에 고마워해야 한다고 말할 것이다. 한 여성은 자신이 '해부학 교재로 쓰는 인형'이 된 것 같은 느낌이었다고 했는데, 정말 맞는 말이다. 남편은 그저 몸을 제공할 수 있는 사람이라면 그 누가 되었건 상관하지 않으며, 그 누가 아내 역할을 하더라도 신경 쓰지 않을 것이라고 생각하는 사람도 있었다. 또 남편과 하는 섹스는 너무나도 모멸적이어서 남편의 욕구를 충족시켜주려고 노력할수록 점점 더 지나친 요구를 해 자신이 사람이 아닌 동물이 된 것처럼 느껴진다는 사람도 있었다.

건강한 관계에서는 모든 일이 그렇듯이 두 사람 모두 자기 목소리를 낼 수 있어야 한다. 두 사람 모두 욕구와 소망을 솔직하게 표현할 수 있어야 하고 두 사람이 원하는 일은 똑같이 존중받아야 한다.

그 사람이
아이를 다루는 전략

학대자는 자기에게는 정당하게 권리를 누릴 자격이 있다고 확신하기 때문에 양육을 포함한 모든 일을 결정할 권리가 자기에게 있다고 믿는다. 실제로는 아이를 길러본 적도 없고 직접 기를 생각도 없으면서 자기가 원하는 대로 아이들을 양육하지 않으면 참지 못한다.

여자들이 학대자를 아주 훌륭한 아버지라고 부르는 경우를 자주 봤다. 물론 여러 가지 면에서 좋은 아버지일 수는 있다. 하지만 학대자가 다른 사람을 학대하는 가장 근본적인 이유를 명심해야 한다. 학대자는 다른 사람의 마음에 공감하지 못하기 때문에 학대자가 된다. 좋은 아버지는 아이가 행복하기를 바란다. 그리고 당신(아이의 엄마)을 두렵게 만들면 아이를 직접 괴롭히지는 않더라도 분명히 아이가 스트레스를 받게 된다는 사실을 잘 안다. 좋은 아버지는 항상 그 점을 생각하기 때문에 당신과 의견이 다르다고 해도 아이의 입장을 생각해 가장 좋은 선택을 한다.

하지만 학대자는 그렇지 않다. 학대자에게는 자기 이득만이 가장 중요하다. 세상에는 정말로 다른 사람에게 공감하는 능력이 없어서 자기 아이는 세 살밖에 안 되었으니 어떤 감정도 느낄 수 없다고 말하는 사람도 있다.

아이도 통제하다

학대자는 자아도취에 푹 빠져 있기 때문에 자기 아이는 그저 자기를 확장한 존재에 불과하다고 생각한다. 학대자는 아이에게서 자신과 닮은 점이 있다면 그 점은 인정한다. 학대자의 이기심을 만족시켜주기 때문이다. 하지만 자신과 다른 점이 있으면 신랄하게 비난한다. 아이의 개성을 인정하고 칭찬해주기보다는 자신과 같은 방식으로 행동하는 부분이 있을 때에만 인정하고 칭찬한다. 아이가 자라면서 학대자와 꼭 닮은 부분은 점점 사라지고 개성을 가진 한 사람이 되어 스스로 무언가를 하고 싶다는 생각을 할 수 있는 나이가 되면 학대자는 아이를 휘두르고 비난하면서 통제하려고 한다. 아이를 통제할 때는 벌을 내리는 것처럼 누구나 알 수 있는 방법을 사용할 수도 있고 아주 교묘한 방법을 사용할 수도 있다. 영리한 학대자는 아이가 자신이 조종당하고 있다는 사실조차 깨닫지 못할 방법으로 아이를 휘두른다. 유머를 가장한 말이나 퉁명스러운 말로 아이를 깎아내리며 자존감을 낮추고 자신감을 망가뜨린다. 그런 취급을 받은 아이는 슬프게도 학대자에게 인정을 받으려고 무리해서 애쓰게 된다.

학대자는 아이가 보는 앞에서 당신을 우습게 만들어 아이도 당신을 우습게 보게 하기 때문에 당신과 아이의 관계에서 토대를 이루는 부분에도 균열이 생길 수 있다. 학대자가 아이에게 자꾸 당신에 대한 그릇된 생각을 심어주는 이유는 학대자와 아이 사이에 유대감을 기르고 당신을 '이상한 사람'으로 만들기 위해서이다. 학대자가 구사하는 전략 때문에 당신의 위치가 취약해지면 학대자는 당신을 좀 더 쉽게 조종할 수 있다. 아이가 당신을 좋아하지 않으면 당신의 자신감은 바닥으로 떨어지고 아이는 학대자가 전하는 당신의 평판을 사실로 믿을 가능성이 커진다.

SCENE 린다 ❶

린다는 남편과 사별한 뒤에 나를 찾아왔다. 그때 린다는 자부심이 완전히 사라져 있음을 누가 봐도 분명히 알 수 있었다. 그녀와 몇 분 정도 이야기를 나누자 린다의 부부 관계가 학대 관계라는 것이 분명히 보였다. 린다의 남편은 린다를 쥐락펴락했기 때문에 린다는 남편 없이 혼자서는 도저히 살아갈 수 없다고 확신하고 있었다.

린다의 남편은 공동체의 기둥이었다. 누구나 '아주 대단한 남자'라고 말하는 그런 사람이었다. 교회 활동도 적극적으로 했고 린다의 아이들 모두 가입한 보이스카우트의 리더였으며 언제나 적극적으로 마을 일에 참가했다. 린다의 남편은 너무나도 '완벽한' 사람이었기 때문에 린다는 남편이 자신보다 훨씬 뛰어난 사람이고, 자기가 그런 사람의 아내가 됐다는 것은 엄청난 행운이라고 믿었다. 남편도 린다에게 그 사실을 틈만 나면 알려주었다. 두 사람만 있을 때면 남편은 늘 아내를 깎아내렸고, 멍청하고 게으르다고 말했다. 아이 양육에 관한 문제도 린다는 아는 것이 아무것도 없다고 몰아붙이고는 양육도 '자기 영역'이라고 선언했다.

린다의 남편은 저축한 돈을 모두 자기 장난감을 사는 데 쓰고는 했다. 린다가 불만이라도 터뜨리는 날에는 린다는 돈에 관해서 아는 것이 없다고 쏘아붙였다. 더구나 돈을 버는 사람은 자신이니 돈을 어떻게 쓰건 린다는 참견하면 안 된다고 했다. 항상 아이들에게도 엄마를 우습게 만드는 말을 하고 엄마의 '단점'을 이야기했고, 그런 엄마를 참아야 하는 건 가족 모두에게 불행한 일이라고 말했다.(흥미로운 사실이 하나 있는데, 린다의 남편은 아빠를 무서워하고 엄마를 편드는 아들을 아주 가혹하게 대했다는 것이다. 늘 불안해하던 아들의 두려움은 린다의 남편이 세상을 떠난 뒤에 저절로 사라졌다.) 린다는 많은 시간을 침대에 누워 책을 읽으면서 보냈다. 언젠가는 부엌 찬장 선반에 들어가 숨어도 좋을 정도로 몸이 작아졌으면 좋겠다고 생각한 적도 있다고 했다.

린다는 자신이 불행할수록 남편은 더욱 더 행복해 보인다는 느낌을 받은 적이 많았다. 남편은 늘 린다는 정말로 암울하고 우울한 사람이라고 말했고, 그런 말들은 두 사람의 차이를 더욱 더 두드러지게 했다. 린다는 남편이 하는 말은 진실이라고 생각했고, 그 때문에 더욱 더 자신을 탓하면서 우울해졌다. 내가 린다에게 흥미가 있는 것을 묻자 린다는 눈물을 글썽이면서 잘 모르겠다고 했다. 관심이 가는 일이 생길 때마다 남편은 아내를 조롱했고 아내가 그 일을 할 수 있는 여유를 주지 않았기 때문에 결국 오래전에 린다는 무언가에 흥미를 갖는 일을 포기해버렸다. 린다는 자기 자신이 어떤 사람인지를 오래전에 잊어버렸고 스스로가 좋아하는 자신의 모습 같은 진지한 것에 대한 질문은 고사하고 "좋아하는 게 뭐예요?" 같은 간단한 질문에 대답하는 법도 잊어버렸다.

당연히 결혼 생활을 하는 동안 린다에게는 친구도 없었다. 린다는 늘 재미가 없는 사람이라 그 누구도 린다와 함께 시간을 보내지 않으리라는 말을 들었다. 굳이 자기가 나서서 다른 사람을 지루하게 만들고 싶지 않았기 때문에 린다는 아이들의 친구 부모들과도 만난 적이 없었다. 아이들 아빠가 죽었기 때문에 아이들 삶이 파괴될 수도 있다는 것이 린다가 가장 걱정하는 일이었다. 심지어 린다는 남편이 아니라 자기가 죽었어야 한다고 믿었다. 남편은 어느 모로 보나 자신보다 뛰어난 사람이었으니 남편이 아니라 자기가 죽었다면 아이들의 삶은 전혀 변화가 없었으리라고 믿었다.

우리가 함께 내담을 시작하고 남편의 행동이 실제로 어떤 의미를 갖는지를 살펴보면서 린다는 큰 충격을 받았다. 내담을 시작하고 몇 달 뒤, 린다는 정말로 엄청난 분노를 터뜨렸다. 린다는 마침내 자기 안에 있던 불을 발견했다. 펑펑 울면서 린다는 이렇게 말했다. "난 그 사람을 믿었어요. 어떻게 나한테 그럴 수 있었을까요? 그가 나에 관해 하는 말은 모두 진심이라고 믿었단 말이에요. 23년 동안, 그 사람이 하는 말은 모두 믿었단 말이에요." 그때가 린다의 터닝 포인트였다. 한 발 뒤로 물러나 남편이 했던 행동을 객관적으로 들여다볼 수 있게 된 린다는 자기 삶이 바뀐 건 자기 때문이 아니라 남편이 린다를 통제하려는 욕망에 극도로 사로잡혀 있었기 때문임을 깨달았다. 누군가 불을 켜준 것처럼 처음으로 어떤 일이 벌어졌던 것인지를 똑똑하게 알 수 있었다.

물론 진정한 자신이 누구인지를 깨닫고 자신의 가치와 존재에 확신을 갖는 일은 많은 노력을 들여야 하는 힘든 일이다. 남편과의 관계를 명확하게 알게 된 린다는 자기가 결함투성이 인간이 아니라 사실은 정말로 근사한 사람임을 깨닫기 시작했다. 아주 밝아진 린다는 늘 원했지만 자신이 없어서 시작할 수 없었던 일을 시작하려고 다시 학교로 돌아갔다. 아이들과의 관계도 아주 좋아졌다. 늘 균열을 만들려고 노력했던 사람이 사라진 뒤로 엄마와 아이들의 정서적 유대관계는 강화됐다. 친구를 만드는 일은 여전히 어렵다. 린다는 누군가가 자신과 어울리려 한다는 생각을 아직은 굳게 하지는 못한다. 하지만 노력하고 있다. 서서히 나아질 것이다.

린다의 남편은 아내를 때린 적이 없다. 거칠게 고함을 지르지도 않았다. 밖에서 보는 사람은 누구나 린다의 가족이 아주 사랑스러워 보인다고 말했을 것이다. 누구나 린다는 멋진 남편을 가졌다고 부러워했을 것이다. 린다 역시 그렇게 생각했다. 그러니 자신이 불행한 이유를 도무지 알 수가 없어 힘들었다. 하지만 누구나 수년 동안 그런 취급을 받으면서 참아야 한다면 소심해지고 우울해질 수밖에 없다.

학대자는 저마다 다른 특징이 있으며 타인을 통제하고 조종하는 전략도 모두 다르다. 학대자가 표면에 내세우는 말에 주의를 빼앗기지 말고 실제로 어떤 의도를 가지고 게임을 하고 있는지를 파악해야 한

다. 전형적인 학대자는 아이들을 당신을 잡고 있는 인질로 활용한다.

학대자에게는 보이는 것보다 훨씬 큰 목적이 있다는 사실을 분명하게 알아야 한다. 그리고 당신이 의심을 갖게 하고 당신 스스로를 믿지 못하게 만드는 책략에 넘어가면 안 된다. 당신이 자기 자신을 의심하면서 결국 약해지는 것, 그것이 학대자의 목표이다. 학대자가 쳐놓은 미수에 걸리지 않고 당신을 돌보는 방법은 나중에 자세하게 살펴볼 것이다.

술이 학대자의 변명이 될 수는 없다

학대자는 흔히 술을 마셨기 때문에 그런 행동을 했다고 변명하고, 그런 변명이 먹혀서 학대 행위에 책임을 지지 않는 경우도 많다. 알코올은 분명히 자제력을 낮춘다. 하지만 술을 마셨다는 사실이 학대를 해도 좋을 이유가 될 수는 없다.

동반자가 술을 마시면 언어폭력, 육체 폭력, 성폭력을 행하는 사람일 경우, 관계를 맺고 있는 두 사람 모두 문제는 술이라고 생각하기 쉽다. 하지만 술이 문제라는 생각은 학대자가 당신을 함부로 대하는데도 처벌을 받지 않으며, 당신이 학대자에게 맞서는 대신 시선을 돌려 엉뚱한 원인을 비난하게 만든다. 여자들은 "그 사람이 술만 끊으면 모든 게 해결될 거예요."라는 말을 한다. 하지만 그렇지 않다. 술도 사실은 학대의 희생양일 뿐이다.

술 때문에 학대자의 행동이 훨씬 심해지기는 하지만 술이 근본 원인은 아니다. 많은 학대자가 알코올 중독자가 아닌 것처럼 알코올 중독자라고 해도 동반자를 학대하지 않는 사람도 많다. 술에서 깨어도 자기가 한 학대 행위를 책임지지 않는 사람은 사실 자신을 통제할 수 있으면서도 계속해서 상대방을 학대하는 사람일 수 있다. 그렇기 때문에 취하지 않았을 때 학대자가 어떤 식으로 행동하는지를 관찰하는 일이 아주 중요하다. 정신이 멀쩡할 때 하는 행동을 관찰해보면 분명히 술에 취하지 않았을 때도 학대자가 보이는 전형적인 행동을 하고, 술에 취하면 그 행동이 더욱 극대화되는 것뿐임을 알 수 있을 것이다. 술에 취해 있지 않을 때도 그다지 명확하게 구분할 수만 없을 뿐 완전히 발각되지 않는 한은 자신이 한 일에 어떠한 책임도 지지 않으려고 할 것이다. 다시 말해서 평상시에 다른 사람을 학대하지 않는 사람이 술을 먹었다고 갑자기 학대자로 변하지는 않는다는 뜻이다. 다른 사람을 깎아내리고 공격하는 성향이 없는 사람이 술을 마셨다고 갑자기 학대자로 돌변하지는 않는다. 그 반대도 마찬가지이다. 술을 마셨건 제정신이건 간에 학대자는 언제나 학대자이다.

3부

그 남자, 그 여자의
심리 분석

−정서적 학대의 특징에 관하여

허용하기 때문에 지속된다.

− 이름을 알 수 없는 누군가

책임감이
아주 강한 사람을
타깃으로 한다

학대자는 자기가 맡아야 하는 책임보다 더 많은 책임을 기꺼이 떠맡는 사람을 동반자로 고를 때가 많다. 당신이 항복하거나 어떤 문제에 책임을 떠맡을 때마다 학대자는 강력해지고 더욱 더 힘을 얻게 된다. 힘을 얻은 학대자는 만족하게 되고 일시적으로 두 사람 관계는 평화로워진다. 두 사람 사이에 형성된 평화가 너무나도 좋은 당신은 평화를 얻을 수 있도록 많은 노력을 기울인다. 그 때문에 두 사람의 관계는 늘 비슷한 형태로 흘러간다. 그러니까 당신이 그런 상황을 계속해서 조장하고 있는 것이다.

두 사람이 일상생활을 하면서 나누는 대화에는 학대자는 책임감이 없고 당신은 책임을 떠맡아야 하는 상황이 그대로 드러날 것이다. 재정 문제건 가족을 돌보는 문제건 아이를 양육하는 문제건 간에 모든 문제에서 같은 상황이 반복될 수 있다.

SCENE 마거릿

마거릿과 남편은 치과대학에서 만났다. 마거릿은 지적이고 재치가 있는 남편이 좋았다. 두 사람은 만나자마자 불꽃이 튀었고, 학기 초부터 연인이 되었다. 마거릿은 연애 초기는 '정말로 근사했다'고 했다. 두 사람이 약혼 사실을 밝혔을 때 놀라는 친구는 없었다.

문제는 치과대학을 졸업하고 두 사람이 결혼한 뒤에도 마거릿의 남편이 술을 줄일 생각을 전혀 하지 않았다는 것이다. 다른 친구들은 학교를 졸업하고 자기 일을 하면서 모두 '어른'이 되었는데도 마거릿의 남편만 여전히 무책임하게 행동했고 과도하게 술을 마셨다. 결혼하고 얼마 되지 않아 마거릿의 남편은 아내에게 폭언을 퍼붓기 시작했고, 마거릿에게 욕을 하면서 학대를 받아도 싸다고 말했다.

한바탕 성질을 부린 다음 마거릿의 남편은 언제나 사과를 했고, 그러면 한동안은 잠잠했다. 그렇게 잠잠하던 어느 때에 마거릿은 임신했음을 알았다. 두 사람은 정말 기뻐했다. 마거릿은 임신 소식이 남편에게 자극이 되어 술을 끊고 좋은 남편이 되겠다는 약속을 지키는 기폭제가 되었으면 했다.

하지만 임신 기간에도 남편은 여러 번 폭발했다. 마거릿의 남편은 완전히 취해서 마거릿에게 마구 욕설을 내뱉더니 "너무 뚱뚱하고 역겹게 생겼다."라는 말까지 했다. 다음 날 아침, 술에서 깬 남편은 자신은 마거릿에게 그런 식으로 말한 기억이 없다며 마거릿의 몸매를 그런 식으로 느낀 적은 단 한 번도 없다고 말했다. 이번에도 마거릿은 아기가 태어날 때까지는 술을 입에 대지 않겠다는 약속을 믿었다. 어쨌거나 곧 아이가 태어날 테니까.

아기가 태어난 뒤로 몇 달 지나시 않아 마거릿의 남편은 계속 술도 마셨고 아내에게 점점 더 비열한 말을 해댔다. 남편은 육아를 도와줄 생각이 전혀 없었기 때문에 마거릿이 해야 할 일만 훨씬 더 늘어났다. 남편은 아기를 방치해두다시피 했기 때문에 남편에게 아기를 맡기고 외출할 수도 없었다.

마거릿은 딸이 아직 아기였을 때 몇 시간 동안 혼자서 집을 비운 적이 있었다. 집에 돌아온 마거릿은 창문의 블라인드를 치고 모든 불을 끈 채 텔레비전을 보고 있는 남편을 발견했다. 아기의 기저귀는 언제부터였는지는 모르지만 완전히 젖어 있었다. 너무나도 화가 난 마거릿이 도대체 어떻게 아이를 이렇게 내버려둘 수 있느냐고 나무라자 갑자기 남편이 다가오더니 잔소리 그만하고 입을 다물라며 얼굴을 철썩 때렸다. 그 뒤로 마거릿은 절대로 딸이 남편과 둘만 있는 상황을 만들지 않았다.

딸이 두 돌이 되기 전에 마거릿은 남편 곁을 떠났다. 밤에 남편이 마거릿을 집어 던졌기 때문이다. 사실 남편이 그런 행동을 한 것은 처음이 아니었다. 한편 마거릿이 떠난 뒤 남편은 더욱 더 많은 술을 마셨다. 머지않아 남편은 직장을 잃었고 마거릿이 배우자로서 생활비를 줘야 한다고 주장했다. 그리고 자신이 술을 마시는 것도 마거릿 때문이라고 비난했다.

열심히 일한 마거릿은 딸과 자신의 생활비는 물론 남편의 생활비까지 벌 수 있었다.(법원은 마거릿은 직장이 있고 남편은 직장이 없기 때문에 낭연히 마서릿이 남편의 생활비를 줘야 한다고 결정했나.) 그렇게 수

년이 흘렀지만 마거릿의 남편은 취직을 할 수 없어 계속 마거릿의 돈으로 생활했다. 남편은 음주운전으로 너무 많이 걸렸기 때문에 운전면허가 취소되어 취직을 할 수 없을 뿐만 아니라 아빠의 의무를 해야 한다고 법원이 정한 시간에도 아이를 만날 수가 없다고 투덜댔다. 운전면허를 다시 딸 수 있는 유일한 방법은 술을 마시지 않는다는 사실을 증명하는 것뿐인데 법원의 심사를 거절했기 때문에 마거릿의 남편은 운전을 할 수 없었다. 그는 일을 하지 않는 남편을 대신해 늦게까지 일해야 하는 마거릿에게 딸을 아빠에게 데려다주지 않는다고 비난했다. 그리고 술 문제 때문에 직장을 얻지 못하는 것도 마거릿 탓이라고 비난했다.

책임감이 전혀 없는 남편 대신에 많은 일을 해야 했던 마거릿은 가정을 유지하려고 정말로 열심히 노력했다. 게으른 남편 대신에 더 많은 책임을 맡아 최선을 다해 일했다. 남편의 상태가 점점 더 위험해지자 딸의 행복과 안전이 걱정되었던 마거릿은 마침내 적절한 도움을 받을 수 있는 방법을 찾았고 결국 학대 관계에서 벗어날 수 있었다. 마거릿은 부부 관계에서 자기가 점점 더 많은 책임을 떠맡게 된다는 사실을 깨닫지 못한 채 오랫동안 착취를 당했다. 하지만 마거릿 부부는 두 사람 모두 가정에서 분명히 해야 할 일을 마거릿이 하지 않는다면 그 누구도 하지 않는다는 것을 기정사실화하고 바꿀 생각을 전혀 하지 않았다.

아마도 두 사람의 관계를 어떻게 해서든지 유지하고 싱황을 책임져야 하는 사람은 당신이라고 생각하는지도 모르겠다. 사실 학대자는 물론이고 다른 사람들이 당신을 좋게 생각하는 일이 당신에게는 아주 중요하다. 그 때문에 언제나 학대자를 기쁘게 해주려고 노력하며, 당신을 이해해줬으면 하는 바람으로 당신의 마음과 상황을 설명하는 일이 많다. 학대자가 당신을 비난할수록 당신은 그 사람이 가지고 있는 당신의 이미지를 바꾸려고 노력한다. 당신은 학대자가 무책임하게 내버려두고 있는 일을 당연히 당신이 대신 해야 한다고 생각하지만 당신의 바람에 신경을 쓰거나 당신이 짊어진 짐을 덜어주려는 사람은 아무도 없다. 당신은 학대자가 내버린 일들을 무리해서 모두 떠맡는다. 그 때문에 당신은 아주 지칠 수밖에 없고 두 사람이 나누어서 해야 할 일을 거의 대부분 혼자서 해내고 있다는 기분을 느낄 수밖에 없다. 실제로도 혼자 애쓰면서 그 관계를 이어가고 있는 사람은 바로 당신이다.

보통 책임감이 아주 강한 사람은 죄의식도 쉽게 느낀다. 학대자는 그 사실을 알고 있으며 당신에게 죄의식을 심어줄 방법도 안다. 학대자는 당신이 죄의식을 느낀다는 사실을 이용해 계속해서 당신을 부끄럽게 만들어 자신은 어떤 책망도 받지 않고 교묘하게 빠져나간다. 그는 자신이 비난을 받게 되는 순간이면 언젠가 당신이 죄의식을 느꼈던 일을 꺼내 당신 주의를 흐트러뜨리고 진짜 문제가 아닌 다른 문제로 시선을 돌리게 한다. 그럴 때마다 당신은 자기 자신이 창피하게 느껴져 당신을 나무라면서 죄의식에 사로잡힌다. 심지어 적반하장 식으로 학대자에게 미안하다고 말할 수도 있다. 학대자로서는 당신을 이용할 수 있는 정말 편리한 방법이다.

그는 책임감과 죄의식을 이용한다

자신이 맡을 필요가 없는 책임까지 떠맡는 사람들에게는 공통점이 있다. 당신은 어떤 사람인가?

- 당신은 의무와 책임을 다른 사람과 공평하게 나누어 짊어지는 사람인가, 자기가 대부분 맡아버리는 사람인가?
- 상대방이 직업을 갖지 않아도 될 정도로 열심히 일하고 있는가?
- 상대방은 마음대로 돈을 쓰는데 당신은 가족의 미래를 위해서 가능한 한 돈을 아끼고 있나?
- 당신이 잘못한 일이 아닌데도 늘 사과를 하는 사람인가?
- 누군가 당신에게 미친 듯이 화를 내면 분명히 당신에게 잘못한 부분이 있으리라고 믿고 보통은 당신 탓이라는 결론을 내리는가?
- 쉽게, 그것도 자주 죄의식을 느끼는가?
- 당신에게는 좋은 일이나 행복한 일이 생기거나 좋은 물건을 얻을 자격이 없다고 느끼나?
- 칭찬, 관심, 선물 등을 받을 때면 마음이 불편해지는가?

'그렇다'라고 대답한 질문이 많다면 당신은 이제부터라도 죄의식을 내려놓아야 한다. 물론 책임감이 강하고 열심히 일하고자 하는 자세는 아주 훌륭한 것이다. 하지만 그런 태도를 이용해 당신을 착취하려는 학대자와 함께 있다면 분명히 지지고 기진맥진해질 수밖에 없다. 너무나 많이 배려하면 자신은 조금도 배려받지 못할 수도 있음을 반드시 기억해야 한다. 학대자에게 너무 많은 배려를 하면 당신이 해야 할 일은 끝없이 늘어날 수도 있다.

공감 능력이
독이 되는 경우

공감 능력은 가치 있고 소중한 재능이다. 하지만 엄청난 장점은 또한 엄청난 약점이 될 가능성도 있는데, 공감 능력도 그런 자질 가운데 하나이다. 자기 정체를 감추고 다가오는 포식자에게 감정이 휘둘리지 않는 법을 배우지 않는다면 공감 능력이 뛰어난 사람은 다른 사람에게 쉽게 조종당할 수 있다.

두 사람의 관계가 시작될 때 당신이 매력을 느끼는 것은 그가 상처가 많은 사람이기 **때문일 수도** 있다. 그 사람이 털어놓는 '아주 깊은 곳에 있는 고통' 때문에 당신은 그 사람을 훨씬 가깝게 느낀다. 어쩌면 그 사람은 불우했던 어린 시절, 상실감, 지난 관계에서 받은 상처 등을 이야기할 것이다. 그런 이야기를 전에는 그 누구에게도 하지 않았다는 그 사람의 말을 들으며 당신은 자신이 누군가에게 특별한 사람이 되었다고 느낄 것이다. 두 사람이 만나 친밀하고 친근한 관계를 형성하려면 반드시 마음속 깊은 곳에 있는 감정과 상처를 나누는 것이 정상적이고도 건강한 방식이지만 상대방의 약함이 당신이 상대에게 끌리는 주된 이유가 되어서는 안 된다. 뛰어난 조종자는 자기 먹잇감의 약한 부분을 귀신같이 알아챈다. 당신이 자기를 구해주려는 마음을 굳게 먹고 있음을 감지하면, 학대자는 그 마음을 이용하려고 한다.

당신이 '충분히 그 사람을 사랑하기만' 한다면 분명히 그 사람의 상처가 낫고 그가 지금과는 다르게 행동하며 더 나은 삶을 살아갈 수 있으리라고 믿는가? 그렇다면 조건 없이 사랑하고 지지해주려는 당신의 노력이 허무하게 실패할 때마다 지치고 좌절하게 될 것이다. 학대자는 어떻게 해도 만족시켜줄 수 없음을 기억해야 한다. 안타깝게도 한 여자가 충분히 사랑을 해준다면 그 누구에게도 사랑을 주지 않았던 음울한 남자도 마음을 열고 그 여자를 사랑하게 된다는 착각을 심어주는 대중매체가 너무나도 많다. 그리고 거기서는 그 남자가 사실은 아주 자기중심적이고 한 여자가 보내는 사랑을 즐기기만 할 뿐이라는 진실은 말해주지 않는다. 몇 달, 혹은 몇 년이 흐르고 여자의 관심이 인생의 다른 부분(아이나 가족, 친구, 일, 학업 등)으로 옮겨가면 남자는 너무나도 달라진 성격을 드러낼 것이다.

SCENE 미셸

미셸의 남편은 말이 많고 늘 자기 의견을 말하는 사람이었다. 미셸은 그런 남편이 좋았고, 두 사람이 대화를 많이 한다는 사실이 자랑스러웠다. 남편과 대화할 때에만 미셸은 자신에게도 좋은 점이 있다고 느낄 수 있었다. 그런데 어느 날, 미셸의 남편은 자신이 바람을 피웠다고 고백했다. 미셸은 혼란스러웠고 상처를 받았다. 미셸의 남편은 미셸이 학업에만 신경 쓰고 자신에게는 관심을 기울이지 않았기 때문에 바람을 피웠다고 했다. 남편을 외롭게 했다는 생각에 마음이 아팠던 미셸은 상황을 그렇게 만들어서 미안하다고 했다.

몇 년이 흘렀고 아이들이 태어났다. 미셸의 남편은 여전히 말을 많이 했고, 미셸은 두 사람 사이가 더욱 공고해졌다고 믿었다. 하지만 어느 날 남편은 바람을 피웠다는 고백을 한 뒤에도 두 번이나 더 바람을 피웠다고 고백했다. 이번에는 미셸도 화가 났고 심상이 무너지는 것 같았다. 화를 내는 미셸을 보면서 오히려 남편은 펄펄 뛰었다. 미셸이 아이들 때문에 너무 바쁘고 집안일만 신경을 쓰느라 자신을 내버려두었기 때문에 바람을 피울 수밖에 없었다고 했다. 게다가 아이를 낳은 뒤로는 더 이상 미셸이 외모에 신경 쓰지 않아서 성적으로 전혀 끌리지 않으니 어쩔 수 없었다고도 했다. 또 자신은 미셸이 신경 써주지 않아 상처를 받았으며 자신이 그렇게 자기 관리를 하지 않는 사람과 결혼하게 될지도 몰랐다고 했다.

얼마 동안 자신이 받은 상처를 곱씹고 남편이 한 말들을 생각해보면서 미셸은 점점 더 부끄러워졌다. 남편의 말이 옳다고 생각했다. 미셸은 몸매를 가꾸는 데는 전혀 신경 쓰지 않았고 아이들을 돌보고 집안일을 하느라 바쁜 척했다. 자기 때문에 몇 년 동안이나 괴로웠을 남편을 생각하니 오히려 마음이 아팠다.

미셸은 남편과 관계를 회복하려고 열심히 노력했다. 힘들게 노력하는 동안 미셸은 불법으로 유통되는 약을 먹기 시작했고 수치심과 외로움을 달래려고 밤마다 와인을 많이 마셨다. 미셸은 수년 동안 그런 생활을 계속했고, 그 사이에 남편은 계속 바람을 피웠다.

남편은 아내가 술주정뱅이라서 자신은 바람을 피울 수밖에 없다고 말했고, 미셸은 반박하지 않았다. 남편이 옳았으니까.

<hr>

불행하게도 미셸처럼 수년 동안 교묘하게 학대를 받는 여자들이 많다. 이런 여성들은 수치심을 이길 방법을 찾다가 너무나도 쉽게 약물 중독 같은 길로 빠져든다.

당신이 자기 입장을 변호하려고 하거나 필요한 소망을 품을 때면 학대자는 상황을 왜곡하고 피해자를 비난하면서 어느덧 자신이 피해자가 되어버린다. 공감 능력이 뛰어난 당신의 마음을 이용해 '학대자의 입장'을 이해하게 만들기 때문이다. 학대자가 그럴듯한 논리를 펴거나 상처를 받은 것처럼 보이면 공감 능력이 뛰어난 당신은 그 즉시 상대방에게 감정을 이입한다. 크고 작은 모든 문제에서 같은 상황이 벌어진다. 당신이 학대자 곁을 떠나려고 하면 학대자는 동정심을 자극해 떠나지 못하게 막는다.(피해자가 떠나버리면 자살을 하겠다고 협박하는 예는 얼마든지 있다.) 당신에게 감정적으로 호소하면 결국 당신이 떠나기가 더욱 힘들어진다는 사실을 학대자는 안다.

학대자는 당신의 공감 능력을 이용해 이득을 취한다. 당신의 동정심을 자극하면 자기가 원하는 것을 더 많이 얻을 수 있음을 안다. 학대자는 당신을 잃고 싶지 않지만 그렇다고 함부로 취급하는 행위도 멈출 생각은 없다.

그 사람이 혼자일 때

동반자의 진짜 모습을 알려고 할 때 반드시 살펴봐야 하는 모습이 있다. 혼자 있을 때의 모습이다. 혼자 있을 때의 모습은 새로 맺은 관계의 참신함이 사라지고 난 뒤에 함께하는 사람이 어떤 모습일지를 알려주는 중요한 단서이다. 다음 질문에 답해보자.

• 당신이 없을 때 파트너는 어떤 사람인가? 좋은 면은? 나쁜 면은?

• 동반자는 언제 생각해도 자랑스러운 남자인가? 그가 하는 행동이나 했던 일들을 생각하면 당혹스러워지는 남자인가?

• 서툰 행동을 했거나 나쁜 결정을 했을 때 자기 행동을 정당화하거나 변명을 하는 사람인가?

• 자기 일은 자기가 하는 사람인가, 아니면 다른 사람에게 의존하거나 사람이나 제도에 기대어 이득을 취하는 사람인가?

• 동료들, 그중에서도 특히 여자 동료들과 늘 문제를 일으키는가?

• 인내심이 있고 다른 사람의 필요를 충분히 이해하는 사람인가, 아니면 자기가 필요한 일은 즉시 충족해야 하고 자기에게만 관심을 갖기를 바라는 사람인가?

• 그 사람과 함께 있는 이유가 측은하거나 안쓰럽기 때문인가?

• 동반자는 이미 너무 큰 상처를 받은 사람이기 때문에 당신도 상처를 줄 수가 없어서 그 곁을 떠나지 못하고 있는 것인가?

• 당신이 떠나면 그 사람이 어떻게 될지 모른다는 두려움 때문에 그 곁에 머무는 것인가?

어떻게든 싸움을 피하려는
사람의 마음을 들여다보면

학대자는 되도록 싸움을 하지 않는 사람을 동반자로 선택한다. 어 쨌거나 싸움을 피하는 사람이 훨씬 더 학대하기 쉬울 테니까. 강간범 을 생각해보라. 강간범은 조용하고 소심한 사람을 희생자로 택한다. 그 래야 훨씬 수월하게 범행을 저지를 수 있고 잡힐 가능성도 줄어들지 않겠는가. 학대자도 마찬가지 기준으로 피해자를 선택한다.

싸움을 피하는 사람은 불화를 좋아하지 않는다. 이런 사람들은 누 군가 자기에게 화를 내면 마음이 아주 불편해진다. 늘 평화를 추구하 는 사람들이기 때문에 아주 오랫동안 대치하는 일은 피한다. 이미 내 린 결정도 번복할 때가 많고 문제가 있는 쪽은 자신일 가능성도 크다 고 생각한다. 싸움을 피하는 사람들은 위험이 될 수도 있다고 인지하 는 모든 도전을 피하기 때문에 장애를 극복해본 경험은 거의 없다. 그 때문에 싸움을 피하는 사람들은 자신을 무기력하거나 약한 사람이 라고 굳게 믿는다.(이 문제는 5부에서 '학습된 무기력 가설 learned helplessness theory'에 관한 내용으로 더욱 자세하게 다룰 것이다.) 학대자는 어떤 상황에서 도 자기 동반자가 '이기게' 내버려두지 않기 때문에 피해자의 이런 생 각은 계속해서 강화될 수밖에 없다.

싸움을 피하는 사람들에게는 화를 낸다는 사실 자체가 어렵다. 그런 사람들은 대부분 분노는 좋지 않은 감정이며 바람직하지 않고 해롭고 위험하며 파괴적인, '부정적인' 감정이라는 교육을 받고 자랐기 때문이다. 물론 극단적인 분노에는 분명히 그런 측면이 있다. 그러나 분노 자체는 자연스럽고 건강한 감정이다. 분노를 부정하는 사람들은 대부분 남들이 보기에 온화하고 순종적이고 사람들을 기쁘게 하려고 노력하며 수동적이고 다정하고 소심하다. 이런 사람들의 내면에는 불안과 공포, 남들이 자신을 좋아하지 않을지도 모른다는 지나친 걱정이 자리하고 있다. 이런 사람들은 언제나 다른 사람에게 인정받고 싶어하며 자신은 완벽하지도 유쾌하지도 충분히 좋지도 않아서 다른 사람들이 자신을 좋아할 리 없으며 결국 누구하고든 헤어지게 되리라는 생각에 두려워한다. 이런 사람들은 분노를 표현할 줄도 모르며 다른 사람에게 착취를 당해도 싫다는 말을 하지 않기 때문에 언제든지 다른 사람에게 이용당할 수 있다. 그런 상태로 시간이 지나면 고분고분한 성격을 이용해 이득을 취하는 사람들을 많이 만나게 되고, 마음속에는 분노와 억울함이 점점 더 많이 쌓여간다.

SCENE 사라

사라의 이야기는 전통적인 학대 유형을 분명하게 드러낸다. 사라는 우울증이 너무 심해서 울음이 멈추지 않는다고 했다. 사라의 남편은 한 직장에 진득하게 붙어 있지를 못했고 자기 물건을 사는 데 엄청나게 많은 돈을 쓰는 사람이었다. 사라는 교육을 잘 받은 사람으로 자기 직업에 크게 만족하지는 않았지만 가족들 생활비를 부족하지 않게 벌려고 한 직장에 오래 머물면서 열심히 일했다. 사라의 남편은 직업이 없어 밖에 나가 일을 하지 않을 때가 많았는데도 아이를 돌보거나 집안일을 하지는 않았다. 게다가 사라의 남편은 언어 학대, 감정 학대를 하는 사람이었다. 사라는 남편에게 인정받고 사랑받고 싶었다. 남편은 사라가 혼자서 열심히 일하고 모든 단점을 극복하면 분명히 사랑받을 수 있을 거라고 말했다.

처음 나를 찾아왔을 때 사라의 자존감은 바닥을 치고 있었다. 몇 주 내담을 진행한 뒤에 사라는 자신이 학대를 받고 있음을 인지했지만 여전히 자신이 더 잘하면 결국 남편도 변하리라는 생각은 버리지 않았다. 내담을 하고 1년쯤 지났을 때 비로소 자신감을 가지고 목소리를 내게 된 사라는 더는 치료를 받지 않아도 되겠다고 했다. 자기 부부의 문제는 모두 자신이 남편에게 너무 비판적이어서 일어난 일이며, 그런 태도가 모든 문제의 근원임을 분명하게 깨달았다고 말하면서 말이다. 그리고 자신의 포용력이 더 커지면 두 사람 사이는 훨씬 좋아질 것이라고 말했다.(사라 같은 반응은 자기가 모든 문제를 책임져야 한다고 생각하는 책임감이 지나친 동반자에게서 흔히 나타난다. 이는 일종의 스트레스 대처 방법으로 주어진 상황을 통제함으로써 무력감 때문에 인간관계에서 생기는 불안을 완화하려는 시도이다.)

2년 뒤에 사라가 다시 연락을 해왔다. 내담을 하지 않은 2년 동안 사라는 남편의 학대 행동을 의식적으로 무시했고, 그 때문에 부부 싸움은 줄어들었다고 했다. 하지만 그동안 사라는 자신이 어떤 일을 하든지, 얼마나 '완벽'해지든지 간에 남편의 학대 행동은 바뀌지 않을 것임을 분명하게 알 수 있었다. 이제 더 이상 바닥에 주저 앉아 울지도 않았고 자신만 잘하면 남편이 언젠가는 자신을 사랑해주리라는 생각에 절망적으로 매달리지도 않았다.

자신감을 되찾았고 해야 할 일도 분명히 알게 되었음에도 불구하고 사라는 여전히 남편과 헤어진다는 생각을 하면 불안했다. 남편이 육체 폭력을 휘두르는 사람은 아니었지만 남편의 행동이나 해를 가할 수 있다는 '암시', 몸집, 사라의 감정을 노골적으로 무시하는 태도 때문에 사라는 언제나 두려웠다. 남편은 원하는 것을 얻으려면 어떤 일이든 한다는 사실을 알고 있었기 때문이다.

사라가 남편과 헤어져야 하는지를 고민하고 있는 동안 남편은 사라를 상대로 소송을 하고 감시하면서 사라에게 불리한 증거를 찾으려고 애썼다. 그러면서도 한편으로는 사랑스럽고 헌신적인 남편이자 아버지라는 점을 부각하려고 사라에게 사랑스러운 문자를 보내고 아침이면 자발적으로 일어나 아이들을 돌봤다.

사라에게 가장 두려운 일은 남편에게 아이들 양육권이 넘어가는 일이었다. 남편은 밖에 나가 일하지 않고 집에 남아 살림을 하는 사람으로 여겨질 테니 아이들 양육권을 가져갈 가능성이 높았다.(이게 바로 미국 법체계이다.) 남편이 양육권을 얻는다면 분명히 아이들을 데려갈 뿐 아니라 사라에게 양육비까지 청구할 것이다. 그 사실을 잘 알았기 때문에 남편은 더욱 더 일을 하지 않으려 하고, 사라를 떠나지 못하게 협박할 것이 분명했다. 어느 정도 시간이 흐르자 사라는 법정에 남편의 학대 사실과 자신이 쓴 일기, 남편에서 받는 험악한 이메일, 부부로 살아가는 내내 문제가 되었던 남편의 여가 활동 등을 증거로 제출해 소송을 유리하게 이끌었다.

시간은 조금 걸렸지만 사라는 자신이 느끼는 공포에 제대로 맞섰고 이제는 새롭게 살아갈 준비를 하고 있다. 이제는 감정 학대를 받는 인질로 잡혀 있지 않으니 사라도 사라의 아이들도 훨씬 평화롭고 풍요로운 삶을 살아갈 수 있으리라 확신한다.

당신도 처음에는 자기 생각을 분명하게 표현했을지 모른다. 그러나 당신 생각을 표현할 때마다 동반자는 당신이 자기 생각을 내세워 싸우면 어떻게 되는지를 보여주려고 당신에게 벌을 줬을 것이다. '내 주장을 하니까 동반자가 모질게 구는구나' 하고 깨닫기 시작하면 피해자는 살아남기 위해서는 어떻게 해야 하는지를 분명하게 알게 되고, 결국 싸움이 될 만한 일은 무조건 피하게 된다.

평화에서 학대로

다음에 대답하면서 자신이 논쟁을 피하는 사람인지 알아보자.

- 당신은 동반자가 화내지 않도록 감정을 숨기거나 억제하는가?
- 싸움을 만들지 않으려면 자기 감정을 숨겨야 한다고 생각하는 사람인가?

- 상대방에게서 어떤 반응이 나올지 몰라 신중하게 말을 가려 하는 가?
- 다른 사람에게 인정받지 못하는 상황은 너무 두려워서 다른 사람이 원하는 일은 어떤 일이 있어도 들어주고 인정을 받으려 하는가?
- 누군가가 당신에게 미친 듯이 화를 내면 안절부절못하고 괴로운가?
- 누군가 당신에게 미친 듯이 화를 내면 심각하게 자책하고 상대방의 화를 풀어줘야 한다는 생각에 괴로운가?

싸움을 싫어하는 마음은 지극히 건강하고 정상적이다. 문제는 싸우는 것이 너무나도 불편해서 어떻게 해서든지 피하려는 태도이다. 학대자는 그런 당신의 마음을 잘 알기 때문에 학대자 자신의 것만이 아니라 당신 것조차 가져갈 수 있다. 어쨌든 당신은 자기주장을 하지 않을 것이고 당신에게 해도 되는 일과 하면 안 되는 일을 확고하게 경계 짓지도 않을 것임을 알기 때문이다. 동반자가 당신을 거칠게 대하고 당신을 마음대로 이용하는 지경이 되기까지 싸움을 피하면 결국에는 무방비 상태가 되어 심각하게 학대를 받을 수 있다.

상호의존적
관계를 맺는다는 것

인간관계에 대해 고민할 때는 상호의존성 codependency 을 이해하는 일이 중요하다. 알코올중독자나 마약중독자와 관계를 맺을 때에만 상호의존성이 중요한 것이 아니다. 학대 유형에 나타나는 본질적인 특성과 학대 환경에서 살아남으려고 획득하는 기술이 상호의존하기 때문에 학대 관계에서도 상호의존성은 중요하다. 상호의존성은 '한 개인이 자유롭게 감정을 표현하지 못하고 사적이거나 상호적인 문제에 관해 직접적이고 솔직한 의견을 나눌 수 없게 만드는 억압적인 일련의 규칙에 오랫동안 노출되거나 경험한 결과로 발달하는 감성·심리·행동 상태'라고 정의 내릴 수 있다. 이 정의는 상호의존성을 야기하는 학대 관계의 원리를 정확하고도 명쾌하게 설명하고 있다.

학대 관계에서 피해자는 주체적으로 살고 싶다는 시도를 하는 것만으로도(심지어 자신만의 생각과 감정을 갖는다는 이유만으로도) 심각하게 벌을 받을 수 있기 때문에 가능한 한 자신을 보호하고자 하는 소망을 품게 된다. 억압받는 현실 앞에서 피해자는 가능한 한 무사히 살아남으려고 위기 대처 기술을 획득해나간다.

다른 사람이 당신의 감정이나 행동을 결정하고 지시할 수 있는 상황을 만들 때마다 당신과 그 사람 사이에는 상호의존성이 작용한다.

학대자의 폭력적인 행동을 감수해야 하는 사람은 불행해지기 때문에 자연히 학대자가 폭력성을 드러내지 못하게 하는 방법을 찾으려고 노력할 수밖에 없다. 갈등을 피하려고 학대자의 행동을 자기가 책임지고 막으려는 시도가 바로 상호의존성이라고 할 수 있다.

상호의존성이 있는 사람은 다른 사람과의 관계 속에서 자기 자신을 잃어버린다. 또한 자기 감정 하나 마음대로 하지 못한다는 불쾌함을 해소하려고 자신이 통제할 수 있다고 생각하는 일을 무절제하게 한다. 안타깝게도 통제 행동을 한다고 해서 실제 문제를 해결할 수는 없다. 상호의존적인 사람은 계속해서 무기력함과 좌절감을 느낄 수밖에 없다.

갈수록 불만이 커져가는 관계

피해자가 학대자에게 부당한 취급을 받지 않으려고 노력하면서 (진짜 문제를 파악하거나 그 문제를 해결할 노력을 하지 않고) 자신의 감정을 조절하려고 애쓰다 보면 피해자만의 상호의존성 문제를 만들어가게 된다. 스스로 상호의존성을 키워나가고 있는 것은 아닌지 점검해보자.

- 당신은 당신의 바람과는 완전히 어긋나는 일이라도 동반자가 행복하다면 하는 사람인가?
- 동반자와 더 많은 시간을 보내려고 당신이 하고 싶거나 관심이 있는 일을 하지 않는 사람인가?
- 동반자가 싫어한다는 이유로 친구나 가족을 만나지 않는 사람인가?

- 동반사가 어떤 반응을 보일지 몰라 자기주장은 전혀 하지 않는가?
- "싫어."라고 말하고 싶을 때도 "그래."라고 대답하는 사람인가?
- 자책하는 사람인가?
- 동반자의 특정 행동이나 감정, 선택은 모두 당신에게 책임이 있다고 생각하는 사람인가?
- 동반자가 용납할 수 없는 행동을 했을 때 못 본 척 지나가는가?
- 동반자가 용서할 수 없는 행동을 했을 때 당신이나 다른 사람 때문에 그런 일을 했다고 면죄부를 주는가?
- 당신이 당신 자신을 생각하는 방식에 동반자가 영향을 미치도록 허용하는가?
- 동반자가 당신을 완전히 채워주기를 바라는가?
- 당신은 스스로를 돌볼 수 없는 사람이라고 생각하는가?
- 스스로 결정을 내리는 법이 없는가?
- 자신의 소망과 욕구는 무시하는가?
- 당신이라면 다른 사람에게 하지 않을 부당한 대우를 받았을 때 참는 사람인가?
- 언어, 감정, 성, 육체와 관련된 부당함을 참는 사람인가?
- 가능한 한 다른 사람을 귀찮게 하지 않으려고 몸을 움츠리는가?
- 전에는 아무렇지도 않았던 문제 때문에 두렵거나 불안한가?
- 철저하게 동반자를 위해 희생했는데 동반자는 당신의 바람을 채워줄 생각을 전혀 하지 않는다는 느낌이 들면 화가 나는가?
- 당신은 동반자에게 모든 것을 주는데 동반자는 당신에게 아무것도

주지 않는다는 생각에 화가 나는가?

- 그런 일에 화를 낸다는 사실에 죄의식을 느끼나?
- 전에는 문제가 되지 않았던 일들 때문에 강박 증상이 생겼거나 걱정이 되는가?
- 너무 많이 먹거나 너무 적게 먹거나, 과소비를 하거나, 운동을 지나치게 많이 하는 등 인생에서 소소한 일들을 통제하려고 드는가?
- 일시적으로 '도피'하려고 자신을 해치는 행동을 하는가?
- 거의 대부분의 상황에서 힘을 낼 수 없고 무기력하다고 믿는가?
- 우울하고 희망은 없다고 느껴지는가?
- 기력이 전혀 없는가?
- 만성적인 생리 질환을 앓고 있는가?

자신이 학대를 받고 있음을 부정하거나 동반자의 학대 행동을 피하기만 하는 식으로 학대에 반응하면 결국 그저 최선을 다해 두 사람의 관계에서 살아남으려고 애써야 할 뿐 아니라 동반자가 계속 학대를 하도록 허용하는 상황이 된다.

학대자에게 학대를 할 수 있게 허용하면 결국 학대자가 계속해서 당신을 부당하게 대우하기가 쉬워진다. 당신 자신이 학대자가 당신을 학대했을 때 가장 적게 저항하는 방법을 택했기 때문이다. 학대자는 그 누구도 받아들이면 안 되는 행동을 했는데도 피해자인 당신이 그의 행동을 정당화해주고 참아주면서 그의 생각에 타당한 이유가 있다는 메시지를 전달해주었기 때문에 그의 나쁜 행동은 더욱 강화된다.

동반자보다 훨씬 많은 책임을 맡고 있으며 학대 행위를 최대한 줄이려고 다양한 변수를 통제하면서 학대자를 감당하려고 엄청나게 애쓰고 있는가?(이 문제는 뒷부분에서 좀 더 자세하게 다룰 예정이다.) 그렇다면 당신은 상호의존성 문제로 고통 받고 있는 것이다. 그에 더해 자꾸 변명을 하고 아니라고 해야 하는 순간에 그렇다고 하는 것, 계속해서 불편한 감정을 느끼고 피해자가 된 것 같고 부당한 취급을 받고 있는 것 같은 감정, 외부 상황에 휘둘리는 것 같고 완전히 지치고 사람과 관계 맺는 일이 싫어지는 것, 당신의 바람은 무시되고 있으며 사실 진짜 문제는 없는 것 같고 행복을 자신의 내면이 아닌 밖에서 찾는 것, 자꾸 변명하며 다른 사람들이 자신을 부당하게 취급하도록 내버려두는 것 등이 상호의존성에 나타나는 보편적인 특징들이다.

두 사람이 상호의존성 관계를 맺고 있다면 시간이 갈수록 두 사람의 관계는 불만이 커져갈 것이다. 동반자를 기쁘게 하려고 애쓰는 동안 당신은 점점 더 작아질 테고 마음의 화는 점점 더 쌓여갈 것이다. 당신 내면에 쌓인 화는 두 사람 사이를 방해한다. 인간관계에서 분함은 극도로 치유하기가 힘든 감정으로 거의 대부분 극복하지 못한다.

지금까지 살펴본 상호의존성의 특징을 모두 가지고 있다고 해서 부끄러워할 이유는 없다. 상호의존성은 흔히 볼 수 있는 특성이다. 특히 양육을 담당하고 사람들을 돌보며 평화를 원하는 여성들에게서는 더 많이 볼 수 있는 특성이다. 여자들에게 이런 특징이 있다는 사실은 전혀 문제될 것이 없다. 문제는 자기에게 이런 특성이 있음을 인지하지 못하고 자기 정체성을 이루는 본질이 되게 방치한다는 데 있다. 해결책은 내면에 있다. 자신에게 힘이 있음을 인지하고 더는 다른 사람(특히 당신의 동반자)의 눈치를 보면서 자신을 죽이지만 않는다면 두 사람의 관계는 상호의존성에서 벗어나 더욱 만족스러워질 것이다.

그는 항상
유리한 고지를
선점한다

학대자의 반복되는 전략에 진저리가 난 당신은 학대자에게 맞설 수도 있다. 하지만 두 사람의 관계에서 지켜야 할 규칙을 결정하는 사람은 학대자이기 때문에 (학대자가 자기 행동에 책임을 지지 않는 한) 당신은 결코 학대자를 이길 수 없다.(학대자의 책임에 관해서는 뒤에 더 자세하게 다룰 것이다.) 아무리 당신이 학대자를 바꾸기 위해 자신을 방어하고 당신의 입장을 계속해서 설명한다 해도 학대자 스스로 바뀌려는 마음을 먹지 않는 한 그 사람을, 그 사람의 행동을 바꿀 수는 없다. 학대자는 당신이 자기보다 유리한 고지를 점령하도록 내버려두지 않는다. 당신이 하는 주장은 모두 자기 위로 올라가려는 시도라고 생각한다.

맞서면 어떻게 될까

학대자의 학대에 맞설 경우 일어날 수 있는 일은 두 가지이다. 공격적인 학대자에게 당신도 공격적으로 맞설 수 있다. 두 사람 모두 서로에게 언어적으로, 육체적으로 공격하는 방식을 택하면 새로운 학대 유형이 생성된다. 학대자는 자기가 지금까지 해왔던 행동은 모두 무시하고 당신에게 보이는 문제 행동을 지적한다. 당신이 학대 행위를 하기 때문에 자신도 난폭하게 행동한다며 자신의 학대 행위를 정당화한다. 당신 또한 난폭하게 행동하는 것은 분명하기 때문에 동반자가 상황을 유도한다는 사실은 크게 느끼지 못할 수도 있다.

SCENE 다이앤 ❷

앞에서 살펴본 다이앤의 남편은 알코올 중독에 언어폭력을 쓰고 다른 여자들에게 추파를 던지는 사람이었다. 여러 해가 지나면서 다이앤은 남편과 싸우는 일도, 남편이 집에서나 다른 사람 앞에서 자신을 깎아내리는 것도 도저히 참을 수가 없었다. 그래서 자신도 남편처럼 험한 말을 쏟아내기 시작했다. 두 사람은 격렬하게 싸우는 투사가 되어 서로 자신이 옳았음을 입증하려고 맹렬하게 상대방을 공격했다.

다이앤은 극도로 방어적인 상태가 되었고 팽팽하게 긴장해 있었다. 그녀는 지난 몇 년 동안 많은 친구를 잃었는데, 친구들이 떠나간 이유는 그저 짐작만 할 뿐이라고 했다. 다이앤과 남편은 늘 격렬하게 부부 싸움을 하는 이유에 관해서는 그 어떤 대화도 나누지 않았다. 아주 험하게 싸운 뒤에는 몇 시간이나 며칠 안에 다이앤이 남편에게 그가 원하는 것이 무엇인지를 안다는 언급을 하고 화해하자는 신호를 보냈다. 그러면 남편도 다이앤에게 다정하게 반응했고 잠시 동안은 다이앤의 마음도 평온해졌다.

다이앤은 분명히 학대에 맞서 싸웠다. 그런데 싸워서 무엇이 좋아졌을까? 좋아진 것은 많지 않았다. 두 사람의 학대 관계는 실제로는 오히려 강화되었고 다이앤도 마찬가지로 학대 행위를 하게 되었다. 결국 다이앤은 짧게라도 평화롭게 지내려고 자기 자신을 숙이고 들어가지만 결국 또다시 격렬한 싸움에 말려들고 말 것이다.

학대자에게 맞서 싸우는 사람들에게서 나타나는 두 번째 유형이자 좀 더 흔한 모습은 학대자를 맹렬하게 비난하는 것이다. 그러면 학대자는 피해자 행세를 하게 되고 지나치게 책임감이 강한 당신은 죄의식을 느끼게 된다. 결국 당신은 다시는 이런 행동을 하지 않겠으니 용서해 달라고 빌거나 학대자에게 잘 보여 벌을 받을지도 모른다는 불안이나 두려움을 지우려고 애쓴다.

SCENE 헤일리 ❷

복통 때문에 병원에 가야 했던 헤일리를 기억할 것이다. 헤일리는 성인이 된 뒤에도 계속 일기를 써왔다. 종종 남편에게 느끼는 감정이나 남편과 다툰 일을 일기에 적었던 헤일리는 일기장을 아무도 볼 수 없도록 자기만 아는 장소에 숨겨두었다.

어느 날 집에 돌아온 헤일리는 남편이 헤일리의 일기장을 들고서 잔뜩 화를 내고 있는 모습을 보았다. 헤일리도 남편이 자기만의 생각과 감정을 적은 일기를 함부로 보았다는 생각에 화가 났다. 더구나 남편이 헤일리의 어린 시절 추억의 물건과 함께 손님방 옷장에 넣어둔 일기를 일부러 찾아다녔다는 사실이 분명해지자 더욱더 화가 났다. 헤일리의 남편은 몇 달 전에 두 사람이 싸운 이야기를 일기에서 읽었다. 헤일리는 일기는 다른 사람에게는 할 수 없는 말을 기록하는 은밀한 공간이고, 그 싸움에 관해 쓴 내용은 싸울 때 이미 말로 다 했다고 해명했다.

두 사람은 화가 나 있는 동반자를 내버려두고 각기 각자의 공간으로 물러났다. 어느 정도 진정이 되자 헤일리는 그런 일기를 썼다는 사실이 너무나도 미안해졌다. 없는 이야기를 쓰거나 지나치게 나쁜 이야기를 쓰지는 않았지만 의도치 않게 남편에게 상처를 주었다는 사실에 죄의식을 느꼈다. 헤일리는 남편에게 다가가 상처를 줘서 미안하다고 말했다. 헤일리의 남편은 다시 한 번 일기에 적힌 내용 때문에 마음이 아프다고 말했다. 자신은 아내를 그런 식으로 묘사하는 일기 따위는 쓰지 않을 거라면서 헤일리가 그런 일을 했다는 사실에 크게 상처를 받았다고 했다. 그 순간 헤일리는 자신만이 볼 수 있다고 믿었던 일기장을 남편이 읽었다는 사실을 알았을 때 느꼈던 감정은 물론이고 남편에게 느꼈던 배신감도 재빨리 떨쳐버렸다. 그리고 다시 한번 남편에게 미안하다고 사과했다.

심적으로 헤일리는 자신이 수년 동안 계속해서 화를 더욱 많이 내는 이유를 이해할 수가 없었다. 자신이 신랄하게 행동한다는 사실에 죄의식을 느꼈지만 그렇게 행동하는 이유는 전혀 알 수가 없었다. 자신이 수년 동안 남편을 행복하게 하느라 자신에게 필요한 일과 자기주장을 할 목소리를 검열하고 삭제해왔음을 깨닫지 못했다. 헤일리가 감정을 억제하면 단기적으로는 두 사람 모두 어느 정도는 평화롭게 지낼 수 있었다. 하지만 헤일리가 포기하는 욕구와 감정들은 모두 슬픔과 분노로 대치되어 결국 헤일리의 진정한 자아는 급속하게 망가지고 말았다.

．．

피해자가 동반자의 공격성과 통제성을 감당하며 살아갈 수 있는 방법은 그 자신도 바람직하지 않은 행동 패턴을 발전시키는 것밖에는 없다는 말을 해야겠다. 피해자가 보이는 그 같은 행동 패턴은 부끄러워해야 할 행동이 아니라 탐구하고 이해해야 할 행동이다. 분노, 화, 신랄함, 초조함, 침울함, 기이하거나 강박적인 생각이나 행동, 무기력, 만성 질환, 감각 상실, 우울증 등은 학대 관계 속에서 살아갈 때 흔히 나타나는 반응이다. 어쩌면 당신은 이런 특징을 모두 가지고 있는지도 모른다. 실제로 당신은 자신이 누구인지도 제대로 인지하지 못하며 어쩌다 지금과 같은 사람이 되었는지 모르겠다며 당혹해하고 있을지도 모른다. 자신에게 지나치게 엄격하면 안 된다. 계속해서 엄청난 스트레스를 받는데 자신이 원하는 가장 멋진 모습으로 살아갈 수 있는 사람은 아무도 없다.

학대당했다가
애착을 느끼는 심리에 관하여

학대자와 피해자의 애착 관계, 그리고 피해자가 학대자를 떠나기 힘든 이유를 이해하고자 하는 연구자들 덕분에 학대 주기에 대한 연구는 폭넓게 진행되고 있다. 의심할 여지 없이 학대자가 피해자를 옭아매는 가장 강력한 권력 관계는 '외상성 애착traumatic bonding' 관계이다. 외상적 애착 가설은 학대자와 피해자가 어떤 과정을 통해 감정적으로 강하게 연결되는지를 설명한다. 외상성 애착 관계는 학대자가 오랜 시간 피해자를 학대하면서 간간이 친절하게 대하고 연민을 내보일 때 형성된다. 학대를 받던 피해자가 따뜻한 마음을 느끼면 자비를 보여준 학대자에게 고마워하고 감사하게 되는데, 이런 긍정적인 감정을 느낄 때마다 피해자는 학대자에게 더욱 애착을 느낀다. 얼마 동안은 학대를 하지 않는다는 사실에 학대자를 사랑스럽고 친절하며 동정심 많은 사람으로 여기게 된다. 이런 '학대-배려 주기'는 피해자가 관계에서 벗어나기 힘들게 만든다. 학대는 여러 감정이 그물처럼 복잡하게 엉켜 있는 사랑과 관계가 있다.

위기 대처에 이용하는 전략

학대자와 함께 살아갈 때는 생존하는 데 필요한 위기 대처 능력을 아주 빨리 익힌다. 싸우게 될지도 모르겠다는 걱정이 들면 마음이 아주 불편해지기 때문에 무슨 일이 있어도 싸움을 피하려고 한다. 학대자와 **싸워야 한다는 두려움을** 다스리는 한 가지 방법은 **학대자의 반응을 관리하려고** 시도하는 것이다. 학대자의 반응을 관리할 수 있다고 믿으면 안전하다는 위안을 받을 수 있으며, 어느 정도는 자기 삶을 직접 통제하고 있다는 생각에 안심하게 된다. 이 같은 전략은 학대자가 언제 어떤 강도로 공격을 해올지 몰라 불안해하는 상황에서 두려움을 완화하려고 모든 피해자가 구사하는 수단이다. 학대자의 성격에 따라, 혹은 피해자가 학대자를 다루는 방법을 어떻게 배우느냐에 따라 피해자는 수많은 방법으로 학대자를 관리할 수 있다. 하지만 그런 방법들이 공통적으로 갖는 특징은 다음 몇 가지로 분류할 수 있다.

먼저 학대자와 함께하는 삶은 흔히 '살얼음판 걷기'라는 말로 표현할 수 있다. 학대자와 사는 동안 피해자는 어떤 말은 해도 되고 어떤 말은 하지 말아야 하며, 언제 말하고 언제 말하지 않아야 하는지를 정확하게 알게 된다. 당신은 처음에는 당신에게도 자유롭게 말할 권리가 있다고 생각하지만, 그 때문에 너무나도 힘든 일을 여러 번 겪게 되면 결국 당신에게 말할 권리가 있다고 생각한 건 잘못이었다는 결론을 내리게 된다. 그리고 학대자를 자극하는 일은 무엇이든 시도할 가치가 없다고 생각하게 된다. 괜히 학대자를 자극했다가는 그가 고함을 지르거나 비아냥거리거나 육체 폭력을 휘두르거나 완전히 토라져서 입을 닫아버리거나 당신과는 어떠한 감정도 나누려 하지 않을 테니까. 학대자와 대화할 때는 어떤 주제를 피해야 하는지 정확하게 알기 때문에 당신은 언제나 화제도 아주 신중하게 고른다. 시간이 흐르면 더욱 더 많은 주제를 피해야 하기 때문에 결국 학대자와 나눌 수 있는 대화 주제는 거의 남지 않는다. 피해자는 전문적인 수학자가 되어서 학대자의 반응을 재빨리 계산해 나쁜 결과가 나올 가능성을 최소한으로 줄여 안전한 반응만 유도한다. 그런 계산은 숨을 쉬는 횟수만큼이나 자주 해야 하기 때문에 당신은 자기 자신의 느낌이나 생각에 집중할 수가 없고 결국은 자기 생각과 감정을 헤아리는 방법을 잊어버린다.

학대자를 관리하는 또 한 가지 흔한 위기 대처 전략은 **그의 마음에 들도록** 노력하는 것이다. 일단 학대자가 당신을 좋아하면 폭발할 일이 적어질 테니까. 한 내담자는 그런 상황을 "감정적으로 매춘부가 된 것 같은 느낌"이라고 표현했다. 그 내담자는 남편과 의견이 다르거나 남편의 말이 믿기지 않을 때에도 그가 원하는 대로 따라주는 것이 인생을 편하게 사는 지름길임을 잘 알았다. 그런가 하면 남편의 말에 이의를 제기하지 않고 따를 때는 잠시 큰 화를 면했다는 안도감을 느낄 수 있었지만, 곧 자기 의견을 제대로 표현하지 못했다는 자괴감에 시달려야 했다고 했다. 그 내담자의 묘사는 상당히 정확하다. 학대자의 의견에 무조건 따르는 피해자가 어떤 느낌을 갖게 되는지를 정확하게 반영하고 있다. 평화를 유지하려고 피해자는 자기 내면의 생각과는 상관없이 학대자의 의견을 따르고 있는 자신을 발견할 때가 많다.

또 피해자는 학대자에게 자신을 이해시키려고 자기 마음을 **과도하게 설명하는** 경향이 있다. 자기 마음을 자세하게 설명하면 서로 이해하고 평화롭게 살 수 있다고 믿기 때문이다. 하지만 당신의 마음을 세밀하게 설명할수록 상대는 당신이 무언가를 잘못했기 때문에 그 사실을 정당화하려고 애쓴다고 생각한다. 학대자는 상대방에게 치명상을 입힐 기회만 노리고 있기 때문에 당신의 감정이 어째서 틀렸는지를 입증해 보이려고 최선을 다한다. 그 같은 학대자의 노력 앞에서 당신은 당신의 감정이 정당한지에 대해 의문을 품게 되고, 그런 고민을 하는 동안 더욱 더 외로워진다. 그럼에도 불구하고 다음번에는 더욱 분명하게 자기 감정을 설명하려고 노력한다. 당신이 대화 기술만 완벽하게 향상시킨다면 동반자가 당신을 이해할 수 있을 테고, 당신이 그토록 필사적으로 원하는 동반자의 인정도 받을 수 있으리라고 믿기 때문이다.

학대자를 관리하는 모든 대처 기술에 공통적으로 존재하는 특징은 그 사람의 반응을 관리하려면 반드시 당신을 포기하고 당신의 필요와 소망도 포기해야 한다는 것이다. 학대자가 허락을 하지 않으니 당신의 필요와 소망이 충족될 가능성은 없다. 당신의 필요와 소망은 학대자에게는 위협이다. 학대자는 당신이 무언가를 필요로 하고 바라게 된다면 자신의 필요와 소망을 충족할 수 없다고 믿는다. 그래서 학대자 자신의 필요와 소망 외에 다른 일들이 당신의 관심을 뺏을 수 없도록 철저하게 통제하는 것이다. 학대 관계를 맺으면서 자기 자신을 계속 포기하다 보면 포기하는 일에 너무나도 익숙해져서 결국 깨닫지도 못하는 사이에 당신이라는 존재가 더는 존재하지 않을 때까지…… 당신은 인생의 모든 부분을 포기하게 된다.

"이러다가 나는 미쳐버릴지도 몰라."

다른 사람의 지지를 받고 도움을 받은 경험이 있는 여성은 자부심이 높다. 다른 사람의 지원을 받으면서 가치 있는 존재로 대접을 받는다는 것이 어떤 의미인지를 알기 때문이다. 자신을 가치 있는 존재라고 느끼게 되면 자아존중감이 커진다. 그리고 자기 자신에 대해 믿음이 있는 여성이 자신감이 부족한 여성들보다 학대 관계에서 벗어날 가능성도 훨씬 높다.

학대는 점진적으로 증가한다. 그리고 학대자는 끊임없이 당신을 훼손하고 파괴하고 약하게 만들려는 시도를 한다. 시간이 흐르면 계속해서 당신의 방법이 소용없다는 사실을 깨닫고 더는 '싸워야겠다는' 전의도 기력도 사라진다. 당신이 시도했던 모든 노력이 소용없었다는 사실은 결국 사람을 무기력해지게 하고 점점 더 불안하게 만든다. 당신은 스스로를 힘이 없는 존재로 인식하게 된다. 힘이 있었던 과거의 기억은 희미해지고 이제는 스스로를 약한 존재로밖에는 보지 못한다. 계속해서 동반자 때문에 링 위에서 쓰러지고 있다는 느낌이 들어도 다시 일어날 기력을 모으기가 점점 더 힘들어진다. 이런 경험은 당신이 자신을 보는 관점, 자신이 느끼는 힘에 영향을 미친다.

학대자는 확신을 가지고 상대방을 깔아뭉개기 때문에 그런 말을 계속해서 듣는다면 당신의 마음속에서는 끊임없이 의문이 생기고 학대자의 말이 사실은 진실일 수도 있다는 생각이 들 수밖에 없다. 아무리 손상되지 않은 자부심을 가지고 있었던 사람이라고 해도 그런 말을 계속 들으면 자부심에 벌집 같은 구멍이 날 수밖에 없다. 왠지 자신은 매력도 없고 똑똑하지도 않으며 감정적으로 아주 불안한 사람인 것처럼 느끼게 된다. 동반자는 계속해서 그런 결점이 있는 사람이 자기 같은 사람과 함께 지낼 수 있다는 사실을 행운으로 생각하라고 말한다. 당신은 학대자의 눈으로 자신을 보기 때문에 그 말이 옳을지도 모른다고 생각한다.

가스등 전략

학대자와 함께하는 삶은 사실 '미쳐가는 과정'이다. 앞에서 언급했던 학대자의 일반적인 의사소통 방식을 생각해보면 그 이유를 이해할 수 있다. 학대자가 어느 정도까지 당신 스스로 미쳤다고 생각할 수 있게 만드는지에 관해서는 절대로 과소평가라는 것이 있을 수 없다. 당신 자신이 미쳤다는 생각을 할수록 학대자는 두 사람의 관계에서 더 많은 힘을 갖고 더 많은 통제력을 갖게 된다. 학대자는 논쟁을 벌이는 동안 당신에게 미쳤다는 말을 많이 할 것이다. 당신의 마음을 어지럽혀 당신 스스로 정신이 나갔을지도 모른다는 의문을 품게 하려고 심리전까지 벌일 수도 있다.

이런 학대 전략을 '**가스등** gaslighting' 전략이라고 한다. 이 용어는 1944년에 개봉한 영화 〈가스등 *Gaslight*〉에서 유래한다. 영화에서 남자주인공은 아내가 미쳐가고 있다는 생각을 하도록 고의로 환경을 조작한다. 가스등 학대는 일종의 심리 학대로, 아주 교묘하고 은밀하게 주변 환경을 바꾸어 학대자 자신은 전혀 관여한 부분이 없다고 부정하면서 피해자가 스스로 서서히 미쳐가고 있다는 느낌을 갖게 해 자신감을 잃게 하는 행위다.

학대자는 일반적으로 당신이 혼란스럽다는 반응을 보이면 혹시 미쳤을지도 모른다는 당신의 끔찍한 두려움을 더욱 더 부추긴다. 왠지 현실 감각이 사라지고 있다는 느낌이 들 때 그런 반응을 접하면 당신이 느끼는 두려움과 불안은 극에 달하게 된다. 시간이 흐르면 그런 감정은 우울증으로 발전하고 스스로 제정신이 아니라고 믿게 되면서 무기력해지고 만다.

그런가 하면 동반자가 열쇠를 숨겨놓는다고 말하는 내담자도 여럿 있었다. 동반자는 열쇠를 숨겨놓고 내담자가 몇 시간이고 며칠 동안이고 미친 것처럼 열쇠를 찾아 헤매는 모습을 지켜보기만 했다. 남편이 차고 선반 높은 곳에 숨겨놓은 열쇠를 몇 년 만에 찾았다는 내담자도 있었다. 열쇠 하나 제대로 간수하지 못한다며 무책임하다거나 기억력이 엉망이라는 핀잔을 몇 년 동안이나 남편에게서 들은 뒤에 열쇠를 찾은 것이었다.

계속해서 이런 상황에 처하면 결국 피해자는 자신을 의심하기 시작하고 학대자를 믿게 된다. 결국 외부인이 그 장면 뒤에서 어떤 일이 펼쳐지고 있는지를 보지 않은 채로 그저 앞에서 벌어지는 장면만 쳐다본다면 학대자의 동반자가 '미쳤다'거나 '불안정하다'라는 결론을 내릴 수밖에 없을 것이다. 이런 환경에서 사는 사람에게 높은 자부심이 생길 리가 없다. 그리고 자부심이 낮은 사람은 학대자 곁을 떠날 가능성도 낮다.

그가 변할 가능성은
전혀 없을까?

　여자들은 보통의 관계에서 발생하는 문제와 학대를 어떻게 구분해야 하는지 묻는다. 가장 중요한 기준은 두 사람의 관계에서 병적이거나 학대로 볼 수 있는 행동이 상습적으로 나타나는지의 여부다.

　건강한 관계에서는 화가 나서 거친 말을 쏟아낸다고 해도 '상대방의 기를 죽여서' 무력화시키지는 않는다. 그보다는 자신이 화를 냈다는 사실을 후회하고(책임을 지고) 당신이 어떻게 느꼈을지를 생각한다.(상대방의 마음을 헤아리는 공감 능력이 있다는 뜻이다.) 그런 사람은 보통 화해를 하려고 몇 가지 시도를 한다. 행동은 말과 일치한다.

　한편 건강하지 않은 관계에서는 명확하게 구별할 수 있는 패턴이 나타난다. 학대자는 당신에게 거칠게 화를 낸다. 그리고는 자기 행동을 책임지지 않고 당신 때문에 화를 낼 수밖에 없었다며 당신을 비난한다. 당신이 자신에게 맞서면 당신을 가장 힘들게 할 수 있는 방법을 아는 학대자는 가혹하게 당신을 벌준다. 학대자가 하는 말은 학대자가 하는 행동과 일치하지 않을 때가 많다. 학대자의 행동 패턴에는 주기가 있으며 당신과의 관계뿐만 아니라 다른 일에서도 같은 일이 반복되는 경우가 많다. 이 책의 초반에서 언급한 학대 패턴들이 남의 일 같지 않다면 당신도 학대 관계를 맺고 있을 가능성이 크다.

안타깝지만 그 같은 학대 패턴을 가진 사람은 자기 행동에 책임을 지는 법이 없기 때문에 그 사람이 바뀌리라는 희망은 갖지 않는 것이 좋다. 학대자가 정말로 바뀌려면 학대 행동을 하는 사람은 실제로 자신이 한 행동에 책임을 질 수 있어야 한다. 치료를 받으러 가고 다시는 그런 행동을 하지 않겠다고 약속하는 것은 믿을 만한 책임감 있는 행동이 아니다. 실제로 책임을 진다는 것은 자기가 한 행동이 야기한 결과를 책임지고 자신이 무엇 때문에 그런 행동을 하는지를 정확하게 파악한 뒤에 다른 사람에게 해를 끼칠 만한 행동은 바꾸고 자제하는 일이다. 당신의 동반자가 기꺼이 책임을 지고 자기가 한 일의 결과를 감당하겠다는 마음을 먹는다면, 공격성은 완화되고 당신을 통제하려는 태도도 훨씬 누그러질 것이다. 그렇다면 바뀔 수도 있다는 희망을 품어볼 수 있다. 실제로 학대자가 바뀌려면 학대자가 직접 자신이 어째서 그런 식으로 행동하는지를 탐구하고 이해할 필요가 있다. 그리고 생각과 행동의 방식을 어떻게 바꾸어야 하는지도 함께 고민해야 한다. 또한 피해자도 기분이 좋지 않을 때는 자신의 감정을 분명하게 표현할 수 있어야 한다.

학대자는 자기 자신을 관찰해야 할 뿐 아니라 두 사람 사이에서 문제가 생겼을 때 동반자가 자기주장을 할 수 있게 해줘야 한다. 당신이 더욱 강해지고 자기 목소리를 낼 수 있을 때 관계는 극적으로 바뀐다. 두 사람이 동등한 입장이 되어 훨씬 돈독해지려면 한 사람이 다른 사람을 통제하고 조종하려는 욕구는 반드시 버려야 한다. 당연히 상대방이 자기 생각을 표현할 수 있게 격려해줘야 한다. 지금까지는 하기 힘들었다고 해도 앞으로 나아가려면 이런 과정이 꼭 필요하다.

당연히 당신도 해야 할 일이 있다. 몸을 움츠리고 억지로라도 평온을 유지하려는 노력이나 난폭하게 되받아치려는 시도는 모두 지양해야 한다. 두 가지 모두 당신을 불편하게 만들 뿐이다. 당신은 강력하게 자기 목소리를 내고 대화 주제가 옆길로 새지 않도록 주의해야 한다. 대화 **내용 자체가 아니라 어떤 식으로** 대화 내용이 오가는지에 주목해야 한다. 대화 방식이 당신에게 어떤 느낌을 주는지 동반자에게 알려줘야 한다. 옳지 않은 일이 벌어질 때는 받아들일 수 있는 행동과 그렇지 않은 행동에 어떤 차이가 있는지를 분명하게 말해줘야 한다. 당신이 솔직하게 말할 권리를 인정하고 당신이 그은 경계선을 상대도 인정한다면 두 사람 사이는 건강한 관계로 바뀔 희망이 있다.

그러나 당신이 자신의 주장을 명확하게 했을 때 어떤 식으로든(언어적, 감정적, 육체적, 성적으로) 학대 행동이 더욱 악화된다면 두 사람의 관계는 더 나아질 가능성이 없음이 분명하다. 안타깝지만 당신의 동반자가 전형적인 학대자의 특징을 모두 가지고 있다면 두 사람의 관계는 바뀔 가능성이 더더욱 없다.

학대자는 상대방의 취약함을 먹고 자란다. 앞에서 살펴본 것처럼 학대자는 최선을 다해 당신을 고립시킨다. 적어도 다른 곳에서는 지원을 전혀 받을 수 없다고 믿게 한다. 학대자에게 기댈수록 학대자 곁을 떠날 수 있는 가능성은 줄어든다. 자신도 동반자도 이혼은 고려하지 않고 있다고 하는 여성들도 많다. 무엇 때문에 그런 말을 하는지 이해하며 다양한 종교적 신념도 존중하고 인정하지만 그 때문에 누군가가 부당한 취급을 받는 위험한 구조가 형성된다는 것도 사실이다.

당신은 어떤 대우를 받아도 떠나지 않으리라는 믿음이 학대자에게 있다면 훨씬 더 심한 대우를 하는 학대 관계로 바뀔 위험이 있다. 그러므로 어떤 경우에도 학대자에게(다른 사람에게도) 절대로 떠날 리가 없다는 믿음을 심어주어서는 안 된다. 그런 태도는 두 가지 점에서 중요하다. 첫째, 당신에게는 언제라도 떠날 자유가 있으며 필요한 경우 언제라도 당신이 떠나리라는 사실을 안다면 당신을 잃고 싶지 않은 동반자는 좀 더 나은 행동을 할 것이다. 둘째, 당신 스스로 언제라도 다른 선택을 할 수 있다는 사실을 알고 있다면 정신적으로 좀 더 강해질 수 있다. 너무나도 소소한 이야기라는 생각이 들 수도 있지만, 전혀 그렇지 않다. 스스로 원하기 때문에 머물기를 선택하는 것과 어쩔 수 없이 머물러야 한다고 믿는 것은 아주 커다란 차이가 있다.

학대자에게는 공허한 협박은 하지 말아야 한다. 공허한 협박은 효과도 없을뿐더러 허세를 부린다는 인상만 심어주어 당신이 다른 선택을 할 수 있다는 사실 자체를 믿지 못하게 하기 때문이다. 실천도 하지 않을 협박을 계속해서 아무 의미 없이 내뱉으면 학대자는 당신을 깔보게 되거나 당신이 세우고 있는 탈출 전략을 망가뜨려버릴 수도 있다. 그렇게 되면 결국 당신은 용기를 잃게 되고 정말로 그 사람 곁을 떠나서는 살아갈 수 있는 능력이 없으리라는 의심을 품게 된다.

누군가와 함께 있을 때 자신이 보잘것없이 느껴진다면 반드시 그 관계에서는 떠날 준비를 해야 한다. 동반자 옆을 떠날 때는 확고한 이유가 필요하지 않다. 그저 떠나야 한다는 느낌이 든다는 것만으로 충분하다. 동반자가 당신을 인정해줄지도 모른다는 이유로 학대를 참으면 안 된다. 사랑받고 싶고 인정받고 싶다는 바람으로 당신을 무시해도 참는다면 결국 계속해서 부당한 대우를 받을 수밖에 없다.

아이들에게도 더 도움이 될 선택

당신은 당신 자신의 행복뿐 아니라 학대 관계 속에 그대로 남을 때 아이들이 겪게 될 경험도 고민해야 한다. 당신을 부당하게 대우하는 사람과 계속해서 함께 있다는 사실은 아이들에게 그런 취급을 받아도 참아야 하며 아이들도 다른 사람을 그렇게 취급해도 된다고 가르치는 것이다. 아이들에게 어떤 대우를 받아야 한다고 가르치고 싶은가? 아이들이 당신과 같은 상황에 처했을 때 어떻게 행동했으면 하는가? 아이들에게 어떻게 하라고 조언해주고 싶은가? 아이들에게 받아들일 수 있는 행동과 받아들일 수 없는 행동을 명확하게 알려주는 일은 다른 부모를 공격하는 일이 아니다.(당신이 다른 부모를 공격하는 사람이 아니라면 말이다.) 부모는 아이들의 안내자이다. 아이들은 당신이 다른 사람을 어떻게 대우하고 당신이 어떤 대우를 받는지를 보면서 사람을 상대하는 법을 배운다. 당신은 아이들에게 당신의 행동과 일치하는 메시지를 전달하고 있는가? 당신 아이들은 당신이 하는 말과 행동이 일치했을 때에만, 당신이 학대를 학대라고 정확하게 규정할 때만이 건강한 인간관계를 맺는 법을 배울 수 있다.

당신은
존중받을 자격이
충분히 있다

너무나 오랫동안 한 사람과 관계를 맺어왔기 때문에 처음에는 두 사람의 관계가 어떤 모습이었는지를 기억하기 힘들 수도 있다. 또 어쩌면 당신의 동반자에게서는 이 책에서 묘사한 전형적인 특징들이 나타나지 않을 수도 있다. 그럼에도 불구하고 자신이 학대 관계를 맺고 있는지 그렇지 않은지는 느낌으로 알 수 있다. 잠시 시간을 내서 몇 가지 기본 질문에 대답해보자. 다음 몇 가지 질문에 답해나가는 동안 당신은 건강한 관계를 맺고 있는지 그렇지 않은지를 알게 될 것이다. 직감적으로 옳지 않다는 느낌이 들거나 동반자의 행동 때문에 계속해서 상처를 받고 있다는 느낌이 든다면 무언가 잘못되었다는 뜻이다. 동반자의 행동을 주의 깊게 관찰해야 한다.

- **동반자는 말과 행동이 일치하는 사람인가?**: 동반자가 하는 말이 아니라 행동을 주의 깊게 관찰해야 한다. 일반적으로 학대자는 달변가이며 매력적이다. 앞에서도 언급한 것처럼 학대자는 상황을 왜곡하는 기술이 뛰어나기 때문에 절대로 비난받지 않는다. 사람들은 대부분 말을 할 때 말이 갖는 의미 그대로를 말한다. 말한 대

로 행동한다. 하지만 학대자는 그렇지 않다. 따라서 학대자가 하는 말에만 집중하고 진실을 말하고 있다고 믿는다면 낭패를 보게 될 수도 있다. 실제로 해결해야 할 문제는 해결하지도 못한 채 혼란스럽고 무언가 잘못되었다는 느낌이 들 수도 있다. 가능하면 말은 무시하고 그 사람의 행동에만 초점을 맞춰 관찰해보자. 그 사람의 행동을 보면 어떤 생각이 드는가? 하루 종일 사과는 하지만 아주 무신경해서 그런 행동을 하면 마음이 아프다는 말을 해도 계속해서 같은 행동을 하거나 당신의 기분을 전혀 신경을 쓰지 않는다면 분명히 문제가 있는 것이다. 그 사람은 말과 행동이 일치하지 않는 사람이다.

- **동반자는 공감 능력이 있는 사람인가?**: 당신은 속으로 울고 있는데 동반자는 전혀 신경 쓰지 않고 쾌활하게 지낸다면 문제가 있는 것이다. 그 사람은 당신에게, 그리고 어쩌면 모든 사람에게 공감할 능력이 부족한지도 모른다. 공감 능력이 부족하다는 것은 거의 모든 학대자에게서 나타나는 특징인데, 사실 공감 능력이 있다면 학대자가 되는 경우는 없다. 사람들은 대부분 본능적으로 다른 사람에게 상처를 주지 않으려고 애쓴다. 하지만 학대자는 공감 능력이 없기 때문에 사람들이 상처를 받는다고 해도 신경 쓰지 않는다.

- **동반자는 자기가 한 일에 책임을 지는 사람인가?**: 이 세상에 완벽한 사람은 없다. 누구나 실수를 하고 틀린 말을 하고 가끔은 둔감하게 행동한다. 중요한 것은 잘못된 행동을 했을 때 어떤 식으로 수습하고 책임을 지는가이다. 학대자는 완벽하게 궁지에 몰리기 전까

지는 자기가 잘못했음을 인정하지 않는다. 학대지는 지기 자신을 방어하면서 상황을 왜곡해 동반자에게 비난을 퍼붓는다. 동반자가 문제를 지적하면 학대자는 자신을 피해자로 만들어버리는 경우가 아주 많기 때문에 동반자는 더욱 더 혼란스러울 수밖에 없다. 건강한 관계에서는 문제를 제대로 해결하고 결국 두 사람 모두 만족할 수 있는 결론을 내는 데 집중한다. 만약에 제대로 의견을 나누지도 못해 혼란스럽고 자기 자신에게 문제가 있다는 생각이 드는 채로 논쟁을 마무리해야 했다면 왜 그런 결과가 나왔는지를 자세히 들여다보아야 한다. 학대자는 상황을 조작하기 때문에 학대자는 항상 이기고 당신은 항상 진다.

- 두 사람의 관계는 상호 존중을 바탕으로 하고 있는가?: 동반자가 당신을 존중하고 있는지 모르겠다는 생각이 들면 문제가 있는 것이다. 언제나 당신을 비하하고 지나치게 비난하고 경멸하고 함부로 부르고 압력을 가하고 육체 폭력을 휘둘러 당신을 아프게 하거나 불편하게 만든다면 당신을 존중하지 않는 것이다. 동반자와는 다른 견해나 생각을 말했을 때 비웃거나 화를 낸다면 문제가 있는 것이다. 하지 말아줄 것을 부탁한 일도 계속한다면 당신을 존중하지 않는 것이다. 당신이 좋아하지 않는다는 사실을 뻔히 알면서도 일부러 어떤 일을 했다면 전혀 당신을 존중하지 않는 것이다.

- 동반자는 당신을 곤란한 상황에 빠뜨리지 않을 사람이라는 믿음이 있는가?: 동반자가 불법적인 일을 하고 있거나 왠지 윤리적으로 옳지 못하다고 느껴지는 일을 자주 하는 사람인가? 이 질문에

'그렇다'라고 대답할 수 있다면 주의해야 한다. 학대자는 공감 능력도 없고 다른 사람을 존중하지도 않으며 자신은 무엇이든지 당연히 누릴 권리가 있다고 생각하기 때문에 다른 사람은 하지 않을 아주 위험한 행동도 거리낌 없이 할 수가 있다. 간단히 말해서 학대자에게 규칙이란 아무 의미가 없다. 학대자 때문에 나를 찾아온 내담자들이 처한 상황을 들을 때마다 나는 정말 크게 놀란다. 동반자를 보호한다는 이유로 가족이나 친구들에게 학대자가 하는 일을 숨겨야 한다고 생각하면 안 된다. 동반자가 당신과 당신 아이들의 행복을 육체적으로나 경제적으로, 감정적으로나 사회적으로 곤란하게 만들 수 있다는 사실에 겁을 먹어서는 안 된다.

- 동반자는 당신이 다른 사람들과 교류할 수 있게 배려해주는가?: 동반자가 언제나 친구나 가족들의 결점을 지적하거나 계속해서 당신이 사랑하는 사람들을 비하하고 경멸하는 행동을 한다면 문제가 있는 것이다. 그런 태도는 사람들과의 관계에서 발생할 수 있는 문제를 건설적으로 토의하는 경우와는 전혀 다르다.

- 동반자는 당신을 육체적으로 협박하고 다치게 하는 사람인가?: 이 질문에 '그렇다'라고 대답하는 사람이라면 이미 자신이 학대 관계를 맺고 있음을 알고 있을 것이다. 다른 사람을 협박하고 위협하고 몸에 해를 가하는 행동은 어떤 행동이 되었건 간에 학대이다. 당신을 협박하려고 행동을 감시하고 기록하고 스토킹을 하는 행위는 모두 학대이다. 당신이나 당신 아이들을 해치겠다고 협박함으로써 벌을 주는 행위도(아니면 아이의 양육권을 가져가겠다고 협박해 당신이 자

신을 묵인하게 하는 행위도) 학대이다. 당신이 떠나면 경제적으로 불이익을 주겠다고 위협하는 행위 역시 학대이다. 당신과 당신이 사랑하는 사람들을 함부로 부르고 당신을 깎아내리는 말을 하는 행위도, 당신이 떠나지 못하게 벽을 쳐서 구멍을 내거나 당신을 맞힐 의도는 아니라고 해도 물건을 집어던지는 행위도 모두 학대이다. 당신을 때리고 목을 조르고 꼼짝 못하게 누르고 발로 차고 찌르고 밀고 주먹으로 때리고 뺨을 때리는 일 모두 육체 학대이기 때문에 심각하게 받아들여야 한다. 술이나 마약을 했기 때문에 때렸다는 핑계가 통해서는 안 된다. 어떤 상황에서도 학대는 받아들일 수 없는 행동이다.

학대당할 가능성을 줄일 수 있을까?

사람들은 누구나 다른 사람에게 자신을 어떻게 대해야 하는지를 알려준다. 학대자는 과거에 당신에게 했던 학대 행위가 허용되었기 때문에 또다시 같은 행동을 해도 벌을 받지 않을 테고, 그전보다 더한 행동도 할 수 있다고 믿는다. 언어, 감정, 육체, 성적 학대 중 그 어떤 학대라도 피해자가 잘못해서 일어나는 일이 **절대로** 아님을 분명히 이해해야 한다. 그 어떤 이유로도 학대를 받아 마땅한 사람은 없다.

만약 당신이 학대를 참으면 학대자는 자기 행동을 당신이 받아들였으며 계속해도 된다는 허락을 받았다고 확신해버린다. 학대는 시간이 흐를수록 점점 더 악화될 뿐이다. 학대를 참을수록, 학대자의 행동에 그 어떤 반항도 하지 않는다면 학대자는 자신이 원하는 반응을 이끌어내리려고 점점 더 심하게 학대를 할 것이다. 학대자에게는 당신이 행복한 것도 자립할 수 있는 것도 모두 위협으로 작용한다는 사실을 기억해야 한다. 학대자의 목표는 당신이 학대자에게 더 많이 의존하도록 당신의 기를 꺾는 것이다.

간결하게 상대방의 행위가 학대 행위임을 지적하고 엉뚱한 행동에는 연루되지 않겠다는 사실을 분명히 알리는 것은 학대자를 다루는 가장 효과적인 방법이다. 손을 앞으로 뻗어 학대자를 저지하고 "그만. 나한테 그런 식으로 말하지 마."라고 말해줘야 한다. 학대자와 논쟁을 벌이지 않고 당신의 생각을 그런 식으로 알려주면 학대자가 당신을 학대할 기회는 현저하게 줄어든다. "당신이 나를 그렇게 함부로 대하지는 못하게 할 거야."라고 말하고 그 자리를 피해도 된다. 그가 당신을 정중하게 대하고 당신이 자기주장을 할 수 있는 힘을 가진 상황에서만 학대자와 대화를 한다는 확고한 기준을 세워두면 학대를 받을 가능성은 줄어든다. 만약 학대자가 심술이 나서 당신을 상대하지 않는다면 그대로 내버려두는 게 좋다. 학대자는 내버려두고 당신 일을 하면 된다. 산책을 다녀오거나 학대자 없이도 즐길 수 있는 활동을 하면 된다. 당신과 함께하고 싶다면 당신을 존중하는 태도를 보여야한다는 사실을 이해할 수 있을 때에만 학대자는 당신을 존중하는 행동을 할 것이다. 기준을 높게 세우자. 당신은 존중받을 자격이 충분히 있다.

학대자가 당신이 정한 기준을 존중하지 않거나 학대 행위가 더욱 가혹해진다면(당신이 자기주장을 했다거나 도망치려고 했다는 이유로 당신에게 벌을 준다면) 그것은 학대자 곁을 떠날 필요가 있다는 분명한 신호이다. 다시 말하지만 학대자가 변하는 경우는 거의 없다. 학대자가 변하려면 자기가 한 일에 책임을 지는 사람이 되어야 하는데, 책임감이야말로 학대자에게서는 찾으려야 찾기 힘든 자질이다.

4부

그 남자는 절대
변하지 않는다

- 도저히 좋아지지 않는 관계 끝내는 법

문제는 여자는 남자가 변하리라고 생각하지만 남자는 변하지 않는다는 것이다. 남자가 잘못 생각하는 것은 여자는 결코 떠나지 않으리라는 것인데, 아니다. 여자는 떠난다. - 이름을 알 수 없는 누군가

진짜 사랑은 이기고 지는 문제가 아니다

학대 관계 속에서 일어나는 일을 직접 경험하지 못한 사람은 그런 관계를 벗어나려는 시도가 어떤 의미인지를 이해할 수 없다. 학대자 곁을 떠날 때 가장 문제가 되는 것은 피해자가 느끼는 두려움이다. 잘못했다가는 아주 가혹한 벌을 받는다는 사실을 알기에 학대자를 거스른다는 위험한 일을 감행할 때는 극심한 두려움을 느끼는 여성이 많다.

당신에게 육체 폭력을 휘두른 사람에게는 두 번째 기회를 주지 말아야 한다. 육체 폭력을 휘두른 뒤에도 당신이 그 사람 곁에 남는다면 학대자는 당신이 함께 있다는 사실을 계속해서 학대를 해도 된다는 허락으로 받아들인다.

한 번 더 기회를 준다면

학대자는 당신의 동정심을 이용하는 법을 정확히 안다. 당신이 떠나야겠다는 생각이 들 때까지 밀어붙이고 나면 학대자는 진심으로 후회하고 있으며 진짜로 사과한다는 인상을 심어준다. 학대자의 태도는 너무나도 진실해 보여서 당신은 이번에야말로 그 사람이 **정말 바뀌리라고** 믿게 된다. 그 사람이 자기가 한 일에 책임을 질 것처럼 보이기 때문이다. 그래서 당신은 지금까지 두 사람의 관계에 얼마나 많은 투자를 했는지 생각하고, 떠나는 것보다는 상대방이 바뀌는 것이 훨씬 좋다는 결론을 내린다.

당신이 떠나면 그는 더 이상 당신을 통제할 수 없다. 그는 자기 힘이 사라진다고 생각하면, 당신이 자신을 떠나 살아간다고 생각하면 도저히 참을 수가 없다. 그래서 당신이 떠나지 못하도록 최선을 다해 막는다.

안타깝게도 학대자가 이런 술수를 쓰면 학대 관계에서 헤어 나오지 못하는 여성이 많다. 그리고 학대자는 당신이 떠날 수도 있다는 위험이 사라지면 다시 학대 행위를 하기 시작한다. 결국 영원히 결별을 선언할 능력을 갖게 될 때까지 여성들은 수없이 많은 기회를 학대자에게 주고 또 주면서 학대 주기에서 쉽게 벗어나지 못한다.

학대자는 자신이 다른 사람을 최대로 사랑할 수 있는 만큼은 당신을 사랑하고 있는지도 모른다. 하지만 진짜 사랑은 소유욕과 다르다. 진짜 사랑은 이기고 지는 문제가 아니다.

나는 학대자가 자신의 행동을 인지하고 있는지, 의도적으로 학대를 하는지, 자기 행동을 통제할 수 있는지 등에 대한 질문을 자주 받는다. 작가인 런디 밴크로프트Lundy Bancroft 는 15년 동안 학대하는 남성들과 함께하면서 학대 패턴을 연구했다. 그에 따르면 학대하는 사람들은 자신이 무슨 행동을 하는지 정확하게 인지하고 있다. 경찰이 오자마자 자기가 하던 행동(육체 학대)을 멈춘다는 사실이 스스로 행동을 통제할 수 있다는 증거라고 했다. 또 학대자들에게 그런 행동을 한 이유를 설명해보라고 하면 "그 여자한테 교훈을 알려줄 필요가 있어서"라고 답하는 경우가 많은데, 이 또한 학대라는 수단을 자기 목표를 위해 쓰고 있다는 분명한 증거라고 했다.

중요한 것은 이것이다. 누군가가 자동차로 당신을 치면 당신은 죽는다. 그 사람이 당신을 자동차로 칠 생각이 있었는지 없었는지는 중요하지 않다. 문제는 어쨌거나 당신이 죽는다는 사실이다.

아이들을 생각해서

여자들이 학대 관계에서 벗어나지 못하는 가장 흔한 이유는 자녀들 때문이다. 학대자와 살고 있지 않은 사람들은 아이들 때문에 헤어지지 못한다는 사실을 쉽게 이해할 수 없다. 사람들은 보통 '왜 학대자 곁을 떠나지 않는 거지? 아이들을 생각한다면 더더욱 빨리 떠나야 하는 거잖아?'라고 생각해버린다. 옳은 생각이다. 아이들은 부부가 서로 사랑하고 존중하는 안전한 가정에서 자라는 것이 전적으로 좋다. 하지만 한 여성이 학대자 곁을 떠날 때는 그 뒤에 벌어질 수 있는 결과들을 감당할 수 있는가를 가늠해보는 일이 아주 중요할 수밖에 없다.

아이가 있는 여성들이 가장 두려워하는 것은 자녀 양육권을 학대자가 가져갈 수도 있다는 사실이다. 그것이 그들을 학대자 옆에 머물게 하는 가장 큰 이유이다. 학대자는 당신이 떠나지 못하도록 아이의 양육권을 가져가겠다는 협박을 수차례 했을 것이다. 학대자는 흔히 피해자를 깎아내리면서 이 세상 어떤 법정도 판사도 당신에게 아이를 맡기지 않을 것이라고 위협한다. 그런 협박을 받으면 당연히 겁날 수밖에 없고 제대로 된 정보가 없는 상황이라면 학대자의 말을 그대로 믿기 쉽다.

당신이 법률 지식을 제대로 알고 있는 피해자라면 학대자 곁을 떠난 후 일정 시간은 아이가 학대자와 함께 시간을 보내야 한다는 사실도 알 것이다. 학대자가 아이를 육체적으로나 성적으로 학대할 가능성을 입증해 보일 수 없다면 학대자는 부모라는 자격으로 당연히 일정 시간을 아이와 보낼 수 있다. 학대자는 '좋은 남자'라는 인상을 심어주는 데 도가 튼 사람들이라 아이들이 위험할 수도 있다는 것을 입증하기는 쉽지 않다. 그래서 피해자는 어쨌거나 학대자 옆에 머물면 하루종일 아이들과 함께 있을 수 있어 아이들을 보호할 수 있다고 믿는다. 충분히 이해할 수 있는 마음이다.

경제적 이유

많은 여성이 학대자보다 자신이 재정적으로 훨씬 더 취약하다고 느낀다. 통계상으로도 여성의 수입은 남성보다 적으며 많은 여성이 전업주부로 일하기 때문에 여성의 경제력은 더 낮을 수밖에 없다. 교육수준에 상관없이 많은 여성이 학대자 곁을 떠날 경우 자신과 아이들을 부양할 방법이 없다고 생각한다. 학대자들은 대부분 그 사실을 알기 때문에 이 점을 이용해 피해자들이 떠나지 못하도록 협박한다.

SCENE 베키

베키는 작은 아이들 네 명의 어머니이다. 베키의 남편은 아내를 감정적으로 학내하는 사람이있지만 대부분의 경우 아무 문제없이 지낼 수 있었다. 가끔 남편이 비웃는 농담을 하고는 했지만 베키는 그저 남편의 말을 못 들은 척했다. 다른 사람과 맞서기를 극도로 싫어하는 베키는 일상에서 가정의 평화를 지킬 수 있는 일이라면 무엇이든 했다. 스트레스를 이기려고 오랫동안 강박적으로 운동을 한 베키는 결국 저체중 상태가 되어 생리도 멈추었다.

사람들이 자신에 관해 물을 때면 베키는 정중하게 대답한 뒤로는 곧바로 다른 사람에게 질문을 던져 사람들의 관심이 자기에게서 멀어지게 했다. 어떤 관심도 불편하게 여기는 베키는 다른 사람들에게 친절하게 행동했고 아이들과 남편에게 철저하게 헌신했다. 가정주부라는 직업을 정말로 진지하고 심각하게 생각하는 베키는 가족이 필요로 하는 모든 일들을 다 충족해주었다.

어느 날 밤, 베키의 남편은 잔뜩 취한 채 돌아와 베키에게 온갖 끔찍한 말을 퍼부었다. 남편이 점점 더 크게 떠들면서 다가오자 두려웠던 베키는 아이를 모두 깨워 밖으로 나왔다. 베키가 집을 나서기 전에 남편이 말했다. "넌 정말 멍청이야. 여기 돈 누가 벌어와? 이 집 누구 거야? 너, 은행 계좌는 있어? 모두 내 맘대로 쓸 수 있는 내 계좌야. 남들은 떠밀어도 안 할 일을 알아서 하는 것 좀 봐. 너 같은 멍청이가 세상에 또 어딨냐? 네가 가긴 어디를 가?"

⁓⁓

슬프지만 많은 여자들이 같은 상황에 처해 있다. 자기 상태가 아주 취약하다는 사실을 스스로 알고 있다면 피해자는 혼자서 살아갈 엄두를 내지 못하며, 그런 시도를 해야 한다는 사실조차도 엄청난 위협처럼 느낄 수 있다.(당신이 이런 상황이라면 당신에게도 가계 재산에 관한 권리가 있음을 알고 있는 게 좋겠다. 학대자의 협박은 믿지 말자. 그 사람은 그저 당신이 떠나지 못하게 위협하는 것뿐이다.)

재정적으로 독립하는 일은 결코 쉽지 않다. 특별한 자격증이나 기술이 없다면 먼저 교육을 받아야 하고, 적절한 교육을 받아도 직장을 구하는 데 많은 돈과 시간이 든다. 오랜 시간 아이들을 떼어놓고 교육을 받거나 일을 하러 다니기도 어렵다. 더구나 아이를 맡기고 일을 하러 나가면 소득을 능가하는 보육비를 지출해야 할 수도 있다.

당장 생활비를 구할 데가 없다는 사실 앞에서 피해자가 학대자 옆에 남기로 결정하는 것은 조금도 놀라운 일이 아니다. 피해자는 학대자와 헤어질 경우 아이들의 삶의 질도 염려할 수밖에 없다. 아이들이 살아가는 데 필요한 기본 조건을 충족하려면 자기 한 몸 희생하더라도 학대자 옆에 남는 것이 옳다는 생각을 할 수도 있다.

SCENE 헤일리 ❸

헤일리를 기억할 것이다. 복통 때문에 병원에 입원했을 때 헤일리의 남편은 공부하러 가버렸었다. 헤일리는 남편의 행동을 비난했다가 결국 자신이 남편에게 사과를 해야 했다. 하지만 그 일도 벌써 몇 년 전의 일이다.

헤일리와 남편은 한동안 별거를 한 후 이혼했다. 남편 곁을 떠난 다음 날 헤일리는 딸을 데리고 며칠 동안 먹을 식료품을 사러 갔다. 놀랍게도 식료품점에서는 헤일리가 신용카드도 현금카드도 모두 쓸 수 없다고 했다. 문제를 해결하러 은행으로 간 뒤에야 헤일리는 남편이 헤일리가 가지고 있는 모든 카드를 해지하고 은행 계좌에서 현금도 모두 인출해간 사실을 알 수 있었다. 그때 헤일리는 돈을 벌고 있지 않았기 때문에 쓸 수 있는 돈이 없었다.

화가 난 헤일리는 남편에게 그런 짓을 하면 헤일리와 딸이 어떻게 살아갈 수 있는지 따져 물었다. 남편은 대답했다. "글쎄, 집을 나갈 때 그 정도는 이미 각오한 거 아니야? 다 당신이 자초한 거야."

헤일리의 남편이 아내와 딸이 자기 곁을 떠났으니 당연히 재정 궁핍이라는 벌을 받아야 한다고 의기양양하게 말하는 모습에서 우리는 그 사람의 생각이 작동하는 방식을 분명하게 볼 수 있다.(한 가지 어처구니없는 사실은 돈을 버는 주체가 여성일 경우에도 학대자는 배우자 생활 지원금을 받아야 한다고 주장한다는 점이다. 학대자는 피해자는 돈을 버느라 집에 거의 없으니 자신이 주 양육자가 되어야 한다면서 돈을 요구한다.)

실패자라는 낙인에 대한 두려움

당신은 사람과의 관계에서 실패했으니 스스로 실패자라고 생각할 수도 있고, 실패한 책임을 물어 학대자 곁에 남아 있어야 한다고 믿고 있을지도 모르겠다. 그런 생각들 때문에 자기 자신이 부끄럽기도 하고 한 사람의 곁을 떠난다는 결정을 했다는 사실에 죄의식을 느낄 수도 있다. 실제로 학대 관계를 맺고 있는 여자들은 노력하면 언젠가는 훨씬 더 나은 관계를 만들 수 있으리라는 희망을 품고 더욱 더 노력한다. 두 사람의 관계에 너무나도 많은 투자를 했기 때문에 당신은 그 사람 곁을 떠난다는 생각을 하는 것만으로도 불편해지고 침울해진다. 결국 당신은 현실을 부정하는 상태가 되어 그 사람의 행동을 정당화하고 상황은 개선될 것이라는 거짓 희망에 미친 듯이 매달린다. 충분히 노력하면 관계가 개선될 수 있다는 틀린 통설에 사로잡혀 있거나 종교적 신념 때문에 이혼은 할 수 없다거나 동반자 옆을 떠난다는 결정을 가족이 지지해주지 않는 경우에는 관계를 끝내기가 특히 어렵다.

당신이 헤어진다는 결정을 주변 사람들이 지지해주지 않으면 관계를 끝낸다는 데서 오는 죄의식은 더 커질 수밖에 없다. 두 사람의 관계를 끝내야겠다고 생각할 때 죄의식을 느끼는 것은 학대자가 상처받지 않기를 바라기 때문이다. 학대자는 그런 당신의 마음을 잘 안다. 그래서 자신이 엄청나게 상처를 받았다고 과장하거나 심할 경우 당신이 떠나면 자살할 거라고 협박하기도 한다. 두 사람 사이에 아이라도 있으면 문제는 훨씬 복잡해진다. 아이를 이혼 가정에서 자라게 하고 싶지는 않다는 생각에 '가정을 깬 책임'이 자신에게 있다고 생각하면 당신 마음은 천근만근이 된다. 두 사람 사이에서 죄의식은 결코 사소하게 작용하지 않는다. 많은 여성이 그저 학대자 곁에 남아 인내하고 고통을 감수한다는 결정을 내리는 이유는 바로 그 때문이다.

관계를 끝내기 힘들게 만드는 이런 생각들 외에도 그 관계를 빗어난다고 과연 행복해질까 하는 의문 역시 들 수 있다. 많은 여성이 혼자가 되는 것을 두려워하는 나머지 혼자가 되지 않는 일이라면 가장 끔찍한 대우도 참는 경우가 많다. "풀밭이라고 언제나 더 푸른 건 아니잖아요."라든가 "완벽한 관계는 세상에 없잖아요."라는 말을 자주 듣는다. 학대 관계에 있어서는 **언제나** 바깥에 있는 풀밭이 훨씬 더 푸르다는 사실은 내가 장담할 수 있다. 아무리 어려운 일이 기다리고 있다고 해도 두려움이 없는 상태로 자유를 누리며 홀로 사는 상태가 훨씬 더 푸르다. 이런 말들이 적용되는 경우는 학대 관계에서 아무것도 배우지 못하고, 어떤 일을 주의해야 하며 어떻게 자기 자신을 잃지 않고 제대로 주장하는지를 배우지 못하고, 그전보다 조금도 나을 것이 없는 또 다른 학대 관계 속으로 들어갔을 때뿐이다.

당신은 어떤 결혼을 성공적이라고 생각하는가? 두 사람이 서로에게 어떤 감정을 느끼건 서로를 어떻게 대우하건 간에 이혼하지 않고 평생 살아가면 성공한 결혼인가? 지금까지 가지고 있던 결혼에 관한 생각이 어디에서 유래한 믿음인지 생각해보자. 성공한 인간관계를 규정하는 자신의 기존 정의를 다시 고민해야 한다.

치료를 받으면
상황이 나아질까?

어쩌면 학대자는 기꺼이 치료를 받으러 간다고 할 수도 있다.(생각보다 학대자가 치료를 받겠다고 나서는 경우는 많다.) 그러나 그 때문에 나쁜 결과들이 나타날 때가 많다. 치료에 나서는 학대자를 보면서 피해자는 학대자가 반드시 변하려는 의지가 있는 것으로 받아들인다. 심지어 피해자는 학대자가 변하려는 노력을 하고 있으니 자신은 학대자 옆에 머물러야 한다고 믿기까지 한다. 가끔은 학대자가 실제로 변하는 경우도 있지만 대부분은 변하지 않는다. 학대자가 치료를 받으러 가는 이유는 남들에게 보여주기 위해서가 대부분이고 실제로 자기 행동을 바꾸는 내부 성찰을 위해 진실하게 노력하는 경우는 많지 않다. 그보다는 무언가를 하지 않으면 당신이 떠나겠다는 위협을 해 궁지에 몰렸다는 느낌이 들기 때문에 자신도 노력하고 있음을 당신에게 보여주고 신뢰를 얻으려는 시도일 경우가 많다.

슬픈 일이지만 치료사라고 해서 학대 유형을 모두 분간할 수 있도록 훈련을 받지는 못했을 뿐 아니라 학대자의 말 뒤에 숨어 있는 폭력성을 항상 발견할 수 있는 것도 아니다. 학대자는 교묘한 방법으로 사람들을 조종하고 상황을 왜곡하기 때문에 실제 의도를 발견하지 못하는 경우가 많다. 게다가 부부 문제를 치료하는 치료사들은 부부 가운데 누구에게도 감성이 치우치지 않도록 '중립'을 유지하는 훈련을 받는다. 부부 치료사는 자신이 한쪽 배우자에게 너무 깊이 공감하면 부부 가운데 한 사람 또는 두 사람 모두 치료를 포기할 수 있기 때문에 부부를 도울 가능성은 사라져버린다는 사실을 잘 안다.

치료의 어려움

일반적으로 학대 관계의 특징들은 쉽게 눈에 띄지 않기 때문에 문제는 사라지지 않고 남게 마련이다. 게다가 학대자의 동반자는 지나치게 책임감이 강해서 자신에게 있는 모자란 부분을 계속 말로 표현하고 사과를 하는데, 이 때문에 학대 관계에서 문제가 있는 쪽은 피해자라는 인상을 심어준다. 즉 한쪽은 자기 탓을 하고 한쪽은 자기에게 책임질 일은 전혀 없다는 태도를 취하기 때문에 학대 관계에서 작용하는 역학은 처음부터 제대로 파악하기가 어렵다.

결국 치료사도 학대 관계에서 작용하는 커다란 역학 관계를 제대로 보지 못하기 때문에 학대자에게는 유리한 판단을 하고 피해자를 오히려 소외시키고 외롭게 만드는 경우가 많다. 학대자와 함께 상담을 받은 뒤에 자기 자신을 **더욱** 자책하게 된 여성이 말할 수 없을 정도로 많은 것은 그 때문이다.

안타깝게도 그런 여성들은 상담 치료를 받고 난 뒤에는 두 사람 관계를 엉망으로 만든 사람은 바로 자신이며, 자기에게 잘못이 있으니 학대자 옆에 남아야 한다는 결론을 내린다. 치료사가 학대자 편을 드는 것처럼 느껴지기 때문에 학대자가 자기 같은 사람을 '참아준다'는 사실에 오히려 고마움을 느끼는 경우도 있다. 어쨌거나 치료사는 전문가니까.

SCENE 그레첸 ❷

그레첸은 남편 곁을 떠나기 전에 결혼 생활을 유지할 수 있는지를 알아보려고 1년 넘게 치료를 받았다. 그레첸의 남편은 바람을 피웠고 그 뒤로도 그레첸 모르게 여러 차례 다른 여자를 만났다는 사실을 고백했던 사람이다.

간간이 혼자서 치료를 받았던 그레첸은 부부가 함께 치료를 받으면 좋겠다는 생각을 했다. 남편과 함께 치료를 받는 동안 치료사는 그레첸의 불안을 집중적으로 다루었다. 치료사는 그레첸이 불안을 관리하려고 주변에 있는 모든 것을 통제한다고 했다. 치료사는 본질적으로 그레첸이 통제를 하는 사람이고 그레첸의 남편은 아내가 집에서 야기한 스트레스에 그저 반응하는 사람이라고 했다. 치료사의 말은 끔찍했지만 일리가 있는 말 같았기에 그레첸은 부부 관계를 힘들게 만드는 사람은 자신이라는 진단을 묵묵히 받아들였다.

그레첸의 치료사는 그레첸이 왜 그렇게 극심하게 불안해하는지를 제대로 들여다보지 않았다. 그레첸은 불안을 다스리려고 자신이 할 수 있는 작은 일들을 통제했다. 지나치게 무리해서 운동을 했고 집안을 정해진 방식대로 관리했고 아이가 엄격하게 일정을 지키도록 했다. 하지만 치료사는 이런 모든 일들을 간과했고, 몇 달 동안이나 그레첸은 부부 관계에 문제가 있는 것은 자신이 모든 일을 통제하려 들기 때문이라고 믿었다.

주변 상황을 통제해 마음을 다스리는 위기 대처 방식을 버리자 그레첸은 훨씬 더 무기력해지고 불안해졌다. 몸무게는 줄어들고 계속해서 우울해졌다. 그와 달리 그레첸의 남편은 기고만장해져서 치료사가 잘못은 그레첸에게 있다고 했으며, 자신은 아무 문제가 없다고 했음을 계속해서 상기시켰다.

치료사가 당신을 더욱 더 취약하게 만들고 무기력하게 만들 비옥한 토양을 학대자에게 제공하면 학대자는 당신을 더욱 더 옭아매고 착취할 유리한 위치를 차지할 수 있다. 치료사는 또한 학대자가 당신을 협박할 때 사용할 수 있는 심리학 이론들과 용어들까지 제공해준다. 이렇게 학대자가 당신의 결점을 전문 용어로 표현할 수 있는 수단을 확보하게 되면 알게 된 지식을 무기로 삼아 당신을 더욱 몰아붙인다.

한편 치료사가 학대 관계를 제대로 파악한다면, 특히 지금까지 그 누구도 보지 못했던 모습을 처음으로 발견해준다면 당신은 제대로 인정을 받았다는 느낌을 받게 될 것이다. 하지만 학대자는 누군가가 자신의 학대 행동을 지적하면 방어 태세를 취하면서 더 이상 치료받지 않겠다고 선언할 것이다. 치료사의 자질을 깎아내리고 자격을 문제 삼으면서 자신이 치료를 그만두는 것은 정당하다고 주장할 것이다.

관계를 끝낼 때
고려해야 할 것들

일반적으로 피해자가 학대자와의 관계를 끝내고 싶다는 사실을 인지한 뒤에 실제로 끝내기까지는 상당히 오랜 시간이 필요하다. 학대자와 관계를 끝내려면 먼저 당신이 어떤 일을 겪었는지를 인지하고 당신이 아주 소중한 사람임을 깨달아야 한다. 만약 당신이 맺고 있는 관계와 비교해볼 건강한 관계를 알지 못한다면 동반자에게 어떤 대접을 받아야 하는지를 제대로 알기는 훨씬 어려울 것이다. 앞에서 살펴본 것처럼 건강한 관계를 맺는 사람들은 서로 존중하고 상대방의 소망을 인정한다. 서로를 지원해주지 통제하지 않는다. 자기 감정을 솔직하게 표현했다고 해서 벌을 받게 되리라는 두려움은 느끼지 않는다. 사람은 누구나 사랑받을 자격, 있는 그대로의 모습으로 가치를 인정받을 자격이 있다.

한 사람의 곁을 떠날지 말지 결정할 때는 망설임이 있을 수밖에 없다. 가장 중요한 아이들 양육 문제(자녀가 있다면)와 재정적 자립 능력에 대한 문제 외에도 고민해야 할 것은 아주 많다. 학대자와 오랫동안 함께했고 많은 것을 투자했음을 생각해보면 떠날지 머물지를 결정하기는 더 힘들다.

누군가의 곁을 떠난다는 사실은 당연히 죄의식을 불러올 수 있지만, 동반자의 기분과 행동은 당신이 조절할 수도 없고 책임질 수도 없음을 기억해야 한다. 동반자의 행동이 자기 책임이라거나 바뀔 수 있다고 생각하면 계속해서 건강하지 않은 관계를 맺게 된다. 당신은 당신을 존중해주는 사람과 함께할 권리가 있다. 당신이 떠나도 동반자는 계속해서 살아갈 것이다. 당신이 없어서 제대로 살아가지 못하고 있다고 말할 수도 있지만 어느 정도 시간이 흐르면 동반자도 당신을 단념하고 자신의 인생을 살아가리라는 사실을 믿어도 된다. 그 사람에게도 스스로를 돌볼 수 있는 능력이 있다.

학대자의 곁을 떠나기 전에 가족이나 친구들에게 좀 더 의지할 수 있으면 훨씬 도움이 된다. 당신이 처한 상황과 학대자의 행동을 아는 사람이 많을수록 당신이 학대자 곁을 떠날 수 있도록 돕는 사람도 늘어난다. 학대자는 자기가 한 행동을 숨길 수 있어야 힘을 얻는다. 당신이 학대자가 하는 행동을 다른 사람들에게 알릴수록 학대자의 행위를 더 많이 제지할 수 있다. 그리고 붙잡힐 수도 있다는 두려움에 학대자는 폭력을 사용하는 횟수를 줄인다. 학대자는 자기 정체를 들킬지도 모를 위험은 감수하고 싶어 하지 않는다.

만성적으로 당신을 괴롭히는 사람을 떠나겠다는 선택을 한다는 것은 아주 용감한 결정을 내렸다는 뜻이다. 앞으로의 삶에 어떤 일이 놓여 있을지는 그 누구도 알 수 없지만 어떤 일이 생기더라도 당신에게는 그 일을 제대로 처리할 수 있는 힘이 있음을 믿어야 한다. 당신은 자기 자신을 위해 싸울 가치가 있는 사람이다.

정말 떠나기로 결심했다면

학대자와 관계를 끝낼 무렵이 되면 당신에게는 남아 있는 것이 거의 없다는 사실을 알게 될 것이다. 운이 좋아서 학대자가 먼저 두 사람의 관계를 끝낸다면 그에게 맞서 싸워야 할 필요는 없어진다. 하지만 일반적으로 학대 관계를 끝내야 하는 사람은 피해자이다. 피해자가 학대 관계를 끝내려면 엄청난 용기를 내야 하며, 경우에 따라서는 아주 위험한 시간을 견뎌내야 할 수도 있다.

동반자 곁을 떠난다는 생각을 하면 당연히 두려울 수밖에 없다. 육체 폭력을 휘두르는 사람이 아니었다고 해도 당신은 본능적으로 그가 위험한 사람임을 안다. 학대자는 자기가 원하는 바를 획득하려면 무슨 일이든지 한다는 사실을 지금까지 수도 없이 보아왔기 때문이다.

떠나는 사람이 당신이라면 학대자는 미친 듯이 화를 낼 것이다. 당신은 학대자가 자신이 원하는 것을 가지려고 당신을 거세게 밀어붙일 수도 있고 필요하다면 폭력을 사용하리라는 사실도 잘 안다. 당신은 동반자의 행동을 조절해보겠다며 이미 입증된 위기 대처 전략을 계속해서 사용하려고 할 가능성이 높다. 당신은 당신만 제대로 행동하면 학대자가 폭발할 일이 줄어들어 당신과 아이들이 무사할 수 있으리라는 잘못된 믿음을 가지고 있다. 학대자와 관계를 끝낼 때는 안전과 관련해서 반드시 고려해야 할 요소가 몇 가지 있지만 학대자는 언제나 반응하던 그대로 반응하리라는 사실을 반드시 명심해야 한다. 아무리 학대자의 반응을 살피면서 조심해도, 당신이 내린 결정을 온화하고 신중한 표현으로 전달하려고 노력해도 학대자의 반응은 바뀌지 않는다.

학내사는 이전과 똑같이 반응할 것이다.

당신은 학대자의 반응을 충분히 예상하고 있어야 하며 당신으로서는 그런 반응을 막을 수 없다는 사실을 받아들여야 한다. 그가 어떤 식으로 반응하고 어떤 식으로 느끼는지는 당신이 책임질 수 없는 부분임을 명심해야 한다. 어쨌거나 학대자는 난폭하게 반응하리라는 사실을 받아들인다면 그 상황을 다룰 준비를 할 수 있다.

학대자 곁을 떠날 때는 제대로 알아보고 필요한 정보와 지식을 갖추는 일이 중요하다. 법률 조언을 구하는 것도 불안을 해소할 수 있는 좋은 방법이다. 당신의 동반자는 당신이 떠나지 못하게 하려고 협박임이 분명하거나 교묘한 방법으로 당신을 위협할 것이다. 만약 두 사람 사이에 아이가 있다면 아이의 양육권을 줄 수 없다고 협박할 것이다. 당신이 가장 두려워하는 것이 무엇인지를 아는 학대자는 그 두려움을 이용한다. 변호사나 법률 조언을 해주는 사람에게 당신이 두려워하는 일과 걱정하는 일을 솔직하게 이야기하고 학대자가 협박하는 일이 실제로 일어날 수 있는지 확인해두는 일이 아주 중요하다. 일반적으로 학대자가 협박하는 일은 법적으로 가능하지 않을 때가 많다. 법적으로 일어날 수 있는 일과 일어나지 않을 일을 미리 알아두면 학대자가 **협박하는 일** 때문에 겁을 먹고 두려워할 이유가 없어진다.

한편 학대자와 헤어질 때는 공공장소에서 헤어지거나 다른 사람과 함께 있어야 한다. 주변에 다른 사람이 있으면 학대자가 난폭한 행동을 할 가능성이 줄어든다. 학대자와 헤어진 뒤에도 어느 정도는 혼자 있는 시간을 피하는 것이 현명하다.

학대자와 헤어진 뒤에는 가능한 한 서로 연락하지 않는 것이 좋다. 그래야 후회하고 있다거나 변하겠다고 사정하거나 돌아오지 않으면 가만두지 않겠다는 등의 소리를 듣지 않을 수 있고 다시 돌아가야겠다는 생각도 들지 않는다. 학대자와 접촉하는 횟수를 줄여 학대자가 당신을 학대할 수 있는 기회를 줄여야 한다. 되도록 혼자 있는 시간을 줄이고 당신이 시간을 보내리라고 그 사람이 예측할 수 있는 곳에는 가지 않는 것이 좋다. 할 수만 있다면 전화도 전화번호도 바꾸는 것이 좋다. 두 사람 사이에 아이가 있다면 그 사람이 알고 있는 번호는 그 사람과 연락할 때만 사용하고 다른 사람들과는 다른 전화로 연락하는 것이 좋다. 이메일 주소도 바꾸고 비밀번호도 모두 바꿔야 한다. 그래야 은행 계좌 같은 중요한 정보를 보호할 수 있다.

증거를 모아둬라

불행하게도 학대자에게서 피해자가 육체 폭력을 당하지 않도록 완벽하게 보호해줄 수 있는 법은 없다. 피해자 보호 명령이나 접근 금지 명령이 가장 강력한 판결로 어느 정도는 보호 효과가 있지만 결국 판결이라는 것은 종이 한 장에 지나지 않는다. 학대자가 육체 폭력을 휘두르거나 당신을 해치거나 죽일 위험이 실제로 존재한다면 당신과 당신 아이들을 보호해줄 훨씬 강력한 수단이 필요하다. 과거에 폭력을 휘둘렀다는 사실은 앞으로도 그럴 가능성이 충분히 있다는 뜻이다. 학대자는 이전과 다름없이 폭력을 휘두를 것이다. 다른 점이 있다면 당신이 떠난다고 했기 때문에 더욱 심각하게 폭력을 휘두르리라는 것뿐이다. 당신이 떠났을 때 학대자는 보복을 하겠다며 육체 폭력을 휘두를 수도 있다. 위협을 하고 스토킹을 하고 당신의 이메일을 훔쳐보고 통화 내용을 도청하고 심지어 납치까지 할 수 있다. 그렇기 때문에 학대 관계를 정리하기 전에 반드시 활용할 수 있는 자원과 안전하게 지낼 수 있는 장소를 알아봐야 한다.

안타깝게도 법적 절차가 진행되는 과정은 학대 관계만큼이나 피해자에게 커다란 상처를 남길 수 있다. 법적 절차를 밟을 때는 비용이 많이 들어가기 때문에 결국 여성은 필요한 법적 도움을 받지 못할 가능성이 크다. 대부분의 경우 재정적인 여유가 있는 쪽은 학대자이기 때문에 그 사실을 이용해 당신에게 영향력을 행사할 수 있다. 재정 문제 때문에 법적인 도움을 받지 못하는 피해자는 학대자를 이길 가능성은 없다고 생각하고 결국 포기하게 된다. 심지어 법적인 도움을 받을 수 있는 경우에도 의뢰인이나 의뢰인의 아이들이 실제로 위험에 처했다고 믿으며 걱정하는 변호사는 그다지 많지 않다. 더구나 분명하게 육체 학대나 성적 학대를 받는다는 증거가 없을 때는 특히 그렇다. 피해자가 운 좋게도 의뢰인과 의뢰인의 아이들의 행복을 걱정하는 법조인을 만난 경우라고 해도 학대자를 상대하는 일은 어렵고 까다로울 수 있다.

따라서 언제 육체 폭력을 당했으며 언제 언어폭력을 당했고 어떤 문자를 받았는지를 최대한 꼼꼼하게 기록하고 증거를 모아두는 일이 중요하다. 학대자에게 학대자임이 분명한 특징이 없고 당신에게는 학대를 받은 증거가 없다면 법정에서 싸워야겠다는 용기는 크게 꺾일 수밖에 없다. 그러나 밖으로 드러나는 학대 증거가 없어도 학대는 일어날 수 있음을 명심해야 한다. 당신은 스스로 미쳐가고 있다고 느낄 수도 있지만 절대로 그렇지 않다. 어쨌거나 당신에게 일어난 일을 반드시 문서로 기록해두려는 노력을 해야 한다. 설사 전혀 도움이 되지 않으리라는 생각이 들더라도 학대를 받은 날짜와 구체적인 학대 내용을 가능한 한 자세하게 적어두어야 한다. 학대자가 행동하는 방식을 기록해야 한다는 사실을 명심하자. 시간이 흐르면 학대가 일어난 날짜도 사건도 정확하게는 기억하기 힘드니 일기를 써서 학대자가 볼 수 없는 곳에 숨겨두어야 한다.(아무리 학대자가 볼 수 없다는 생각이 들어도 컴퓨터에는 절대로 일기를 저장하면 안 된다. 철저하게 보안을 해도 컴퓨터에 저장된 정보는 다양한 방법으로 쉽게 찾아볼 수 있다.)

활용할 수 있는 자원은 어떤 것이 있는지를 제대로 알아두는 일이 정말 중요하다. 여성과 아이들이 학대 관계에서 벗어날 수 있도록 돕는 곳은 아주 많다. 그런 곳을 찾을 때는 학대자가 당신이 검색한 결과를 확인할 수 없도록 다른 사람의 컴퓨터나 공공장소에 있는 컴퓨터를 사용하는 것이 좋다.

관계를 끝낸 뒤에도 그를 상대해야 한다면

학대자와의 관계를 처리할 때 효과적으로 사용할 수 있는 다양한 기술이 있다. 물론 가장 좋은 방법은 헤어진 뒤에는 전혀 연결 고리를 만들지 않고 완전히 차단해버리는 것이다. 하지만 만약에 두 사람 사이에 아이가 있거나 혹은 학대자가 연인이나 친구가 아니라 가족의 일원이라면 완전히 관계를 끊는 일은 불가능할 수도 있다. 이제부터 그런 학대자를 상대하는 방법을 알아보자. 단, 내가 소개하는 전략들이 통할 때도 있겠지만 기본적으로 학대자는 극적인 사건을 원하고 상대방을 통제하려 들기 때문에 **절대로** 당신과 협력하는 관계를 맺지 않으리라는 점을 명심하고 있어야 한다. 더구나 학대자는 당신이 떠나기 힘들어질수록 당신이 머물 가능성이 높아진다는 사실도 잘 안다.

유머와 외교술을 이용하면 학대자를 훨씬 효과적으로 다룰 수 있다. 자기가 상황을 통제하고 있다고 느끼면 학대자가 막다른 골목에 몰린 것처럼 죽어라고 싸우는 일은 줄어든다. 학대자에게, 학대자의 감성에 호소할 수 있다면 당신이 원하는 것을 좀 더 쉽게 얻을 수 있다. 정신을 흩뜨려놓는 학대자의 전술에 휘말려 방어하는 자세를 취하면 안 된다. 참을성 있게 상대하면서 학대자가 당신이 풀어야 하는 현안에 집중하도록 이끌어야 한다. 학대자의 공격을 사적으로 받아들이면 안 된다. 그랬다가는 중요한 일에 집중하지 못하고 당신이 원하는 일은 더욱 더 하기가 힘들어질 것이다. 당신 입장을 협박이나 도전으로 인지한다면 학대자는 공격적인 행동으로 반응하리라는 사실을 명심하고 단호하게 당신이 할 수 있는 일과 할 수 없는 일을 설명해야 한다.

다시 말하지만 당신이 학대자의 반응에 영향을 미칠 수는 없다. 그 사람은 늘 자신이 반응하던 대로 반응할 것이다. 그저 최선을 다하되 결코 쉽지 않으리라는 사실을 알고 있어야 한다. 그것만 알고 있으면 당신을 가장 잘 보호할 수 있는 방법도 알아낼 수 있다.

당신이
엄마라면

　가장 좋은 상황은 학대자와의 사이에 아이가 없는 것이다. 그러면 헤어지자마자 두 사람은 완벽하게 관계를 끝낼 수 있다. 하지만 많은 여성이 학대자와의 사이에 아이를 두고 있다. 그 말은 학대자에게서 완전히 벗어나는 일은 불가능하다는 뜻이다.

　우리 사회는 효율적인 '공동 육아'를 강조한다. 법이 두 부모가 모두 아이를 양육해야 한다고 정해두었다. 물론 헤어진 부부가 함께 아이를 돌보는 일은 긍정적인 부분도 분명히 있지만 학대자와는 좋은 효과를 이끌어내기가 거의 불가능하다. 학대자와는 협력 관계를 이끌어내기가 사실상 어렵기 때문에 많은 여성이 이상적인 이혼 관계를 맺지 못한다는 사실에 부끄러움을 느끼고 더욱 고립되고 만다.

　양육에 관해서는 학대자마다 다른 성향을 보인다. 아이들에게 전혀 관심이 없어서 아이 양육에는 거의 관여하지 않는 사람도 있다. 이런 학대자와 함께 아이를 양육해야 하는 사람은 아이가 부모에게서 버림을 받았다고 느낄지도 모른다는 걱정에 사로잡힌다. 하지만 학대자가 원하는 이상으로 아이 양육에 참여하라고 강요하는 것은 좋지 않다. 억지로 양육에 참여를 시킨다 해도 아이들은 필요한 돌봄을 받지 못하며 관심도 받지 못한다고 느낄 수밖에 없다. 이럴 때는 차라리 부족한 부분은 그대로 내버려두고 학대자가 아이들에게 관심을 갖지 않는 이유가 아이들 때문이 아님을 자녀들에게 알리는 데 집중하는 것이 좋다. 당신은 아이들 때문에 부모와 거리가 생긴 것이 아님을 알려주면 된다. 아이들은 그 자체로 소중한 사람이며 가치 있는 사람임을 알려주면 된다. 그런 사실을 알려줌으로써 한쪽 부모에게 버림을 받았고 한쪽 부모가 자신을 거부한다는 생각 때문에 들 수밖에 없는 마음의 불안을 해소하는 데 도움을 줄 수 있다.

한편 아이들의 인생을 아주 사소한 부분까지 통제하려고 시도하는 학대자도 있다. 전 동반자이자 아이들의 엄마를 벌주려고 계속해서 아이들과 연락을 하려는 사람도 많다. 관계가 끝난 뒤에 자기 인생을 살면서 이전 동반자에게는 흥미를 잃는 학대자도 있지만 그렇지 않은 학대자와의 관계를 끝내는 경우에는 그 대가를 지불해야 한다. 당신은 당신을 두렵게 만드는 사람과 아이를 함께 기르고 함께 존재하는 방법을 찾아야 한다.

그럴 때는 경계를 확실하게 정해놓고 학대자가 더 이상 당신에게 압력을 가할 수 없도록 그 경계를 확실하게 지키라고 충고하는 책이 많다. 경계를 정하라는 것은 비유적인 말이다. 그런 충고들은 경계를 제대로 정하면 당신은 강해졌다는 기분이 들 것이고 학대 주기에 휘말리지 않아서 더 이상 피해자가 되는 일이 없으리라고 말한다. 심리학적으로 그 같은 방법이 가장 최선임은 분명한 사실이다. 당신이나 아이들이 분명히 해를 입지 않고도 그런 충고들이 권하는 방법대로 학대 관계에서 벗어날 수 있다면 나도 그 방법을 따르라고 권유하고 싶다.

물론 경계를 정하고 그 경계를 엄격하게 지키는 방법은 이론적으로는 옳다. 그러나 당신이 끔찍이도 사랑하는 작은 아이들이 관여되어 있다면 현실적으로는 거의 불가능하다고 생각한다. 당신이 분명한 경계를 정해놓으면 학대자는 그 대가를 치르게 할 텐데, 학대자에게는 당신을 벌주는 가장 좋은 방법이 당신의 아이들을 괴롭히는 것이다. 자신의 동반자를 괴롭히려고 아이들을 이용하는 사례는 정말 경악스러울 정도로 그 수도 많고 유형도 다양하다.

아이들은 결국 자란다

엄마들은 무슨 일을 해서라도 아이들을 보호하려고 한다. 아이들에게 필요한 일이라면 기꺼이 자신을 희생한다. 아이들을 위해서 반드시 해야 한다고 느끼는 일이라면 협상을 한다고 해서 부끄러워할 이유가 전혀 없다. 학대자와 협상을 한다고 해서 당신이 약해지지는 않는다. 엄마로서는 당연히 해야 할 일이다. 그 과정이 너무나도 고통스럽고 절망적이며 자괴감이 든다면 아이들은 결국 자란다는 사실을 기억하자. 아이들이 자라면 학대자가 당신의 아이들 인생에서 맡아야 하는 역할은 점점 줄어든다. 그러니 최선을 다해 살아남자. 당신이 처한 괴로운 상황을 쉽게 헤쳐 나갈 수 있는 방법은 없다.

당신이 통제할 수 있는 부분에만 집중하자. 가장 집중해서 에너지를 쏟아부어야 하는 관계는 당신과 아이들의 관계이다. 아이들과 유대감이 돈독하면 한없이 약해질 수 있는 학대 관계에서도 힘을 얻을 수 있다. 거듭 말하지만 아이들에게 "너희는 한 사람 한 사람이 모두 소중하고 가치가 있다."라며 긍정적인 메시지를 전해주고 자신감을 심어 줘야 한다. 학대자인 부모를 지칭하지 말고 아이들에게 사람을 제대로 대하는 법을 가르쳐줘야 한다. 그래야만 사람을 어떤 식으로 대우하고 자신은 어떤 대우를 받아야 하는지를 알게 되어 아이들이 성장한 뒤에도 건강한 관계를 맺을 수 있다. 아이들에게 모범을 보여주자.

학대자가 어떤 시도를 하건 간에, 아무리 최선을 다해 노력한다고 해도 학대자에게는 당신과 아이들이 형성해가는 유대감을 통제할 수 있는 방법이 없다. 당신은 엄마이다. 아이들의 마음에서 엄마를 대신할 수 있는 존재는 없다. 아무리 당혹스럽고 두려운 소동을 일으킨다고 해도 학대자가 하는 일에는 크게 신경 쓰지 말고 아이들과의 관계를 형성하는 데 에너지를 집중하면 된다. 시간을 쓰는 방법, 살아가면서 사람들과 긍정적인 관계를 형성하는 방법, 좋아하는 활동에 참여하는 방법, 원하는 삶을 살아갈 수 있는 방법 등 당신이 통제할 수 있는 인생의 또 다른 측면들에 대해서는 6부에서 이야기할 예정이다.

아이들도
학대에 대해
배워야 한다

　좋은 모습이건 나쁜 모습이건 아이들은 보는 대로 행동하게 마련이다. 학대 행위를 오래 경험한 아이들은 자신도 학대하는 사람이 될 가능성이 크다. 한 부모는 다른 부모를 통제하고 지배하며 다른 부모는 그에 따르고 겁을 먹는 모습은 아이에게 계속해서 잘못된 신호를 전달한다.

　아이들에게 어떤 대우를 받아야 하고 어떤 대우는 받지 말아야 하는지, 어떤 식으로 사람을 대해야 하는지를 솔직하게 말해주는 것이 중요하다. 아이들은 다른 사람을 괴롭히는 일이 어떤 일이며 괴롭힘을 당한 사람은 어떤 기분이 드는지를 알아야 할 필요가 있다. 아이들에게 학대를 받는 사람이라면 어떤 기분이 들지를 물어보고 아이들이 학대를 비판적으로 생각할 수 있도록, 그리고 학대를 받는 사람에게 공감할 수 있도록 가르쳐줘야 한다. 만약에 아이들이 학대를 받고 있다면 어떤 기분을 느끼는지 물어봐야 한다. 아이들의 경험을 인정하고 아이들의 고통에 공감하며 반응해주자. 또 지나치게 책임감이 강하고 다른 사람의 감정에 깊이 공감하며 순응적이고 규칙을 잘 따르는 등 학대자의 동반자 성향을 나타내는 아이들에게는 그런 자질을 갖춘다는 것이 어떤 의미인지 말해줘야 한다. 그런 특성들이 얼마나 근사한 자질인지를 알려주고, 다른 사람들이 선의를 무시하거나 그런 자질을 이용하려고 들지는 않을지 토의해볼 만하다. 학대자가 또 다른 부모라면 직접 학대자를 지칭하지는 말고 그저 당신의 경험과 당신이 겪고 있는 어려움을 이야기해주고 그 어려움을 해결하는 동안 어떤 교훈을 얻었는지 가르쳐줘야 한다. 직감을 믿는 방법을 알려주고 기분이 좋지 않을 때는 관계를 벗어날 용기를 내야 한다는 사실도 알려줘야 한다.

단호하게 가르쳐야 하는 이유

사실 아이들은 피해자보다는 학대자를 자신의 역할 모델로 삼는 경우가 훨씬 더 많다. 아이를 주로 돌보는 사람이 피해자라면 더 그렇다.

SCENE 샘 ❷

샘을 기억하는가? 샘은 전직 군인이었지만 전업주부가 된 뒤로 지나치게 요구가 많은 남편에게 언어 학대를 당했었다. 샘의 아들 잭은 열한 살쯤 되자 아빠처럼 학대자가 쓰는 말을 내뱉기 시작했다. 그전까지 잭은 샘의 사랑스러운 아들이었다. 샘은 이렇게 말했었다. "아빠가 그런 식으로 행동하니까 잭이랑 나는 그 어떤 엄마와 아들 사이보다 훨씬 가깝다고 느낄 때도 있었어요. 우리 둘 다 그 사람(샘의 남편)이 다른 사람에게 화를 내지 않게 하려고 정말 애썼

거든요."

하지만 잭이 자라면서 무언가 바뀌었다. "잭은 내가 역겹다는 듯이, 나는 참을 수 없는 사람이라는 듯이 행동했어요. 자기 아빠처럼요." 샘은 아들이 자기를 가리키며 불렀던 명칭들을 알려주었다. 모두 샘의 남편이 잭 앞에서 샘을 부르던 말들이었다. 샘은 태도가 불량해진 아들을 고쳐보려고 노력했다. "며칠 정도는 괜찮을 때도 있었어요. 하지만 곧 다시 자기 아빠처럼 행동했어요."

당연히 아들 이야기를 하는 샘의 목소리에는 슬픔이 가득 묻어 있었다. 잭은 두 사람의 유일한 아이였다. 그때까지 샘이 아들에게 투자한 모든 것들이 사실은 아무 소용이 없었다는 사실을 깨닫고 깊이 상처를 받았다. 결국 샘은 아들과는 아주 피상적인 관계로만 서로 관여하게 되었다. 두 사람이 서로를 외면하는 일은 전혀 힘들지 않았다. 오히려 잭은 샘이 자신을 내버려둔다는 사실에 아주 만족한 것 같았다.

샘의 남편은 자기 일에만 관심을 쏟는 사람이었는데도 잭은 커가면서 아버지를 숭배하게 되었다. 가끔 아빠가 자신을 인정해주거나 관심을 보여주면 너무나도 기뻐서 더 많은 관심과 인정을 받으려고 애썼다. 시간이 지날수록 잭은 점점 더 자기 아빠처럼 변해갔고 엄마를 무시했다.

학대자가 쓰는 폭력 기술을 접한 아이는 그 방식이 학대를 받는 부

모와 소통하는 방식이라고 생각한다. 아이가 나이가 들면 학대자가 배우자를 생각하는 방식을 자기 사고방식으로 채택해 자신을 주로 돌보는 부모를 존중하지 않고 경멸하게 된다. 자기에게는 그럴 권리가 있다는 생각을 자연스럽게 하게 된다. 당신이 아주 수동적인 사람이라면 아이의 행동을 묵인해 더욱 더 난폭한 행동을 하게 만들 수도 있다. 심지어 당신은 아이에게 반발하고 경계를 정했다는 사실에 죄의식까지 느끼고 있을 수도 있다. 안타깝지만 그런 태도는 계속해서 학대를 부를 뿐이다. 그저 또 다른 학대자와 피해자가 생길 뿐이다. 당신의 그런 태도는 아이에게 다음과 같이 가르치고 있는 것이다.

- "너는 나보다 더 우수한 사람이니까 나를 존중할 필요가 없어."
- "나는 약하니까 너보다 아래 있는 게 당연해."
- "그게 바로 사람과 사람이 서로를 대하는 방법이야."

　아이가 학대자처럼 행동한다면 허용할 수 있는 행동과 허용할 수 없는 행동을 단호하게 가르치는 일이 **아주 중요하다**. 아이가 자기주장을 마음껏 하게 해야 한다는 환상에 사로잡혀 부모에게 함부로 대하게 두면 안 된다. 그렇다고 아이를 깎아내려도 안 된다. 학대는 안 된다고 가르쳤으면서 당신이 아이를 깎아내리는 행위는 위선이다. 아이가 건강한 방법으로 분노를 조절하는 법을 가르쳐줘야 한다.(인터넷이나 책, 잡지 등에서 나이에 맞게 분노를 조절하는 방법을 소개하는 정보를 쉽게 찾을 수 있다.) 아이가 당신을 무례하게 대하면 즉시 그런 행동을 하지 못하게 하고, 아이의 행동이 학대임을 알려줄 필요가 있다. 다른 사람이 아이에게 그런 행동을 하면 어떤 기분이 들지도 물어봐야 한다. 아이가 낙담하고 있다면 다른 사람이 아이를 나쁘게 대우한 적이 있는지, 그런 일이 있었을 때 어떤 기분이 들었는지 물어봐야 한다. 아이는 엄마의 입장을 이해하지 못할 수도 있다. 하지만 자신이 비슷한 일을 당했을 때 어떤 기분이었는지는 기억할 수 있다. 아이에게 앞으로 어떤 행동을 했으면 좋겠다는 사실을 분명하게 알려주고 아이가 잘했을 때는 칭찬해줘야 한다.

수동적인 부모로서는 이런 일들을 해내기가 쉽지 않다. 실제로 전에는 절대로 하지 않았던 일을, 언제나 하기 두려워했던 일을 해내야 하기 때문이다. 단호하게 당신 주장을 내세우는 일 말이다. 하지만 너무 걱정할 필요는 없다. 이 책의 나머지 부분에서는 그 일에 필요한 기술에 대해 알려줄 것이다. 당신은 그런 기술을 익히기가 힘들 것이라는 생각이 들지도 모르겠지만, 어떤 기술이든지 계속 배우고 연습하면 완벽하게 익힐 수 있다. **우리가 다른 사람에게 가르쳐주고 싶은 것은 우리를 대하는 방법**이며 아이들은 우리를 보고 직접 배운다는 사실을 기억해야 한다. 아이들이 배우기를 바라는 대로 행동해야 한다. 실제로도 존중하는 자세로 아이들을 대해 아이들이 존중하고 존중받는 법을 배울 수 있게 해야 한다.

단호하게 당신의 의견을 주장하는 모습을 보여주고 아이들이 장차 건강하고 서로를 존중하는 관계를 맺을 때 필요한 도구를 가르쳐주자. 그것이 바로 당신이 아이들에게 줘야 할 선물이다.

5부

헤어졌다고
다 끝난 건 아니다
– 잘못된 관계에서 탈출하는 과정

무의식을 의식하기 전까지는 무의식이 인생을 결정하며, 사람들은 그렇게 결정된 인생을 운명이라고 말한다.

칼 융 Carl Jung

그가 없는
세상으로 나아가는 길

지금쯤이면 당신이 학대 관계에서 벗어나 있었으면 좋겠다. 어쩌면 학대자가 가족이기 때문에, 혹은 학대자와의 사이에 아이가 있기 때문에 아직 완전히 그가 없는 인생을 살아가고 있지는 못할 수도 있다. 그러나 적어도 당신이 학대자와 함께하는 시간을 최소로 하고 그 사람이 더는 매일같이 당신의 일상을 관여하지 않고 있기를 바란다.

나는 당신이 자신을 위해 일기를 썼으면 좋겠다. 학대 관계에서 벗어나 치유되는 과정은 긴 여행과 같다. 이 여행을 하는 동안 당신이 반드시 해내야 하는 일은 다시 당신 자신과 연결되는 일이다. 정말로 예쁜 일기장을 한 권 구입하자. 비싼 일기장을 살 필요는 없다. 직접 만들어도 된다. 어떤 일기장이든 너무 예뻐서 계속 열어보고 싶은 일기장을 준비하자. 일기를 쓰는 동안 지금까지는 상상도 하지 못했던 방법으로 가장 중요한 자신의 영혼을 발견할 수 있을 것이다.

5부를 읽어나가는 동안 떠오르는 생각이나 감정을 무엇이든지 자유롭게 일기장에 적어보면 어떨까. 어떤 제한도 없이 어떤 규칙도 없이 마음대로 써보자. 펜을 들고 종이에 당신이 경험한 일들을 적어나가면서 자기 자신을 표현하는 동안 어느덧 마음은 크게 정화되고 치유될 것이다.

피해자에서 생존자로 나아가기

지금까지 당신은 피해자였다. 학대를 받는 사람이었다. 학대를 받는 사람이 된 것은 당신 잘못이 아니다. 이제는 피해자라는 역할에서 완전히 벗어났다. 피해자로 살아갈 때는 자신에게 어떤 일이 일어나건 아무것도 할 수 없다는 무기력한 감정을 느낄 수밖에 없다. 하지만 다시 힘을 갖게 되면서 그 감정은 조금씩 떠나가기 시작한다.

학대가 어떤 모습을 하고 있는지를 아는 것은 아주 중요하다. 학대자가 구사하는 게임의 법칙을 많이 알수록 피해자가 되는 일을 좀 더 효과적으로 막을 수 있다. 누구나 사람은 순수한 동기가 있으리라고 믿고 싶어 한다. 그리고 다른 사람도 순수하고 사랑스러운 동기를 가지고 우리를 대하리라고 여긴다. 하지만 이 추론은 틀렸다. 다른 사람의 동기와 의도가 당신과 같으리라고 생각하면 안 된다. 그런 순진한 생각을 하는 사람은 학대자의 먹잇감이 되어 학대를 받기 쉽다.

학대자의 의도를 파악하고 학대가 일어나는 방식을 파악하는 일 못지않게 자기 자신을 아는 일도 중요하다. 이제까지 지나치게 앞으로 나서서 다른 사람의 부족한 부분을 보상해주고 메워주었다면 앞으로는 그런 행동을 그만두어야 한다. 마음이 불편해지더라도 그 사람이 짊어진 짐은 그 사람 스스로 지고 가게 해야 한다. 당신의 취약한 부분을 이용할 사람들은 멀리하고 당신 자신을 보호해야 한다.

이 책을 처음 시작할 때 언급한 것처럼 학대자에게는 학대 행위가 일종의 게임이다. 이것은 그 사람의 게임임을 기억해야 한다. 그는 항상 자신이 이기고 당신은 지도록 게임의 규칙을 세워놓았다. 다른 결과는 절대로 나올 수 없다.

이런 개념을 이해하고 제대로 파악할 수만 있다면 엄청난 힘을 얻을 수 있다. 수년 동안 학대자를 상대하는 동안 당신은 학대자가 실제보다 더 유능하고 거대하며 통제 능력이 뛰어난 사람이라는 착각을 하게 됐을지도 모르지만 그도 그저 사람일 뿐이다. 절대로 당신의 생각과 꿈, 소망을 통제할 수 없다. 당신이 허용하지 않는 한은 당신이 다른 사람들을 만나 맺는 관계도, 시간을 보내는 방법도 그 사람은 통제할 수 없다.

지금까지 당신은 그 사람이라는 실재에 자신을 집어넣은 채 그가 한 말과 그가 당신에게 전하는 신호들을 모두 믿어왔을 것이다. 그와 함께 당신이라는 실재를 그 사람이 이해할 수 있게 하겠다며 그 사람의 마음을 바꾸려고 엄청난 노력을 기울여왔을 것이다. 그러나 당신에게 의미가 있고 중요한 것은 당신의 감정이다.

학대 관계에서 벗어난 뒤에 완전히 치유되려면 시간이 필요하다. 치유 과정은 일자로 뻗은 직선 코스가 아니며 성장에는 당연히 고통이 따른다. 자신에게 연민을 갖는 법을 배워야 한다.

학대는 우울증을 불러올 수 있다

우리 인생에 그다지 도움이 되지 않는 감정을 바꾸려고 적극적으로 노력하지 않으면 결국 특정한 생각과 감정, 행동이 발달하기 시작한다. 그리고 그것들이 모여 덩어리를 이루기 시작하면 보통 특정한 진단명이나 표지를 붙일 수 있는 증상이 나타났다고 규정할 수 있다.

우울증과 불안 장애는 미국에서 가장 흔히 발병하는 정신 질환이다. 우울증 증상을 경험하는 사람들은 기력이 약해지고 쉽게 피로를 느끼며 불면증에 시달리거나 과도하게 잠을 자기도 한다. 또 짜증을 잘 내고 무슨 일이든 도무지 재미를 못 느끼며 기억력과 집중력이 낮아진다. 지나치게 슬퍼지고 무기력해지고 극단적인 경우 자살을 생각하기도 한다. 우울증 증상은 이 외에도 아주 많다. 불안 장애를 겪는 사람들은 보통 걱정이 많아지고 두려워하고 강박을 보이며 불면증에 시달리고 공황 장애가 오고 무기력해지고 심장이 갑자기 불규칙하게 뛰거나 빠르게 뛸 수도 있다. 우울증이나 불안 장애를 가진 사람들이 겪는 감정이나 지각 증상들은 이 외에도 많지만 이런 증상들이 가장 흔히 나타나는 것들이기는 하다. 우울증과 불안 장애에서 나타나는 증상은 서로 다르지만 두 질환은 함께 발병하는 경우가 많다.

우울증과 불안 장애는 큰 사고를 겪은 뒤에 외상 장애처럼 오는 경우도 있고 힘든 인간관계처럼 오랫동안 스트레스를 받은 결과 나타나기도 한다. 학대자와 함께하는 삶 역시 스트레스가 엄청날 수밖에 없다. 따라서 당신도 만성적으로 스트레스를 달고 산다면 치료를 받아야 하는 우울증과 불안 장애를 겪게 될 가능성이 크다.

우울증이나 불안 장애가 오면 자기 자신과 인간관계에서 자신이 맡고 있는 역할에 의문이 생긴다. 학대자는 당신이 우울증이나 불안 장애를 앓고 있다는 사실을 무기처럼 휘두를 수 있다. 더구나 당신은 '불안정'하기 때문에 아이들 양육권도 자신이 가져야 한다고 협박할 수 있다. 당신이 약이라도 먹는 날이면 학대자는 그것이야말로 당신이 엄마로서 부석설하다는 증서라고 생각해 협박할 것이다. 또 우울증을 극복하려고 술을 마시거나 지나치게 잠을 많이 잔다거나 해야 할 일을 미루는 등의 행동을 한다면 그 일을 문제 삼아 협박할 것이다.

감정에 문제가 생기면 육체적으로도 증상이 나타나는 경우가 많다. 육체 증상을 없애려고 병원을 찾아가 항우울제를 처방받으면 우울증이나 불안 장애 증상을 완화하는 데는 도움이 되지만 그런 약들이 근본 원인을 본질적으로 치료하지는 못한다. 우울증과 불안 장애에서 완전히 벗어나 평온해지려면 학대 문제를 해결해야 한다.

학대 관계가 끝나가고 있을 무렵에는 감정적으로 아주 약해져 있을 수도 있다. 그리고 감정적으로 약해졌다는 사실이 당신을 더욱 힘들게 할지도 모른다. 실제로 불안은 아주 불편한 감정이기 때문에 불안 증상을 없애려고 계속해서 다시 학대 관계 속으로 돌아갈 수도 있다. 하지만 그런 방법은 갑자기 솟구쳐 오른 불만을 일시적으로 완화할 뿐 만성 불안을 해소하지는 못한다.

학대 관계에서 완전히 벗어난 뒤에도 우울증과 불안 때문에 힘들 수 있다. 어떤 종류가 되었건 간에 외상 후 스트레스 장애를 남기는 사건은 불안과 우울을 동반하기 마련이다. 따라서 이런 감정이 학대 관계로 돌아가고 싶다는 신호는 아님을 아는 것이 중요하다. 물론 학대자의 좋은 면을 그리워하는 것은 당연하다. 그러나 아무리 당신이 학대자를 사랑해도 학대자와 맺는 건강하지 못한 관계는 절대 변하지 않으리라는 사실을 받아들이는 것도 이별을 극복하는 한 과정이다.

이제는
몸을 치유할 시간

'투쟁 도피 반응' 가설은 1929년에 미국의 신경학자이지 생리학자인 월터 브래드포드 캐논Walter Bradford Cannon 이 처음 제시했다. 투쟁 도피 반응은 극심한 스트레스를 받았을 때 몸에서 일어나는 생리 반응으로 종류에 상관없이 위협을 받았을 때 몸에서 자동적으로 일어난다. 육체적, 정신적으로 위협을 느끼면 몸은 교감신경계를 자극하는 호르몬을 분비하고, 자극을 받은 교감신경계는 아드레날린과 노르아드레날린을 분비한다. 두 호르몬이 분비되면 혈압은 높아지고 심장 박동과 호흡이 빨라진다. 이런 반응이 일어나는 동안 우리 몸은 그 자리에 머물러서 위협에 대항해 싸울지, 안전을 위해 도망칠지를 선택하고 실행할 준비를 한다. 이 신체 반응을 투쟁 도피 반응이라고 부르는 것은 바로 그 때문이다.

학대는 정신적 외상을 유발한다. 학대와 통제를 받는 관계에서는 스트레스가 심할 수밖에 없다. 이 스트레스를 위험으로 감지한 몸에서는 투쟁 도피 반응이 일어난다. 오랫동안 스트레스를 받은 사람은 몸이 딱딱해질 정도로 긴장하고 늘 불안해한다. 질병이나 부상에 따르는 증상도 나타난다. 결국 투쟁 도피 반응에 익숙해져 자기 몸이 늘 두려움에 떨고 있음을 깨닫지도 못하는 상태로 살아간다.

몸은 기억한다

매일 저녁 여섯 시만 되면 남편에게 강간을 당하는 여자가 있었다. 남편은 매일같이 정확하게 같은 시간에 아내를 강간했다. 남편이 몇 년 동안 수감되어 있을 때 여자는 치료를 받았다. 치료를 받는 동안 여자는 매일 저녁 다섯 시 반이면 공황 발작을 일으켰다. 외상 후 스트레스 장애를 앓고 있었던 것이다. 아주 끔찍한 이야기지만 이 이야기는 아주 오래전에 그런 정신적 외상을 일으키는 위협이 사라진 뒤에도 우리 몸이 정신적 외상에 어떻게 생리적으로 반응하는지를 잘 보여준다.

이 개념을 설명할 때마다 많은 사람이 자동차 전조등에 비친 사슴 같은 얼굴로 나를 쳐다본다. 그들은 정신적 외상을 부른 사건을 떠올리기만 해도 아직도 그런 일이 벌어지고 있는 것처럼 몸이 반응했다. 하지만 몇 번 내담을 하고 이제는 안심해도 된다는 사실을 일깨워주고 몸을 편하게 쉴 수 있는 방법을 다시 알려주면 놀라운 결과가 나타났다. 우리 몸은 경이롭다. 우리 몸은 쉬어도 됨을, 그 일은 흘려보내도 된다는 허락을 받고 안전한 상황에 놓여 있음을 알았을 때 어떤 일이 일어난 이유를 논리적으로 이해하는 것보다 훨씬 크게 안심하고 불안을 떨쳐낼 때가 많다.

ADVICE 정신적 외상 치유법

포근하게 푹 감싸여 있다는 느낌을 받을 수 있도록 담요나 이불로 몸을 감싸자. 평온한 장소에서 포근하게 몸을 감싸고 똑바로 앉거나 눕는다. 눈을 감고 숨 쉬는 횟수를 세어보자. 아

주 불안한 기분이 든다면 500이나 1000부터 시작해서 거꾸로 세어나간다.(숨을 쉬는 횟수는 중요하지 않다. 수를 셈으로써 당신의 마음을 점령하고 있는 생각에서 벗어나 다른 생각을 한다는 사실이 중요하다. 이 과정은 당신의 몸이 다른 일에 집중하게 해준다.) 몇 분 동안 수를 세어나가다 보면 자신에게 맞게 자연스럽게 호흡하고 수를 세는 리듬을 찾을 수 있다. 편한 속도를 찾았다면 오른손으로 세게 주먹을 쥐어보자. 30초에서 60초 정도 주먹을 쥔 상태로 있다가 손을 풀어준다. 손에서 느껴지는 감각에 집중해야 한다. 그 다음으로 30초에서 60초 정도 오른쪽 팔에 힘을 잔뜩 주고 버틴 뒤에 힘을 뺀다. 온몸 구석구석 같은 방법으로 힘을 줬다가 빼면서 긴장할 때면 호흡이 어떻게 바뀌는지 관찰하자. 사람들은 대부분 어깨, 목, 등 윗부분, 이마, 턱, 위장이 잔뜩 긴장해 있다. 이런 부위에 힘을 주었다가 뺄 때는 특히 주의를 기울여 관찰하고, 필요하면 좀 더 오래 힘을 주고 버틴다. 몸의 모든 부위를 한 번씩 힘을 주었다가 빼기를 끝냈다면 근육이 어떻게 느껴지는지 주의해서 살펴보자. 긴장해서 딱딱하게 느껴지는 부분이 있다면 그 부분을 가능한 한 오래 힘을 주었다가 힘을 풀어준다. 이 과정 동안 계속해서 호흡수를 세어야 한다. 다시 숨을 쉬는 일에 정신을 집중하면서 특히 편하게 느껴지는 신체 부위를 찾아보자. 그 부위는 다른 곳보다 더 이완되어야 하는 부분이다. 잠시 그 부분에 주의를 집중해 그 부분이 편하게 이완되면 어떤 기분이 드는지 살펴보자. 충분히 시간을 들여 가장 편안하게 이완되어 있는 부분에 주의를 집중해보자. 이렇게 하는 동안 특별히 의도하지는 않았는데도 몸의 다른 부위들도 훨씬 평온해짐을 느낄 수 있을 것이다.

홀륭한 휴식을 제공하는 이 과정에 익숙해지면 이제부터 소개할 다음 과정도 해보고 싶다는 마음이 들 것이다. 몸에서 힘을 빼고 호흡을 하는 동안 안전한 장소를 떠올려보자. 어떤 곳이든 상관없다. 해변이든 침대든 어느 곳이든 좋다. 단, 정말로 안전하고 안심이 되는 곳이어야 한다. 안전한 곳을 찾았다면 이제 정말로 그곳에 갔다는 상상을 해보자.

- 그곳은 어떻게 생겼는가?
- 어떤 소리가 들리는가?
- 어떤 냄새를 맡을 수 있는가?
- 가장 중요한 질문이다. 그곳에 있는 지금, 어떤 기분이 드는가?

이제 그곳에 있으니 당신은 안전하다는 사실을 분명하게 인지해야 한다. 당신이 얻은 마음의 평온이 당신 몸을 어떻게 만드는지 느껴보자. 충분히 준비가 되어 현실로 돌아오기 전까지 원하는 만큼 마음속 평온의 장소에 머물러보자.

훈련을 하면서 편해지다 보면 어느 순간 긴장이 풀려 그 어느 때보다도 몸과 마음이 평온해질 때가 찾아올 것이다. 그 순간 다양하게 느껴지는 감정 때문에 놀라거나 큰 소리로 우는 자신을 발견하게 될 수도 있다. 정신적 외상을 겪은 뒤에 이렇게 감정이 폭발하는 과정은 몸을 치유하는 데 크게 도움이 된다.

감정이 표출된 뒤에는 몸도 아주 다르게 느껴진다는 사실을 알게 될 것이다. 이 과정을 겪은 내담자들은 흔히 카타르시스를 느꼈다거나 몸이 가벼워진 것 같다는 말을 많이 한다. 이렇게 평온한 상태를 경험한 뒤에도 몸에 배어 자연스럽게 할 수 있을 때까지 계속해서 이 훈련을 해나가기를 권한다. 경우에 따라서는 두 발자국 앞으로 갔다가도 다시 뒤로 물러나는 것 같아 의기소침해질 때도 있을 것이다. 이제는 괜찮아졌다고 생각했는데 갑자기 우울해지고 화가 나고 또다시 두려워질지도 모른다. 그러나 다시 그런 감정들이 든다고 해서 원 상태로 되돌아갔다고 실망할 필요는 없다. 그런 퇴행 과정은 정신적 외상을 치유하는 동안 자연스럽게 찾아올 수밖에 없는 과정이다. 완전히 치유가 됐을 때 그런 감정들은 사라지고 정신적 외상도 극복할 수 있다. 계속해서 부정적인 감정들이 되살아난다고 해도 아직 완전히 회복되지 않아서 그런 것이니 계속해서 치유해나가야 한다.

자신에게 관대해져야 한다. 정신적 외상을 치유하는 시간은 미숙하고도 취약한 시간이다. 아무 때나 울고 싶어지고 걸핏하면 소스라치게 놀라는 순간이 있더라도 걱정하지 말고 계속해서 치유해나가자.

학습된 무기력을
다루는 방식

'학습된 무기력'은 피할 수 없는 고통이나 정신적 외상을 유발하는 경험을 반복해서 하게 된 동물과 사람에게서 나타나는 증상이다. 그 상황을 피하거나 벗어나려는 시도가 오랜 기간 거듭해서 실패하면 사람과 동물은 무기력해지기 시작한다. 이들은 새로운 상황에 처해도 피하거나 도망치려는 시도조차 하지 않게 되는데 이런 상태를 '학습된 무기력'이라고 한다. 학습된 무기력은 자신이 그 상황의 결과에 어떠한 영향도 미치지 못한다고 생각하기 때문에 우울증 같은 여러 정신질환으로 발전할 가능성이 있다.

학대 관계를 맺는 기간이 길수록 학대를 당한 사람은 더 심하게 무기력해진다. 맞서 싸워 그 상황을 해결하려고 하거나 평화롭게 지내려고 노력하거나 벌을 피하려는 시도가 모두 실패하면 무기력은 더 깊어진다. 그리고 오랜 시간 무기력하게 지내다 보면 그전과는 다른 방식으로 자기 자신을 보게 된다. 단순히 무기력한 기분을 느끼는 것으로 끝나지 않고 자기 자신을 무기력한 존재로 보기 시작한다. 단순히 무기력한 기분을 느끼는 것과 자기 자신을 무기력한 존재로 인식한다는 것에는 큰 차이가 있다.

무기력이 인격의 한 부분이 되면 점점 무능해진다. 주어진 상황 속에서 어떤 일이 일어나건 간에 자신은 어떠한 힘도 쓸 수 없다고 생각하며 쉽게 학대를 받는 사람이 되어버린다. 그래서 학습된 무기력이 중요하다. 이 주기를 끊어야만 스스로 자신을 어떻게 생각해왔는지를 알게 되면서 피해자 역할을 그만두고 주체적인 사람이 될 수 있다.

ADVICE 정신적 외상 치유법

글쓰기를 기반으로 하는 아주 놀라운 치유 방법이 있다. 이 치유법은 문제를 외면화하면 문제를 해결하는 데 아주 효과적임을 보여준다. 본질적으로 이 치유법은 자기 자신과 자기 감정을 문제와 분리할 수 있게 도와 문제를 더욱 분명하게 해결할 수 있게 해준다. 자기 이야기를 전지적 작가 시점으로 적어 자신을 이야기 속 등장인물로 만들어보자.(예를 들어 "그런 말을 들어서 나는 마음이 아팠다."라고 적는 것이 아니라 "그런 말을 들어서 수는 마음이 아팠다."라고 적는다.) 자신에게 일어난 일을 가능한 한 아주 자세하게 시간 순서대로 적는다. 반드시 제삼자의 시점으로 각 사건을 서술해야 한다. 끔찍하고 고통스러운 경험을 모두 자세하게 적어야 한다. 어떤 행동이 당신 책임이고 어떤 행동이 아닌지를 자세하게 분석해 책임 소재를 분명하게 가려야 한다. 당신이 만든 등장인물이 이야기에서 전개되는 사건 속에서 어떤 느낌을 갖는지, 어떤 행동들이 그 사람에게 그런 감정을 갖게 하는지 자세히 묘사해야 한다. 다 적었으면 다음에 유의하면서 읽어보자.

- 등장인물들의 행동 패턴에 주목할 부분이 있는가?
- 등장인물은 강하고 단호한가, 아니면 약하고 수동적인가?
- 처음에는 자신감이 넘치는 사람이었지만 이야기가 진행되는 동안 성격이 바뀌었나? 그랬다면 그 이유는 무엇인가?

이제부터는 전지적 작가 시점으로 당신의 미래를 그려보자. 미래 이야기는 과거 이야기를 끝낸 시점에서 시작해야 한다. 가능한 한 상세하게 당신의 등장인물이 앞으로 나갈 수 있도록, 원하는 일을 마음껏 하게 해주자.

- 당신 이야기의 주인공에게는 어떤 일이 터닝 포인트로 작용하는가?
- 등장인물은 언제 자신이 바뀔 필요가 있음을 깨닫는가?
- 주인공은 무기력을 극복하려고 어떤 일들을 해나가는가?
- 다시 힘을 획득하는 동안 주인공은 어떤 기분이 드는가?
- 미래에 그녀는 어떤 일을 성취하는가?

이 이야기를 현실 세계와는 완전히 다른 환상 세계에서 벌어지는 이야기로 만들고 싶다면 그렇게 해도 된다. 이것은 순전히 당신의 이야기이며 당신의 여정이다. 가장 강력한 방법으로 당신에 대해 마음껏 상상하는 시간을 즐겨보자.

글쓰기 치유를 하는 동안 당신은 자신을 바라보는 관점이 놀라울 정도로 바뀌는 경험을 하게 될 것이다. 또 자기 자신을 무기력한 피해자가 아니라 힘이 있고 능력이 있는 여성으로 볼 수 있게 될 것이다.

SCENE 수잰

수잰은 어린 시절 내내 학대와 비난을 받으며 자랐다. 엄격했던 어머니는 늘 수잰에게 가혹했고 아버지는 거의 '직장에 가고 없었는데' 수잰은 아버지가 집에 있는 것보다는 없는 편이 더 좋았다. 권위적이고 욱하는 기질이 있었던 아버지는 늘 수잰을 깎아내리면서 옳은 일을 가르쳐야겠다고 생각할 때면 늘 허리띠로 수잰을 거칠게 때렸다. 수잰의 아버지는 어머니에게도 폭언을 퍼부었다. 수잰은 어머니를 안쓰럽게 생각했지만 차가운 어머니는 수잰이 절대로 자기 곁으로 오지 못하게 했다.

힘든 어린 시절을 보낸 수잰에게는 자신감은커녕 자부심이라는 개념조차 알지 못했다. 당연히 수잰은 학대를 받는 결혼 생활을 했으며, 나를 찾아올 무렵에는 자기 그림자에도 겁을 먹는 힘든 상황에 처해 있었다. 수전은 어떻게 인생을 살아가야 하며(그때는 수잰의 인생에서 남편은 없었다.) 자신과 아이들을 위해 어떤 결정을 내려야 하는지 도무지 알 수가 없었다. 수잰은 자신이 전혀 가치 없는 사람이라고 생각했다. 과거의 상처를 치료하는 시간이 몇 달 지나자 비로소 수잰은 자기 이야기를 적어볼 마음을 먹었다.

처음에는 자기 이야기를 쓴다는 사실에 수잰은 너무 불편해했다. 그때까지 한 번도 자신이 어떤 이야기의 주인공이 될 수 있다고 생각해본 적이 없었기 때문이다. 그런데 자신을 가혹한 취급을 받는 무기력한 어린아이라는 제삼자로 만들어 객관적으로 들여다보자 수잰은 자신에게 있으리라고는 전혀 생각지도 못했던 깊은 동정심을 가지고 자신을 바라볼 수 있게 되었다. 그러자 생애 처음으로 수잰은 자신이 겪어내야 했던 일들을 충분히 슬퍼할 수 있었고, 늘 자신을 옭아매던 정신적 외상에서 벗어나는 느낌을 받을 수도 있었다.

과거 이야기를 모두 쓴 수잰은 제삼자가 되어 미래 이야기를 해나갔다. 수잰은 과거의 자신에게서 벗어나 그때까지 한 번도 가지지 못했던 힘을 자기 이야기 속 인물에게 부여했다. 수잰의 주인공은 영리했고 강했고 쾌활했다. 기쁘게도 시간이 흐르자 수잰의 이야기 속 인물은 수잰과 교감하기 시작했고, 결국 수잰은 불안하고 두려웠던 감정을 떨쳐버릴 수 있었다.

무기력을 극복하려면 당신이 자기 인생의 주체라는 감정을 기르는 일이 가장 중요하다. 그리고 자기가 처한 상황을 객관적으로 돌아보아야 한다. 다시 말하지만 당신이 처한 상황을 둘러싼 사실들을 직접 바꿀 수는 없다. 하지만 그보다 중요한, 무기력함을 덜 느끼는 일은 가능하다.

슬픔을
극복하는 과정

　사랑하는 사람을 잃은 사람에게는 누구나 애도 과정이 필요하다. 누군가 세상을 떠나면 남겨진 사람을 위로하려고 사람들이 모여든다. 하지만 자신의 인생을 스스로 살아가지 못하는 일도 사랑하는 사람을 잃은 것만큼이나 고통스러울 수 있다. 당신은 자기 문제 때문에 다른 사람을 괴롭히지 말라는 가르침을 받으며 자랐는지도 모른다. 어쩌면 자기 일은 자기가 처리해야 한다는 말을 들으며 성장했을 수도 있다. 아니면 동반자와 헤어졌다는 이유로 비난을 받고 이런저런 평가를 듣고 있는지도 모르겠다. 자신에게 일어난 일로 자기 자신을 자책하고 있는지도 모른다. 어쨌든 이런 일들을 겪으면서 당신은 더욱 더 외로워지고 상실감은 더욱 더 악화된다.

　학대 관계를 끝낸 뒤에는 아주 심한 외로움과 상실감이 찾아온다. 학대 관계를 끝냈는데 슬퍼하다니 그게 무슨 말인가 싶을지도 모르겠다. 당연히 학대 관계를 끝냈으니 엄청난 자유와 행복을 느끼지 않을까. 하지만 학대 관계에도 좋은 부분은 있었을 테고, 학대자에게도 좋은 면은 있었을 테니, 그런 부분은 그리울 수도 있다.

　슬픔 극복 과정은 우리가 애착을 가졌던 사람이나 어떤 일이 원하는 방식대로 진행되지 않을 때마다 일어나는 자연스러운 감정 변화이다. 사람들은 특별한 소망을 품을 때가 많다. 사랑하는 사람은 기대를 충족시켜줄 것이라거나, 사랑하는 사람이 상처를 주지 않을 것이라거나, 혹은 그림처럼 완벽한 가족을 가질 것이라는 식으로 말이다. 그런데 우리가 원했던 방식대로 일이 흘러가지 않으면 애착을 가지고 있던 이런 소망들을 버려야 한다는 압력을 받게 된다. 소망했던 결과가 나오기를 바라는 마음이 클수록 그런 소망을 버리기는 힘들어진다. 더구나 어떤 일을 해낸 결과대로 자기 가치를 평가받는 것에 익숙해져 있는 사람이라면 그런 소망을 떨쳐버리기가 특히 더 힘들다.

기대했던 소망을 포기하는 일은 고통스러운 과정이다. 소망을 포기하는 동안 당신은 분노와 두려움, 슬픔과 희망, 체념이라는 다양한 감정을 느낄 수 있다. 슬픔 극복 과정은 어느 한 방향으로 일사불란하게 진행되지는 않기 때문에 여러 감정이 왔다가 가기를 반복할 수 있다. 이 사실을 받아들이고 당신이 스스로 느끼는 방식대로 느끼도록 자신에게 허용해주면 결국 슬픔은 점점 극복할 수 있고 자연스럽게 떠나보낼 수 있다.

상실은 한 명의 예외도 없이 누구나 겪어야 하는 보편적인 경험이다. 상실 때문에 느껴지는 슬픔은 맞서 싸우거나 억지로 밀쳐내지 말고 그런 감정을 느끼고 있음을 인정할 때에만 떠나보낼 수 있다. 잃어버린 일에 애착을 버릴 수 있어야만 과거를 두고 앞으로 나갈 수 있다. 물론 쉬운 일은 아니다. 사실은 아주 어려운 일이다. 하지만 슬픔 극복 과정에서 애착을 버리는 일은 반드시 해내야 하는 과정이며 치유로 가는 첫 번째 단계이다.

조수석에서 운전석으로

당신은 통제 관계에 익숙해졌을 것이다. 심지어 어떤 부분은 그리워하기도 한다는 사실을 인정해버리면 부끄러울 수도 있다. 사실 다른 사람이 많은 일을 결정해주고 통제하는 역할을 맡아주면 어느 정도는 편한 부분도 있다. 굳이 나서지 않아도 일이 해결되리라는 사실을 알고 모든 일을 파악하고 처리해야 할 필요가 없다는 사실을 알면 어느 정도 안심이 되기도 한다. 그런 안전함이 당신을 숨 막히게 하고, 통제하려 들 때도 있으며, 자유롭게 살아갈 수 있는 능력을 앗아가기는 해도 말이다. 그래서 일단 그런 관계에서 벗어나면 어느 정도 불안해지기는 한다. 하지만 그 때문에 의기소침해질 이유는 없다. 그런 감정은 들 수밖에 없다.

지금까지 당신은 조수석에 앉았을 때 느낄 수 있는 편안함을 느껴왔던 것이다. 그러다 갑자기 운전수가 사라졌으니 당신이 직접 운전할 수 있을까 하는 걱정이 드는 것은 당연하다. 직접 운전을 하면 매 순간 모퉁이를 돌 때마다 질문을 해야 하고 예측을 해야 한다. 이제 당신은 온전히 자기 인생을 스스로 통제하고 결정해야 하는 입장에 놓였으니 책임을 맡는다는 사실이 걱정되고 두려울 수밖에 없다. 하지만 자기가 스스로 결정할 수 있다는 사실을 편하게 받아들여야 한다. 그래야만 자기 자신을 격려하고 성장하려고 할 때 필요한 부분들을 정확하게 인지하고 파악할 수 있다.

　　과거를 꼼꼼하게 돌아보면서 학대자와 관계를 맺기 전에
는 자신이 어떤 사람이었는지 평가해보자. 인생에서 부딪치는
문제들을 스스로 해결하려고 노력하는 자신감 넘치는 사람이
었는지 언제나 다른 사람(부모님, 형제, 이전 동반자)의 보호를 받
으려고 애쓰던 사람이었는지 생각해보자. 보호를 받았기에 어
떤 이익을 누리고 살았는지를 깨닫는 것도 좋은 일이지만 늘
보호를 받았기 때문에 장애를 극복하는 자신감이 생기지 않아
제대로 성장하지 못했다는 사실도 알 수 있어야 한다. 일기장
을 꺼내 다음 질문들에 답을 적어보자.

- 살면서 가장 겪고 싶지 않은 두려운 장애나 문제는 무엇인
  가?
- 다른 사람의 도움 없이 자주적으로 살아간다면 어떤 부분
  이 가장 두렵고 무서운가? 그런 문제는 어떻게 극복할 수
  있을까?
- 당신의 인생에서 좀 더 독립적으로 성장할 필요가 있는 곳
  은 어느 부분인가?
- 그런 목표를 이루려면 어떤 과정을 거쳐야 할까?

나에 대해
더 알아야 한다

다른 사람과는 분리되어 있음을 알고 완전히 다른 정체성을 갖는 일이 중요하다. 그 누구도 당신이 필요로 하는 모든 일을 채워줄 수는 없다. 누군가가 당신이 필요로 하는 모든 일을 즉시 알아채고 반응해 주리라고 기대하다가는 비통해지고 실망하고 좌절하고 결국에는 분노하게 된다. 아무리 서로에게 최선을 다한다고 해도 이런 관계는 결국 시간이 지나면 마모되고 만다.

이 세상에 존재하는 한 개인으로서 자신이 진정으로 어떤 존재인지를 아는 것이 치유 과정에서는 반드시 필요하다. 진정한 자신을 알아야 자신에게 힘이 있음을 알게 되고 앞으로 피해자가 될 가능성을 줄일 수 있다.

상호의존성을 치유하지 못하는 사람은 또다시 제대로 기능하지 못하는 관계를 맺게 된다. 자신이 어떤 식으로 행동하는지를 자발적으로 들여다보지 못하는 사람은 성장하고 변화할 기회를 스스로 거부하고 있는 셈이다. 사실 변화는 불편하다. 그래서 어떤 문제에 자신이 기여하고 있음을 부정하고 계속해서 다른 사람에게서 원인을 찾으려는 사람도 있다. 하지만 정말로 행복한 삶을 살고 싶고 충만한 관계를 맺고 싶다면 어느 지점에서 자신이 성장해야 하는지를 제대로 살펴볼 수 있어야 한다.

혼자 있어도 편안해지는 법

당신이 할 수 있는 가장 중요한 일 가운데 한 가지는 낭만적인 관계와는 별개로 자신을 제대로 알 수 있는 여유를 자기 자신에게 주는 것이다. 학대 관계 속에서 생활하는 동안 당신은 자신의 많은 부분을 그저 흘려보냈을 테고 아주 많은 부분을 떨쳐내버렸을 것이다. 따라서 또다시 같은 상황을 반복하고 싶지 않다면 다른 관계를 맺고 싶은 유혹을 떨쳐버리고 일단 자기 자신을 제대로 아는 시간을 갖는 것이 중요하다.

내 말을 듣고 도대체 언제까지 혼자 지내라는 거냐며 화를 내고 언짢아하는 사람도 분명히 있겠지만, 제발 여기서 책을 덮지는 말자. 학대 관계를 끝낸 뒤에 자기 자신을 제대로 알 때까지 걸리는 시간이 정확하게 어느 정도 걸리리라고는 단정할 수 없다. 그 시간은 사람마다 다를 테니까.

내가 말하고 싶은 것은 사람과 관계를 맺을 때 나타나는 자신의 성향을 제대로 파악하고 있으면 성장해야 할 부분을 정확하게 마주볼 수 있어 더 빠른 속도로 성장할 수 있다는 것이다. 앞으로 인생을 함께할지도 모를 사람에게서 무조건 떨어져 있으라는 뜻이 아니라 자기 자신을 알아갈 시간을 충분히 가지라는 뜻이다.

나는 당신이 혼자 있어도 편안해지는 법을 알았으면 좋겠다. 홀로 있어도 편한 사람이 되는 일은 중요하다. 혼자여도 편한 사람이 자신을 부당하게 대하는 사람과 함께할 가능성이 적기 때문이다. 상대방을 자신이 어떻게 생각하는지는 고민하지 않고 당신을 사랑해주고 돌봐줄 사람을 찾는 데만 힘을 쓴다면 건강하지 않은 관계 속으로 빠져들 가능성이 크다. 하지만 이미 자신이 혼자서도 충분히 살아갈 능력이 있음을 분명히 알고 있는 경우라면 앞으로 함께할 가능성이 있는 사람이 나타났을 때 그저 혼자이기 싫어서 누군가를 만나는 것이 아니라 그 사람과 함께 있고 싶기 때문에 그 사람을 선택할 수 있게 된다. 이런 차이는 아주 중요하다.

상호의존성을 버리기 위해 노력할 때는 다음을 고려해야 한다.

- 자기 생각, 감정, 취향이 무엇인지 살펴볼 수 있는 시간을 가져야 한다. 자신에 관해 생각하는 동안 자신이 어떤 사람인지를 알아갈 수 있을 것이다.
- 그저 다른 사람이 인정해주고 받아들여주고 좋아하는 사람이 되는 것이 아니라 자신이 어떤 사람인지를 알아가면서 자신 자신이 스스로 좋아하고 존중받을 수 있는 사람으로 거듭나야 한다.
- 자신을 프레첼처럼 비틀어서 당신이 원하는 일을 다른 사람이 하게 만들지 말아야 한다. 직접 자신에게 필요한 일을 하고 다른 사람의 생각이나 감정, 반응은 통제할 수 없음을 깨달아야 한다.
- 다른 사람들 속에서 자기 자신을 잃지 않도록 한다. 자신이 줄 수 있는 것보다 더 많은 것을 주지 말고 줄 것이 있다면 자기 자신에게 줘야 한다.

- 자기가 지닌 개성을 인정하고, 스스로 뭔가 해낼 수 있는 능력을 즐겨야 한다.

6부

자존감 세우기 연습

– 건강한 관계를 맺기 위하여

우리 자신의 앞과 뒤에 있는 것은 우리 안에 있는 것과 비교하면 정말로 아무것도 아니다.

- 랄프 왈도 에머슨 Ralph Waldo Emerson

당신은 가치 있는 존재이다

학대 관계는 유형에 상관없이 학대를 받은 사람의 자존감을 천천히 무너뜨린다. 학대 관계를 시작하기 전에는 자신에 차 있던 사람도 그 관계를 지나오는 동안 자신감이 완전히 사라져버린다. 언제나 아이들을 깎아내리는 학대 가정에서 자랐다면 자신감을 경험해본 적이 한 번도 없을 테니 자아상은 더더욱 빈약할 것이다.

당신이 받은 비난과 상처를 주는 말들은 당신이 아니라 그 말을 하는 사람들에 관해 말해주고 있다는 사실을 알아야 한다. 당신에게 상처를 주는 말을 했던 사람이 누구건 간에 중요한 것은 그런 말들이 어디에서 왔는지를 이해하는 일이다. 그런 말들은 자신이 가치 없다고 생각하는 학대자의 생각이 당신에게 투영된 것이다. 이 개념을 이해하고 있으면 당신을 힘들게 했던 아픈 말들을 쉽게 떠나보낼 수 있다. 끊임없이 아이가 잘못한 점을 비난하는 엄마는 사실은 자기 자신을 비난하고 있는 것이며 자기에게 내리는 평가를 아이에게 표현하고 있는 것이다. 아내의 몸을 놀리는 남편은 사실 자신이 아주 불안한 상태이다. 자신이 불안정한 상태가 아니라면 아내를 비난할 이유도 없다. 안타깝게도 심한 상처를 받은 사람들은 끊임없이 자기 주변 사람들을 고통스럽게 만든다. 따라서 가능한 한 최선을 다해서 그런 사람들에게서 당신을 보호해야 한다. 그래야만 당신의 가치를 제대로 지킬 수 있다.

어떤 학대 관계를 맺었건 간에 지금 낮아진 자존감을 다시 세우려고 노력하고 있다면 다음 글을 읽어보자. 내용을 완전히 이해하고 체화할 수 있도록 필요하다면 매일 읽는 것이 좋다.

당신은 소중한 사람입니다. 그저 당신의 직업으로, 여자 친구나 아내, 어머니의 역할로, 당신이 맡은 책임으로 평가해서는 안 되는 소중한 사람입니다. 당신은 자신이 생각하는 것보다 훨씬 괜찮은 특성을 지닌 사람입니다. 충분히 사랑받고 사랑할 가치가 있는 사람입니다. 존중받고 가치를 인정받는 것은 당신의 기본 권리로서 당신은 그 권리를 누릴 자격이 충분히 있습니다.

당신은 욕구와 감정, 생각과 욕망이 있는 사람입니다. 당신은 당신의 경험이 이룬 결실이며 그런 경험들을 당신이 해석한 결과입니다. 당신에게는 행복과 즐거움을 느낄 권리가 있는 것처럼 슬픔과 분노, 두려움을 느낄 권리도 있습니다. 당신의 감정과 욕구는 다른 사람의 감정과 욕구만큼이나 중요합니다. 당신의 행복은 중요합니다. 당신이라는 존재는 당신의 몸을 넘어 확장됩니다. 당신이 사랑해주고 포용해줘야 하는 존재입니다. 당신을 스스로 소중하게 여기면 당신을 가치 있는 존재로 여기고 제대로 대우해주는 사람에게 끌리게 됩니다.

나를 용서하다

당신을 붙잡고 있는 것이 무엇이건 간에 자신을 용서해야 한다. 처음부터 알았어야 한다며 당신을 나무라는 일은 공정하지 않다. 인생은 계속해서 이어지는 여정이다. 어떤 장소에 도착하기 전까지는 우리 앞에 놓여 있는 것이 무엇인지를 알 수 없다. 일단 도착한 뒤에야 과거를 돌아보며 뒤늦게 깨닫게 되고 과거 경험에서 무언가를 배운다. 그러니 과거에 알지 못했다는 이유로 자신을 벌주어서는 안 된다.

사람들은 대부분 타인에게서 가장 좋은 면만을 보고 믿고 싶어 한다. 사랑하는 사람의 행동을 정당화하는 것은 그런 믿음을 지키려는 자연스러운 방법이다. 늘 양보하려고 했고 그 때문에 무슨 일이든 감수하고 받아들인 자신을 용서하자. 당신이 그런 선택을 한 이유는 최악의 경우 살아남으려는 노력이었을 수도 있고 최상의 경우 학대자와 행복하게 살아보겠다는 노력이었을 수도 있으니까.

원래의 당신이라면 전혀 하지 않았을 행동을 했다는 이유로 자신을 나무라는 일도 그만두자. 공격을 받으면 사람은 자연스럽게 방어를 하거나 공격을 하게 마련이다.(두 가지 반응을 모두 보일 수도 있다.) 매를 맞은 개는 구석에서 웅크린다. 학대자가 때리려고 할 때마다 겁에 질려 몸을 떤다. 하지만 너무 심하게 학대를 받으면 으르렁거리다가 학대자를 공격할 수도 있다. 누구에게나 참을 수 없는 한계가 있다.

'강하지 않았다'는 이유로 자신을 계속 나무라는 것도 안 된다. 당신은 지금까지 전쟁을 치렀다. 태풍 속으로 휘말려 들어갔다가 밖으로 튕겨 나왔다. 태풍의 눈 한 가운데 있을 때는 자신이 어디에 있는지를 알지 못하며 곧바로 나가야겠다는 결심도 하지 못한다. 그러니 태풍 속에 있었다는 이유로 자신을 나무라지 말자. 태풍 밖으로 나오는 일은 쉽지 않다. 태풍을 뚫고 나가려면 다칠 수밖에 없다.

사람은 가장 강한 부분이 가장 약한 부분이 될 수도 있다. 다른 사람을 사랑하고 배려해주는 마음은 당연히 훌륭한 자질이지만 그것을 이용하려는 사람을 만나면 자기 자신이 파괴될 수도 있다. 자신에게 있는 좋은 특성들을 사랑하고 그 자질을 함께 나눌 사람은 신중하게 선택해야 한다.

ADVICE 정신적 외상 치유법

일기장에 자신에 관해 자랑스러운 점을 적어보자. 살면서 이루어냈던 일, 잘했던 일을 적어도 된다. 그런 일들은 아주 명확하게 인정할 수 있으니 쉽게 적어나갈 수 있을 것이다. 다 적었으면 이번에는 한 사람으로서 당신이 자신에게 있는 좋은 점, 가치가 있다고 생각하는 점을 적어보자. 자신을 아이라고 생각하면 더 쉽게 적을 수 있다. 자신을 아이로 설정하면 자아에 대한 비판이나 비평이 개입할 여지를 줄일 수 있다. 당신은 당신의 어떤 면이 좋은가? 어떤 면이 있어서 자신감을 가질 수 있는가? 당신을 당신 자신으로 만드는 멋진 자질에 자신감을 갖는 일은 정말로 중요하다.

감정이
경고하는
것들

감정은 그 자체로는 좋지도 나쁘지도 옳지도 그르지도 않다. 그런데 감정은 중요한 사실을 우리에게 말해준다. 즐거움은 우리 인생에서 아름다운 선물을 받았음을 상기시켜주는가 하면 두려움은 위험이 있을 수도 있다는 경고를 한다. 즐거움과 두려움이라는 감정은 모두 한 가지 목적이 있다. 지금 우리가 경험하는 일에 관해 좀 더 많은 것을 알려주는 것 말이다.

잘잘못을 따지지 않는 곳에서 가만히 앉아 자기 감정에 귀를 기울이면 평온해지는 경험을 할 때가 많다. 자기 감정에 귀를 기울이면 자신에게 필요한 것이 무엇인지를 훨씬 정확하게 알게 해 변하고자 할 때 필요한 도구를 제공해주기도 한다. 자기 감정에 귀를 기울이면 그런 감정들에게서 도망치는 대신 그것에 의지할 수 있다. 흥미로운 점은 그런 감정들에게서 도망치려고 할수록 감정은 우리를 끈질기게 쫓아온다는 것이다. 하지만 가만히 앉아서 관찰하면 그런 감정들은 더 이상 우리에게 힘을 발휘하지 못한다. 그리고 그때서야 비로소 우리는 감정에 저항하고 투쟁하고 억제하는 대신 감정을 평화롭게 수용할 수 있다.

┌───┐

ADVICE **정신적 외상 치유법**

정기적으로 자기 감정을 점검하는 훈련을 해야 한다. 다양한 상황에서 감정이 어떤 식으로 반응하는지 관찰해야 한다. 어떤 생각이 드는지가 아니라 어떤 감정이 드는지를 관찰해야 한다. 예를 들어 배도 고프지 않은데 냉장고를 향해 가고 있는 당신을 발견한다면 멈춰야 한다. 잠시 시간을 가지고 지금 어떤 감정을 느끼고 있는지 알아내야 한다. 혹시 어떤 일 때문에 슬픈 것은 아닐까? 외로운 것은 아닐까? 어쩌면 화가 났는지도 모르겠다. 자기 감정을 글로 적어보자. 도저히 어떤 감정이 드는지를 모르겠다고 해도 상관없다. 당장 명확한 증거를 제시해야 하는 법정에 나와 있는 것도 아니니까. 그런 감정이 드는 정당한 이유를 다른 사람에게 설명할 필요는 없다. 자기 자신에게도 말이다. 그저 자기 감정이 목소리를 낼 수 있도록 인정해주면 된다. 그러면 어떠한 판단을 내리지 않고도 자기 자신을 잘 이해할 수 있는 기회를 얻게 될 것이다.

└───┘

다시 드러나는 자아

통제받는 관계 속에서 지냈던 사람은 자기 자신을 잃어버렸을 수도 있다. 사실 그런 경우가 많다. 오랫동안 당신의 필요와 소망, 취향과 견해를 포기하고 살았기 때문이다.

단번에 자기 자신을 찾겠다고 무리를 해서는 안 된다. 자아감이나 강한 정체성이 없다는 이유로 자책할 이유도 없다. 일난 어떤 일에 관해서 자신이 어떻게 생각하고 어떻게 느끼는지부터 알아보자. 어떤 감정을 느끼는지 인지하고 그 감정에 정확한 이름을 붙일 수 있는가? 텔레비전을 보는 동안 어떤 생각이 드는가? 텔레비전 프로그램에 관해 말하고 싶은 의견이 생기는가? 책을 읽는 동안 어떤 느낌이 드는가? 생각과 느낌을 관찰하는 훈련이 익숙해지면 이제는 좀 더 앞으로 나가보자. 자기 자신을 생각하면 어떤 기분이 드는가? 그 감정에 이름을 붙여보자. 당신이 인생에서 함께 지내는 사람들에게는 어떤 기분이 느껴지나? 그 감정들에도 이름을 붙여주자. 현재 당신은 어떤 인생을 살아가고 있다는 생각이 드는가? 솔직해야 한다. 의식적으로 자기 자신과 상호작용하면 당신의 자아가 드러나기 시작한다. 묻혀 있던 자아를 밖으로 끄집어내는 일은 비난받을 일이 아니다. 환영할 일이다.

학대자의 목소리가 당신을 장악하고 있고 학대자의 비판이 당신을 마비시키고 있다면 당신이 학대자에게 영향을 받고 있음을 인지해야 한다. 가끔은 가장 친한 친구를 대하듯이 자기 자신을 대하는 일이 도움이 된다. 누구나 친한 친구에게는 나쁜 말을 하고 깎아내리면서 친구를 불행하게 만들지는 않을 것이다. 격려해주고 지지해주고 그 친구가 얼마나 괜찮은 사람인지 알려주고 얼마나 강한 사람인지를 깨닫게 해줄 것이다. 당신 자신에게도 같은 일을 해줘야 한다.

ADVICE 정신적 외상 치유법

당신이 어떤 이야기를 들었으며 그런 이야기들이 당신에

게는 어떤 의미가 있었는지 자신에게 물어보자. 다른 사람이 당신을 비난하는 목소리가 당신을 압도하고 있는가? 그런 이야기들을 당신이 당신에게 하는 말처럼 쭉 적어보자. 당신이 하는 말들을 객관적으로 살펴보면서 자신에게 가혹한 말을 할 때면 그런 말들이 가혹하다는 사실을 인지하고 어째서 그런 말들을 하게 되었는지를 파악해야 한다. 그런 가혹한 말들을 하게 된 이유를 알게 되면 이번에는 좀 더 친절한 말로 바꾸어 말해보자. 당신이 어려운 일을 이겨내려고 애쓰고 있음을 인정할 수는 있지만 그 때문에 자신을 엉뚱한 말로 부르거나 깎아내릴 이유는 없다. 혼자 있으면 불편하기 때문에 당신 스스로 '나는 외로운 사람이야.'라고 하지 말자. 자신을 애처롭다고 말하는 일도 그만두자. 그런 말은 자신을 깎아내리는 말이다. 한 걸음 뒤로 물러나 어떠한 판단도 내리지 않는 곳에서 실은 그저 자기 자신이 되어야 한다는 사실에 두려워하고 있을 뿐임을 인정해야 한다. 혼자가 되는 일은 당신에게는 아주 새로운 경험일 수도 있고 어쩌면 어떤 외상 후 스트레스 장애를 앓고 있어서 혼자 있으면 왠지 불안하고 초조해질 수도 있다. 이제는 그런 감정을 밀어내지 말고 받아들여보자. '나는 두려워하고 있는 거야.'라는 말로 자신을 위로해주자. 거기서 더 나아가 '나는 … 때문에 두려운 거야. 그런 일을 경험하고 그런 감정을 느껴야 했던 내가 안쓰러워.'라고 말해주자.

아무리 애를 써도 자신을 안쓰럽게 여기는 마음이 생기지 않는다면 자신을 아기라고 생각해보는 것도 도움이 된다. 아기인 당신은 전적으로 순수하고 순결하다. 당연히 친절하게 배려와 사랑을 받을 가치가 있는 순백의 캔버스이다. 아기인 당신에게 두려워한다는 이유로 한심하다고 말할 수는 없을 것이다. 아기인 당신에게는 어떤 말을 해줘야 할까? 바로 거기서 시작해야 한다.

연민을 가지고 자신과 상호작용을 하기 시작하면 다양한 감정이 고개를 들고 일어난다. 그 감정들을 경험하는 동안 엄청난 슬픔과 분노를 느끼는 경우도 많다. 지금까지 당신은 자기 감정을 드러내면 위험한 삶을 살았다. 이제는 자기 감정을 드러내도 되는 상황이 되었기 때문에 억눌렸던 감정들이 엄청난 기세로 솟구쳐 올라오는 것이다.

학대 관계였던 결혼 생활을 끝내던 한 여성이 있다. 남편과 헤어지는 과정에서 이 여성은 아무 감정도 느끼지 못했다. 너무나 덤덤하게 이혼 과정을 밟았고 자신은 문제없이 잘 지내고 있다고 여겼다. 마침내 이혼을 하고 몇 달이 지난 뒤에 나를 찾아온 그 여자는 자신이 퇴행하고 있다고 말했다. 모든 감정이 사방에서 몰려오고 도저히 통제할 수가 없다며 분통을 터뜨렸다.

이 여자의 예는 자기 자신에게 가혹한 말을 하는 사람이 학대 관계에서 벗어날 때 겪을 수 있는 감정 변화를 보여준다. 이 여자는 자신을 안쓰럽게 여기고 관계를 끝내는 동안 느껴야 하는 감정을 받아들이는 대신에 자기 자신이 충분히 강하지 않다며 자책했다. 자신의 진짜 자아와 감정을 밀어내는 동안 이 여성이 느낄 수 있는 것은 더욱 더 큰 좌절뿐이었다. 한 사람과 헤어지는 과정은 어떠해야 한다는 자신의 판단 기준을 내려놓은 뒤에야 이 여성은 자기 감정과 싸우지 않고 자기 감정을 포용하기 시작했다. 그러자 엄청난 슬픔이 몰려왔고 필요한 만큼 충분히 울 수 있었다. 슬프지 않을 때는 남편이 자신에게 한 일 때문에 너무나도 화가 났고 분노했다. 말할 필요도 없이 이 사람은 남편이 자신을 대한 방식에, 그런 일이 일어나도록 허용한 자신에게 화를 낼 필요가 있었다. 그런 모든 감정과 싸우지 않고 인정하고 자신이 느끼는 감정을 받아들인 뒤에야 그녀는 모든 이별의 과정을 거치고 다시 성장할 수 있었다. 서서히 자신의 진정한 모습을 받아들일 수 있었고 경험이 야기하는 감정을 더는 억제하려 하지 않았다.

싫다고 말하는 일

　많은 여자들이 다른 사람을 기쁘게 해주고 싶다는 내재적 욕구를 가지고 있다. 특히 학대 관계를 맺는 여자들은 타인을 기쁘게 해주고 싶다는 마음 때문에 대부분 건강하지 못한 관계를 맺으면서도 떠나지 못하고 머문다. 동반자가 원하는 대로 하면 상황은 나아지리라는 생각은 잘못된 믿음이다. 이 같은 믿음은 가족이나 친구들에게도 똑같이 적용된다. 그런 마음으로 사람들과 함께 있는 동안 한 가지 어김없이 일어나는 일은 자기 자신이 사라진다는 것이다. 다른 사람의 필요를 채워주느라 바쁘면 자기 자신을 채울 시간이 없다. 또한 다른 사람을 기쁘게 해주느라 자신을 희생하면 분노가 쌓인다. 분노가 쌓이면 그 관계는 무너질 수밖에 없다. 무엇보다도 자신이 진정으로 원하는 일을 최우선으로 두고 해나가면 다른 사람이 당신이 원하는 것을 채워주지 못하고 감정을 알아주지 않는다는 이유로 분노를 키울 일도 없다.

　학대 관계에서 회복되려면 반드시 '싫다'고 말하는 법을 배워야 하고 당신이 해줄 수 있는 한계를 정해야 한다. 무기력하게 다른 사람에게 끌려 다니는 삶이 아니라 단호하고 강하게 살고 있다는 느낌으로 앞으로 나가려면 반드시 이 기술을 익혀야 한다. 당신 자신이 어떤 사람인지를 알고 당신의 욕구와 소망을 알게 되면 당신이 어떤 사안에 관해 좋다고 하고 싶은지 싫다고 하고 싶은지를 분명하게 알 수 있게 된다. 어떤 일을 하고 싶지 않다고 해서 죄의식을 느끼거나 부끄러워할 이유는 없다.

다른 사람에게, 어떤 일에 싫다고 말하는 일이야말로 우리가 우리 자신에게 해줄 수 있는 아주 친절한 일일 때도 있다. 다른 사람을 화나게 만들지도 모른다는 두려움을 느끼며 살았던 사람에게는 싫다는 말은 정말로 하기 힘들다. 하지만 우리가 싫다는 말로 지기 자신을 보호할 수 있게 되면 자신은 사실 아주 소중한 사람이며 자기주장을 할 수 있고 존중받을 가치가 있는 사람임을 자기 자신에게 알려줄 수 있다. 자신감이 없고 불안한 사람은 끊임없이 다른 사람이 자기를 좋아하는지 싫어하는지를 묻는다. 하지만 자신 있는 사람은 자신이 다른 사람을 좋아하는지 싫어하는지를 묻는다. 이런 태도는 커다란 차이를 만들고 인생을 크게 바꾼다. 인생을 함께하고 싶은 사람과 곁에 있고 싶지 않은 사람을 직접 결정할 수 있다는 것은 스스로 믿기 힘들 만큼 큰 힘을 갖게 되었다는 뜻이다.

삶의 질을 높여주지 않는 일과 사람을 당신의 인생에서 삭제하면 당신과 당신의 시간을 정말로 같이 있고 싶은 사람에게, 정말로 하고 싶은 일에 쏟을 수 있다. 다른 사람에게 휘둘리지 말고 자신의 인생은 자신이 직접 만들어가야 한다.

ADVICE 정신적 외상 치유법

관심이 가고 흥미가 있는 일을 탐구해보자. 즐길 수 있는 일을 찾아보자. 새로운 취미를 만드는 것처럼 거창한 일도 괜찮고 그저 거품 목욕을 하는 것처럼 단순한 일도 괜찮다. 돈을 많이 들일 필요도 없다. 매일 저녁 산책을 하면서 마음을 맑게 하고 자신과 대화를 하는 것도 훌륭한 자기 치유 과정이 될 수 있다. 보고 싶은 텔레비전 프로그램을 보거나 영화를 보는 일도 자기 자신과 소통하고 자기 시간을 즐기는 한 방법이다. 도서관에 가서 보고 싶은 책을 읽어도 된다. 집에서 좋아하는 음악을 연주해봐도 된다. 소소하게 즐길 수 있는 일들을 찾아내자. 기분이 좋아질 일을 하는 방법을 생각해내 당신이 견뎌왔던 일들을 위로하고 당신 자신을 위로하고 다독이는 훈련을 해보자.

치유하기 위해 분노하기

당신이 어떤 일을 겪었으며 분노에 관해 어떤 믿음을 가지고 있는지를 살펴보는 일은 중요하다. 분노는 정상적이고 건강한 감정이다. 분노한다고 해서 냉혹하고 불친절한 사람이 되지는 않는다. 사실 분노를 억제할수록 내면이 곪아 시간이 흐를수록 더욱 더 분개하게 된다.

앞에서 살펴본 것처럼 학대자의 동반자는 원래부터 그랬건 학대자와 함께 있다 보니 그렇게 되었건 간에 다른 사람을 심하게 배려하고 순종적이며 **지나치게** 책임감이 강하다. 시간이 흐를수록 이런 특성들을 자기 정체성으로 인지하는 정도가 지나쳐 결국 적절한 균형이 깨지고 이런 특징들만이 그 사람을 규정하는 성격이 된다. 이런 성격을 가진 사람들은 분노를 인정하는 일이 특히 어렵다.

칼 융이 처음 제시한 '그림자 가설Shadow Theory '에 따르면 사람은 자신에게 있는(빛에 해당하는) 특정 속성을 자기 자신의 모습이라고 규정하는 경향이 있는데, 이런 속성에 매달릴수록 그런 속성과는 반대되는(그림자에 해당하는) 속성을 부정하기 때문에 균형이 깨질 수 있다. 예를 들어 한 사람이 자신을 친절하고 유순하며 인내심이 강하다고 규정하면 그와는 반대인(화를 잘 내고 자기주장이 강하고 쉽게 흥분하는) 속성에는 저항한다. 자신이 선호하는 속성과는 반대인 속성은 나쁘고 전혀 매력적이지 않다고 생각하기 때문에 자기 안에 그런 속성이 있음을 부정한다. 그리고 자신을 이루는 실제 구성요소들을 잘라냈기 때문에 그런 속성을 부정할수록 점점 더 불행해진다. 하지만 그림자 속성들 또한 인간관계에서는 실제로 중요한 역할을 한다. 한 사람이 특정 속성은 계속해서 드러내려고 하고 특정 속성은 계속해서 억누르면 인간관계에서는 양극화 효과polarizing effect 가 나타난다. 학대 관계에서는 양극화 효과를 분명하게 볼 수 있다. 한 사람이 화를 잘 내고 자기주장이 강하고 주도적인 역할을 하면 상대방은 친절하고 순종적이고 배려하는 사람일 가능성이 크다. 두 사람이 규정한 자신의 특성은 점점 더 강화되고 두 사람 모두 자신의 그림자 특성은 부정하면서 상대방의 그림자 특성은 자신을 위해 간직하게 한다. 이런 관계에서는 빠른 속도로 두 사람의 힘의 균형이 무너지고 파괴적인 패턴이 드러난다.

당신의 분노에 '좋지 않은 것', '받아들일 수 없는 것', '피해야 하는 것'이라는 표지를 붙여 부정하지 말고 분노가 목소리를 낼 수 있게 해주자. 그림자 속성을 가지고 있음을 인정한다고 해서 그런 속성이 당신을 압도한다거나 당신을 다른 사람으로 변하게 하지는 않는다. 사실은 그와는 정반대이다.

자신에게 있는 그림자 속성을 인정하면 자기 자신과 자신의 욕구를 좀 더 잘 알게 된다. 자신이 가진 힘과 단호함이 진짜 자신을 이루는 일부임을 알게 되면서 훨씬 강해지고 피해자가 될 가능성도 줄어든다. 이렇게 되면 훨씬 더 자기 자신에게 솔직한 삶을 살 수 있고 자신의 필요와 욕구, 꿈을 이루지 않고 포기하는 일이 줄어들어 삶에 불만을 품고 다른 사람에게 분노하는 일도 줄어든다.

당신에게 일어난 일은 허용할 수 없는 일이다. 당신은 사랑받고 친절한 대우를 받고 존중을 받을 자격이 충분히 있다. 당신이 받은 부당함에, 그런 부당함을 당하게 허용했던 자기 자신에게 화를 낼 수 있어야 한다. 새롭게 획득한 강인함을 누려보자.

> **ADVICE 정신적 외상 치유법**
>
> 아직도 분노는 여자가 드러내서는 안 되는 감정이라고 가르치는 이들이 있다. 그렇기 때문에 많은 여성이 분노가 생기거나 분노를 드러냈을 때 상당히 불편한 감정을 느낀다. 하지만 분노를 인정한다는 것은 건강한 행위이다. 분노를 표출하는 법을 제대로 배우면 감정을 제대로 해소할 수 있다.
>
> 편안한 배출구를 찾을 때까지는 창의력을 발휘해야 한다. 일기장에 분노를 쏟아내보는 것도 크게 도움이 된다. 학대자

에게 맞선다고 생각하고 분노를 쏟아내보자.(그 일기를 학대자에게 보여줄 필요는 없다.) 베개에 얼굴을 묻고 소리를 지르거나 편칭백을 사는 것도 분노를 표출하는 좋은 방법이다. 호신술 강좌도 믿을 수 없이 놀라운 치유 효과가 있고 강인함을 길러준다. 육체적으로 공격적인 행동을 했을 때 행복해지고 강해진 것 같은 느낌이 들었다는 여성이 많다. 뻔뻔할 정도로 과감하게 분노를 표출해보자. 지금은 속박을 풀고 마음껏 화를 내도 되는 당신만의 시간이다.

움츠리지 않는
연습

학대 관계를 맺고 있는 사람이라면 경계를 정하는 데 애를 먹고 있을 것이다. 아무리 넘을 수 없는 경계를 설정하려고 해도 학대자는 그 것을 훌쩍 뛰어넘으니 한계를 만드는 일은 힘들 수밖에 없다. 실제로 학대자는 피해자가 정한 경계를 도전이라고 생각하기 때문에 당신이 그은 선을 다양한 방법으로 지워 없애려고 한다. 당신을 깔아뭉개거나 비난하고 우습게 만들고 깔보고 조종하고 피해자 흉내를 내고 거짓 건 강 문제를 들먹이고 자살하겠다고 협박하고 가만두지 않겠다고 위협 한다. 온갖 방법을 사용해 당신이 그린 경계선을 넘어온다.

새로운 인생을 살아가려면 반드시 경계를 정하는 기술을 익혀야 한다. 경계를 제대로 정하지 못하면 또다시 원치 않는 관계를 맺게 되 거나 당신이 원하지 않는 일에 에너지를 쓰게 된다. 어째서 경계를 정 하는 일이 당신에게는 그렇게나 어려운지 깊이 고민해봐야 한다. 어째 서 싫다고 말하는 것이 어려운지, 경계를 정하고 그 경계를 지키려고 할 때 가장 두려운 일은 무엇인지 알아내야 한다. 당신이 신뢰하는 사 람이나 치료사와 함께 이런 문제들을 탐구해나가면 당신이 경계 긋기 를 힘들어하는 이유를 조금은 수월하게 알아낼 수 있다.

많은 사람이 경계를 긋는 일을 어려워한다. 다른 사람이 그 경계를 좋아하지 않을지도 모른다는 두려움, 상처를 입을지도 모른다는 두려움 때문에 경계 짓기를 포기해버리거나 거부한다.

그런데 두려움을 극복하는 아주 좋은 방법 가운데 하나는 두려움과 평화롭게 공존하는 것이다. 가장 힘든 두려움을 정면으로 마주보고 이미 최악의 일은 일어났다는 기분으로 두려움을 받아들이면 두려움은 더 이상 당신을 움켜잡고 휘두를 수 없다. 당신의 마음을 이야기하고 당신이 원하는 것을 말하는데 화를 내고 당신을 거부하는 사람과 인생을 함께 살아가고 싶은가? 벌을 받으리라는 두려움 없이 하고 싶은 말을 하고 원하는 바를 말할 수 있는 사람과 살아가고 싶지 않은가? 분명히 마음껏 자기 의사를 밝힐 수 있는 사람과 함께 지내고 싶을 것이다. 당신을 당신으로 존재할 수 없게 하는 사람을 떠나보내면 평화롭게 살아갈 수 있다.

사과하지 않아도 괜찮아

학대 관계를 맺는 여성들은 늘 자신을 낮추고 몸을 숙이라는 가르침을 받은 경우가 많다. 늘 중심에서 떨어져 있어야 했고 지나치게 사과하며, 용납해서는 안 될 일들을 받아들이며 살아야 했다. 어쩌면 당신은 원래 단호하고 자신 있는 사람이었지만 몇 년 동안 침묵을 강요당하다 보니 구석에서 조용히 있는 데 익숙해졌는지도 모른다.

지나치게 사과하고 죄의식을 느끼고 자기 감정을 억누르고 싸움이 일어날 것 같을 때 움츠러드는 태도는 모두 학대자의 파트너라면 필요하기 때문에 익숙해질 수밖에 없는 생존 기술이다. 사실 여성들의 몸

짓을 보면 여성들이 이런 삶에 얼마나 적응해 있는지를 알 수 있다. 이런 방식으로 생존하는 데 익숙해진 여성들은 몸을 웅크리는 경향이 있다. 마치 "이 방에 있는 산소를 이렇게나 많이 들이마시다니, 정말 죄송해요."라고 말하고 있는 것처럼 보인다. 너무나도 오랫동안 자기 감정과 자기 마음을 부정해왔기 때문에 자신이 어떤 마음인지, 어떤 감정이 드는지도 알 수 없는 경우가 많다.

이런 이야기들이 모두 당신 이야기 같다면, 당신은 혼자가 아니라고 생각해도 좋다. 나아가 그런 삶을 살아왔다는 깨달음이 치유에는 아주 중요하다는 사실도 알았으면 좋겠다. 움츠리고 살아가는 방식은 사실상 생존 기술이었지만 이제는 더는 당신의 생존에 필요 없는 기술이다! 당신은 학대 관계에서 살아남았다. 그러니 이제 어깨에 힘을 빼고 깊이 숨을 들이마시고 당당하게 몸을 쭉 펴고 서보자. 이제 엄청난 힘을 얻었으니 당신 자신을 위한 자리를 마련할 때다. 진정한 자신으로서 좀 더 자신에게 맞는 삶을 살아갈수록 느끼는 만족감은 점점 커질 것이다.

그런데 논쟁을 피하려고, 혹은 사랑을 받으려고 자신이 아닌 다른 사람인 척하는 태도야말로 가장 깨기 힘든 심리적 습관이다. 이런 성향 탓에 자신이 정말로 좋아하는 것이 무엇인지조차 모르게 되는 경우가 많다. 당신은 진짜 자아를 내보였다가는 다른 사람의 감정을 상하게 하거나 싸움을 하게 되거나 사랑받지 못하고 밀려날 수도 있다며 두려워하고 있을지도 모른다. 하지만 그런 믿음은 부딪쳐서 깨야 한다. 그런 믿음을 가지고 살아가는 한 당신은 당신 자신은 물론이고 다른 사람과도 진정한 관계를 맺을 수가 없다. 다른 사람처럼 살려고 하는 시도는 당신을 묶어놓을 뿐이다. 이런 잘못된 믿음을 버려야만 당신을 진정으로 이해하고 당신 그대로를 좋아하고 존중하는 사람과 만나서 살아가는 능력을 기를 수 있다. 다른 사람인 척 꾸미려는 부담감에서 자신을 풀어줘야 한다.

습관적으로 사과를 하려고 할 때마다 일단 멈추어야 한다. 그저 불편한 마음을 없애기 위해, 상대방이 잘못한 일이지만 당신이 사과를 하면 그 사람이 편해지리라는 이유로는 사과하지 말자. 당신 잘못이 아니라면 절대로 사과하지 말자. 과도하게 사과하는 습관을 버릴 때 사람들은 당신을 좀 더 존중하고 함부로 대하지 않는다.

그다음으로 연습해야 할 훈련은 **사과하지 않아도** 죄의식을 느끼지 않는 것이다. 가장 기본적인 자기 존재에 죄의식을 느끼면 자기 자신을 나쁘게만 생각하게 된다. 계속해서 자기 자신에게 나는 나쁘고 잘못만 하는 사람이라는 메시지를 전달하게 된다. 그런 신호는 진실이 아닐뿐더러 자부심을 갉아먹는다. 사람은 누구나 후회를 한다. 누구나 그 상황에서 얻을 수 있는 정보를 가지고 그 순간에 최선을 다하지만 지나고 보면 그때는 알지 못했던 사실을 분명하게 알게 되고 그때 다른 선택을 했어야 한다는 사실을 깨닫게 된다. 하지만 이제부터는 당신이 자신의 선택이 옳은지 그른지도 알 수 없었던 과거에 틀린 일을 했다며 자책하는 일은 그만두자. 그런 경험 덕분에 당신이 더욱 더 강해졌음을 인정하자.

내가 자기 자신을 위한 자리를 만들어야 한다고 했을 때 그것은 다른 사람에게 무언가를 요구한다거나 자기주장을 한다거나 함부로 행동해야 한다는 뜻이 아니냐며 부정적인 반응을 보인 여자들이 많았다. 그 사람들은 "그건 너무 이기적인 거 아니에요?"라거나 "누가 그렇게 까다로운 여자 옆에 있으려고 하겠어요?" 같은 질문을 했다. 그런 마음을 품고 있음을 생각해보면 많은 여자들이 자기주장을 그렇게나 두려워하는 이유도 분명히 알 수 있다. 물론 이기적이라거나 까다롭다는 평가를 듣고 싶어 할 사람은 없다. 당연히 그 사람들 마음도 이해는 된다. 하지만 '이기적이고 까다로운 여자'와 자신이 가치가 있으며 자기 시간은 소중하다는 사실을 알며 자기 인생에 들어올 사람은 신중하게 직접 고르고 새로운 일을 (심지어 실패할 가능성이 있다고 해도) 두려워하지 않으며 필요할 경우 강력하지만 타인을 존중하는 태도로 자기주장을 하는, 자기 자신으로 있을 때 가장 편한 여성은 하늘과 땅 차이가 난다. 두 번째 유형의 여성은 다른 사람을 다치지 않고도 진정한 자기 자신으로 살아갈 수 있다. 이런저런 변명을 하지 않고도 자신을 위한 자리를 만들어간다. 결국은 자신이 살아가야 할 자신의 인생이니까.

받아들임에
익숙해져야 한다

나는 많은 여성들이 무언가를 받는다는 것을 고통스러울 정도로 불편해한다는 사실을 알게 되었다. 무엇이 되었건 간에 무조건 받지 않으려고 여성들은 너무나도 다양한 행동을 해왔다. 주목을 받지 않으려고 자리를 피하고, 어떤 관심도 받지 않으려고 되도록 자기 자신을 아주 작게 만들면서 스스로를 고립시키고 외로워하며 살아왔다. 마음속으로는 인정받는다는 사실이 정말로 기쁘게 느껴질 때에도 자신이나 자기 일이 아닌 다른 사람이나 다른 사람의 일이 주목을 받기를 원했고 자신이 받은 칭찬을 축소하기에 바빴다. 왜일까? 가장 근본적인 이유는 자기 자신이 무언가를 받을 만한 가치가 없다고 믿기 때문이다.

받아들임이란 사람마다 모두 다른 의미를 갖는다. 받아들임은 사랑일 수도 있고 애정, 인정, 관심, 선물, 칭찬일 수도 있다. 그 무엇이든지 받아들임의 대상이 될 수 있다. 우리 자신과 우리가 가진 깊은 소망을 이해하는 아주 좋은 방법 한 가지는 아주 어렸을 때 느꼈던 감정을 살펴보는 것이다.

예를 들어 엄마에게 사랑, 인정, 보살핌을 절실하게 받고 싶어 했던 여자아이는 애정 결핍을 상쇄하려고 감정 표현을 거의 하지 않는, 아주 무뚝뚝한 어른으로 자랄 수도 있다. 이 아이는 자신이 원하는 것을 갖시 않아도 살아살 수 있도록 자신이 원하는 것은 그다지 숭요하지 않다고 되뇌며 포기하고 엄마의 애정을 얻으려고 지나치게 무리해서 성취하는 아이가 된다. 그런 자신을 위로하려고 폭식을 하거나 많은 남자아이를 만나거나 술을 마시기도 한다. 다른 사람이 안아주려고 할 때마다 잔뜩 긴장해서는 다른 사람을 멀리 밀어내고 솔직하게 자신을 알렸을 때 상처받을지도 모른다는 마음에 그저 움츠리는 사람으로 자란다. 외롭고 결핍되어 있으며, 자신은 충분히 좋은 사람도 아니고 자격도 없으니 그토록 갈구하는 사랑을 받지 못하는 것도 당연하다고 믿는다. 그리고 이런 감정을 느껴야 한다는 사실이 너무나도 고통스러워서 받아들이기를 거부하고 언제나 안전한 장소에 머물기로 결정한다.

내면의 아이 들여다보기

어린 시절에 충족하지 못했던 소망은 어른이 되어서 구체적인 모습을 드러내 다른 사람과 상호작용하는 방식, 인생을 살아가는 방법, 인간관계를 맺는 방법 등을 결정한다. 당신도 어린 시절에 원했던 것들을 충분히 받지 못했고 자신에게 확신이 없는 사람이라면 마음 깊은 곳에 자리하고 있는 상처를 충분히 들여다볼 필요가 있다.

내면의 아이를 들여다보는 동안 우리는 우리가 다시 자기 자신의 부모가 되어주고 어린 시절에는 받지 못했지만 여전히 우리에게는 필요한 일들을 직접 해줄 수 있는 방법을 알게 된다.

다음 질문에 답해보자.

- 어렸을 때 슬펐던 경험, 서글퍼서 울고 싶었던 경험, 외롭고 고립되어 있다거나 절망스럽고 공허했던 경험, 두렵고 무섭고 잔뜩 걱정이 되었던 경험을 한 적이 있는가?
- 그런 경험을 했을 때 몇 살이었는가? 눈을 감고 그때의 자신을 떠올려보자. 그 아이는 어떤 옷을 입고 있는가? 머리 모양은 어떤가? 어떤 표정을 짓고 있나?
- 어떤 일이 벌어지고 있나? 그 아이는 자신이 겪고 있는 일 때문에 어떤 기분을 느끼나?(어떤 생각이 드는가가 아니라 그때 느낀 기분을 떠올려야 한다.)
- 그 어린아이는 그런 감정을 떨쳐내려고 어떤 위기 대처 기술을 사용하고 있나?
- 그 기술은 지금도 당신을 위로하려고 사용하고 있는가?
- 그 기술이 지금도 도움이 되는가, 아니면 오히려 방해가 되는가?
- 그 아이에게는 어떤 말을 해줘야 할까? 어떤 말을 해줘야 그 아이는 자신이 사랑과 보호를 받고 있으며 안전하니 안심해도 된다고 여기게 될까? 어떻게 해야 이미 충분히 가치 있고 좋은 사람임을 알려줄 수 있을까?

이런 질문들은 마음속 깊은 곳을 건드린다. 자기 내면의 아이와 깊은 관계를 맺어갈수록 당신은 자신을 훨씬 깊은 연민을 가지고 대할 수 있게 된다. 자기 내면의 아이에게 깊이 공감하고 그 아이가 겪어야 했던 상처를 충분히 이해하게 된다.

현재 상태가 감정적으로 엄청나게 극단적인 반응을 불러일으킬 때면 당신은 그런 반응을 일으키는 것은 내면의 아이임을 알게 되고 그 아이에게 관심을 기울여야 함을 알게 될 것이다. 또 어떻게 해야 내면의 아이를 안전하게 보호할 수 있을지, 그 아이에게 어떤 말을 해줘야 할지, 그 아이를 어떻게 위로할 수 있을지도 생각해봐야 한다.

SCENE 린다 ❷

몸이 작아지면 좋겠다고 생각했던 린다를 기억하는가? 남편과 사별하고 자신감은 전혀 없었던 린다는 어렸을 때 육체적으로나 정신적으로 버림받은 채 자랐다. 형제가 많은 집 아이였던 린다는 배를 주린 채로 자러 갈 때가 많았고, 자는 동안 평화롭게 죽기를 바란 적도 있었다. 부모님들은 남자 형제들을 편애했고 린다는 실패한다는 말을 입에 달고 살았다.

내면의 아이를 들여다보는 동안 린다는 다섯 살 때의 자신을 만났다. 이 아이는 유치원 교실에 서 있었다. 아이는 자신이 그곳에는 어울리지 않는다고 생각했다. 옷은 너무 더러웠고 교실에 있는 다른 아이와 달리 자기 머리는 전혀 빗질이 되어 있지 않다는 사실을 분명하게 의식하고 있었다. 아이는 다른 아이들의 눈에 띄지 않도록, 되도록 자신을 작게 만들려고 최선을 다했다.

그로부터 50년이 지났는데도 린다는 여전히 자신은 좋은 사람이 아니며 좋은 일을 겪을 자격이 없는 사람이라고 믿었고 어떻게든 눈에 띄지 않으려고 노력했다. 아이들과 관계가 있는 사람이 아니라면 거의 만나지도 않았다. 린다에게 유치원 교실에 홀로 서 있는 아이가 무엇을 원하는지 묻자 눈물이 그렁그렁해진 채 이렇게 말했다. "나도 중요한 사람이라는 걸 알고 싶어요. 충분히 먹여주고 돌봐줘야 하는 소중한 사람이라는 걸 알고 싶어요. 나도 누군가가 내 머리를 빗겨주고 정리해줘야 하는 소중한 사람이라는 걸 알고 싶어요. 나도 충분히 괜찮은 아이라고, 다른 아이들과 똑같은 아이라고 말해줄 사람이 필요해요."

내면의 아이를 치유할 때는 내면의 아이에게 이제는 당신이 거기에 있다고, 당신이 보호해주고 필요한 것들을 채워줄 거라고 말해주는 것만으로도 충분할 때도 있다. 하지만 좀 더 깊은 치료를 해야 할 때도 있다. 그래야 한다는 생각이 들면 내면의 아이에게 편지를 써보는 것도 좋다. 내면의 아이를 당신과는 다른 주체로 설정하면 당신 스스로는 밖으로 드러낼 수 없는 그 아이의 감정을 밖으로 이끌어낼 수도 있다. 딩신과는 다른 존재로서 아이를 드러내는 데 편안해지면 **당신은 내면의 아이가 필요한 것을 받게 해줄 수 있으며**, 그 아이에게 정말로 필요한 것을 당신이 줄 수도 있게 된다. 이 치료는 내면의 아이에게 다시 부모를 만들어주는 과정이다. 당신이 내면의 아이가 원하던 것을 갖게 해주면 아이는 이 치료법을 훨씬 편안하게 받아들이고 자신은 가치가 있는 사람이라고 믿게 된다. 그동안 당신도 생애 처음으로 당신도 가치가 있는 소중한 사람임을 믿기 시작할 것이다.

학대자와 함께 지내는 사람은 학대자가 찔끔찔끔 주는 것을 받는 데 익숙해진다. 학대자와 함께 지내는 동안 내면의 아이는 항상 존재했겠지만 그 아이는 자신에게 필요한 것들을 달라고 말할 용기가 없다. 한 내담자는 "나는 그 사람이 던져주는 부스러기를 받아 먹으려고 구석에 앉아 있는 강아지가 된 기분이에요."라고 말했다. 나는 이 말이 학대 관계의 피해자가 처한 상황을 아주 정확하게 묘사한다고 생각한다. 학대자는 피해자에게 무언가를 줄 능력이 있지만 학대자가 주는 것은 한계가 있고, 그 양도 학대자 마음대로이다. 무언가를 주기는 줄지, 준다면 언제 줄지 등은 모두 학대자가 결정한다. 피해자의 동반자는 간신히 버티며 살아나갈 수는 있지만 행복하게 잘 살 수는 없다.

감정이 메마른 상태로 생존하는 법을 익힌 사람에게 받아들임이란 너무나도 낯선 감정일 수 있다. 칭찬을 칭찬 그대로 믿지 못하고 일을 잘해서 인정을 받아도 그 사실을 믿지 않으며 자신에게 소망이나 욕구가 있음을 인정하지 않으며 자신을 위해 변명도 하지 않는 여성이 많다. 이들은 칭찬, 인정 등 자신에게 필요한 것들을 다른 사람이 주면 흔히 불편해진다. 일단 학대 관계에서 벗어난 뒤에도 마찬가지다.

받아들이는 법을 배우는 것은 인생을 바꾸려는 당신이 자신에게 줄 수 있는 가장 근사한 선물 가운데 하나일 것이다. 이제 당당히 자신을 열고 인생이 주는 근사한 일들에 풍덩 빠져보자. 격려, 칭찬, 지원, 우정, 사랑, 성공은 모두 당신의 것이 될 수 있다. 그런 관계 요소들을 받아들일 수 있도록 자기 자신에게 허락해주자. 이런 긍정적인 요소들을 받아들일수록 당신의 삶은 풍요로워지고 당신 속에서 비어 있던 공간은 다시 채워진다. 당신 마음이 마음껏 받을 수 있도록 허락해주자.

두려움을 어떻게
떠나보낼 수 있을까?

　당신의 인생에서 두려움이 커다란 역할을 하고 있다는 사실을 인정하는 것, 그것은 학대 관계를 끝낸 뒤에 당신이 마주쳐야 하는 아주 어려운 문제 가운데 하나이다. 학대자는 피해자에게 공포심을 불러일으키고 그 공포심을 이용하는 데 능숙하기 때문에 실질적인 위협이 사라진 뒤에도 피해자는 계속해서 두려워한다.

　두려움은 서서히 퍼진다. 일단 희생자를 낚아채기만 하면 희생자 인생의 모든 측면에 스며들어간다. 두려움은 다양한 모습을 하고 있어서 학대자와의 경험이 만든 정신적 외상과 분명하게 관계가 있는 것처럼 보이는 두려움도 있지만 그 원인을 쉽게는 알 수 없는 두려움도 있다. 내가 아는 한 여성은 비행기 타기도 자동차 운전도 심지어 에스컬레이터 타기도 두려워했다. 분명히 이런 두려움은 학대와 직접 상관관계가 있지는 않다. 하지만 늘 무기력함을 느끼고 스트레스를 받으며 사는 사람은 두려움의 대상을 좀 더 명확하게 표현할 수 있는 것으로 바꾸는 경향이 있다. 남편이 화내는 게 두렵다고 말하기보다는 (스스로 그런 사실을 인지하고 있다는 가정 아래) 비행기 타는 것이 두렵다고 말하는 편이 훨씬 쉬운 일이니까.

　두려움은 자신에게 일할 능력이 있는지, 아이를 돌볼 능력이 있는지, 심지어 자기 자신을 돌볼 능력이 있는지를 의심하게 한다. 여성의 경우 그런 두려움은 심신을 쇠약하게 만들 수도 있다.

두려움이 깨어있을 때 활동하는 일에만 영향을 미치는 것은 아니다. 학대 관계를 떠나기 전까지는 깨닫지도 못하는 여러 가지 방식으로 무의식에도 영향을 미칠 수 있다. 학대 관계를 끝내고 안전해졌다는 느낌이 들 때에야 비로소 자신이 겪은 일을 이해하고 깨닫게 되는 경우는 드물지 않다. 악몽은 외상 후 스트레스 장애에서 흔히 나타나는 증상이다. 악몽은 무의식이 완전히 처리하지 못한 문제를 해결해나가는 한 가지 방법이다. 학대 관계를 겪은 뒤에는 수년 동안 악몽에 시달릴 수도 있다. 물론 시간이 흐르면서 악몽을 꾸는 횟수도 줄어들고 악몽의 강도도 낮아지겠지만 말이다.

그저 겪어나가겠다는 자세

두려움은 그 자체로는 나쁘지 않다. 사실 두려움은 잠재적인 해로움을 경고해주기 때문에 우리 생존에 아주 중요하다. 《서늘한 신호The Gift of Fear》에서 개빈 디 베커는 "우리는 위험을 경고해주고 위험천만한 상황을 헤쳐 나갈 수 있도록 이끌어줄 영리한 내부 수호자라는 선물을 가지고 있다."라고 했다. 직관은 당신에게 동반자를 두려워하라고 말해준다. 그것도 충분한 근거를 가지고 경고한다. 직관은 당신을 속이지 않는다. 당신이 직관을 무시하는 것뿐이다. 언제나 두려움을 품고 살아간다면, 그 두려움이 아주 낮은 수준이라고 해도 삶의 질을 너무 쉽게 떨어뜨리고 삶의 모든 측면에 영향을 미칠 수 있다.

학대 관계 속에서 살아간다는 것은 일반적인 삶을 살면서 느끼는 것보다는 훨씬 더 많은 두려움을 느끼며 살아야 한다는 뜻이다. 육체적으로, 언어적으로, 심리적으로 큰 화를 입을 수 있다는 두려움을 느끼면서 계속 살아가야 한다면 몸과 마음에 큰 타격을 받을 수밖에 없다. 동반자의 공격성은 언제라도 폭발할 수 있기 때문에 당신은 늘 두려움에 떨면서 살아야 한다. 실질적인 협박이 사라진 뒤에도 그런 두려움은 평지풍파를 일으키지 않겠다는 마음으로 남아 사라지지 않는다. 그런 사람들을 볼 때마다 나는 새장에 갇힌 새가 생각난다. 새장에 갇혀 있던 새는 자기 자리는 새장 안이라고 규정하고 새장 문이 열린 뒤에도 자유를 찾아 날아가기를 두려워한다.

두려움은 피하려고 하거나 극복하려고 무리해서 애쓰지 않고 그저 겪어나가겠다고 생각하는 자세가 정말로 중요하다. 아무리 자신이 느끼는 두려움이 불합리하다는 사실을 안다고 해도 이성적인 생각만으로는 두려움에서 벗어날 수 없다. 불편하다고 해도 두려움을 감싸 안아야 한다. 멀리 도망치지 말고 두려움을 향해 나아갈 때, 자기 자신이 두려움 속을 완전히 헤쳐 나가도록 허용해줄 수 있을 때 결국에는 두려움에서 벗어날 수 있다.

ADVICE 정신적 외상 치유법

자기 감정을 살피고 두려움이 표면 위로 떠오르는 순간에 관심을 기울여야 한다. 분명히 두려움을 야기하는 원인이 있을 텐데, 이 원인은 좀 더 탐구해볼 가치가 있다. 어쩌면 당신은 순환looping 을 경험하고 있는지도 모른다. 마음속에서는 경험했던 일이나 하고 있는 걱정이 계속해서 떠오르고 또 떠오르는 것이다. 순환은 정신적 외상을 겪는 사람에게서 흔히 나타나는 증상이다. 그러니 그런 생각을 하고 감정을 느낀다는 이유로 자신을 비난하고 강타해 상처를 덧나게 하지 말자. 당신은 부상을 당했고 치유될 시간이 필요하다. 두려운 마음을 억지로 몰아내려고 하거나 억누르려고 하면 오히려 역효과만 나서 더욱 더 불안해지고 불편해질 수 있다. 애써 고요해지려 하지 말고 두려워하는 감정을 가능한 한 객관적이고 탐구하는 자세로 관찰해보자. 그런 마음이 정신적 외상과 스트레스 때문에 생기는 감정임을 이해하자. 그것으로 충분하다.

두려운 감정을 모두 적어보고 그런 감정이 생길 때는 각 감정을 어떻게 다룰지 적어보자. 당신에게는 힘과 능력이 있음을 기억해야 한다. 자신에게 힘과 능력이 있음을 아는 순간 두려운 감정들은 더 이상 눈에 띄는 힘을 발휘하지 못한다. 두려운 감정들을 제삼자가 느끼는 감정으로 외면화하면 그 감정의 실체가 무엇인지, 어째서 당신의 마음에서 그런 감정들이 생겨나는지를 분명하게 알 수 있다. 좀 더 강해져 자신에게 확신이 생기고 어떤 일이든지 헤쳐 나갈 수 있는 능력이 생기면 두려움이 당신의 인생에 미치는 영향력은 더욱 작아지고 당신이 한때 가지고 있던 공포증마저도 서서히 사라질 것이다.

꿈을
다시 찾는 여정으로

　학대와 통제를 받는 관계에 있는 사람에게는 꿈을 꿀 여유가 없다. 자신의 진정한 자아와 진정한 꿈을 학대자에게 알리면 심각한 반발에 부딪치리라는 두려움을 갖게 되었을 것이다. 어린 시절에 통제, 비난, 처벌을 받았다면 자기 깊은 곳에 숨어 있는 감정과 욕구, 희망을 드러내는 일이야말로 엄청난 위험을 감수해야 하는 지극히 위험한 일이라고 느낄 것이다. 살아가는 곳이 안전하지 않다는 느낌 때문에(아이들은 자신이 살아가는 곳이 안전하다는 사실을 분명하게 느낄 수 있어야 함에도 불구하고) 자신에게 필요한 일이 무엇인지를 깊이 생각해볼 여력이 없었을 것이다.

　매슬로의 욕구 단계Maslow's hierarchy of needs 에 따르면 좀 더 높은 단계의 욕구를 느끼려면 무엇보다도 먼저 가장 기본적인 생리 욕구가 충족되어야 한다. 먼저 공기, 음식, 물, 주거지 같은 첫 번째 단계의 욕구가 충족되면 그다음으로는 안전을 추구한다. 전쟁이나 자연 재해, 가정폭력 등으로 안전을 추구하는 기본 욕구가 충족되지 않는다면 외상 후 스트레스 장애를 경험할 수 있다. 안전이란 신체 안전, 육체 건강, 재정 안정 등을 모두 포함하는 개념이다. 안전의 욕구가 충족되면 사람은 사랑이나 소속감에 대한 욕구를 갖게 된다. 그런데 안타깝게도 아이들은 사랑받고 싶고 소속감을 느끼고 싶다는 욕구가 너무 강해서 안전이라는 기본 욕구를 무시하고 자신을 학대하는 부모(들)에게 매달린다. 다음 욕구 단계는 존중이다. 타인에게, 그리고 자신에게 존중받고 가치를 인정받고자 하는 욕구이다. 그리고 가장 높은 단계의 욕구는 자아실현이다. 자아실현이란 한 사람이 가지고 있는 모든 잠재력을 실현하는 것이다. 매슬로는 자아실현 단계를 가리켜 한 사람이 할 수 있는 모든 일들을 성취하고자 하는 소망이며, 한 사람이 될 수 있는 최상의 모습이 되고자 하는 소망이라고 했다.

인생을 만들어나간다는 것

기본적인 욕구(필요)가 충족되지 않으면 다음 단계 욕구를 가질 수 없다. 전쟁터 한가운데서 살아가는 사람이라면 언제 죽을지 모른다는 두려움에 떨면서 댄서가 되겠다며 자세를 교정하고, 새로운 기술을 습득하고, 익힌 기술을 연마할 생각은 하지 못할 것이다. 폭력적이고 통제하는 환경에서 살아가는 사람도 마찬가지다. 살아가는 환경이 안전하지 않다면 마음속 깊은 곳의 욕구를 탐구할 여력도 이유도 없다.

당신이 지금까지 맺어왔던 인간관계에, 그리고 어쩌면 살아왔던 모든 과정에 매슬로의 욕구 단계를 적용해보면 슬플 수도 있다. 이제 당신은 안전하다. 이제는 당신이 가지고 있는 관심을 진지하게 탐구해볼 자유가 있다.

당신을 통제하는 사람이 없을 때, 당신 혼자서 있을 때, 당신은 어떤 사람인가? 학대를 받는 관계에서 벗어나 강한 자아감을 만들어가는 일이 근사한 것은, 그 일을 통해 당신이 당신의 인생을 만들어갈 건축가가 될 수 있기 때문이다. 내 인생을 만드는 건축가라니, 정말 신나지 않는가?

ADVICE 정신적 외상 치유법

자신에게 다음 질문을 해보고 그 답을 일기장에 적어보자.

- 내가 가치 있다고 생각하는 것은 무엇인가?
- 나는 무슨 생각을 하는가?
- 나는 나에 관해 어떻게 이야기하는가?
- 미래에 나는 어떤 모습이라고 생각하는가?
- 인간관계에서 나는 어떻게 대우를 받아야 하는가?
- 관계에서 내가 인정받고 사랑받고 있음을 어떻게 알 수 있는가?
- 예전부터 하고 싶었던 일인데 아직도 하지 못한 일은 무엇인가?
- 한때는 열정을 가지고 있었지만 지금은 포기해버린 일은 무엇인가?
- 내가 아주 괜찮은 사람이라고 느낄 때는 언제인가?
- 늘 갖고 싶었지만 갖고 싶다는 소망을 표현하기 두려웠던 것은 무엇인가?

- 늘 하고 싶었지만 두려움에 시도할 엄두도 못 냈던 일은 무엇인가?
- 내 아이와는 어떤 관계를 맺고 싶은가?
- 내가 원하는 일을 하고 있는가(원하는 직업을 가지고 있는가)? 아니면 좀 더 충족될 필요가 있거나 다른 일(직업)을 찾을 필요가 있는가?
- 나는 어떤 일에 관심을 가지고 있는가?
- 하고 싶은 일을 즐길 시간은 어떻게 확보할 것인가?

다시 꿈을 꾸면서 살아가는 일이 너무나도 버거워서 어찌할 바를 모르겠다면 일단 작은 일부터 하나씩 해보도록 하자. 한 여성은 음악을 사랑했다. 음악은 이 여성의 인생에서 많은 부분을 차지하고 있었지만 결혼을 한 뒤에 음악을 즐기는 일은 포기해야 했다. 그녀의 남편은 아내가 라디오를 틀고 좋아하는 음악 채널에 주파수를 맞출 때마다 아내의 음악 취향을 비웃으면서 항상 자신이 듣고 싶은 음악만 듣게 했다.(아내가 남편이 선택한 음악을 좋아하지 않는다는 사실은 두 사람의 관계에서 전혀 문제가 되지 않았다.) 두 사람이 헤어진 뒤 여성은 다시 음악을 듣기 시작했다. 음악은 그녀가 슬픔과 고통, 분노를 치유하는 데 도움을 주었고, 결혼하기 전과 마찬가지로 힘을 주고 영감을 불어넣어주었다. 얼마 지나지 않아 그녀는 관심이 가고 시도해보고 싶은 다른 일들도 쉽게 찾을 수 있었다.

너무 나이가 많아서, 너부 어려서, 그다지 똑똑하지 않아서, 날씬하지 않아서, 적절한 배경이 없어서, 적절한 경험이 없어서 그런 일은 할 수 없다고 빈정대는 목소리는 꺼버리는 연습을 하자.

- 상상 속 당신은 어떤 모습인가?
- 상상 속에서 당신은 어떤 일을 하고 있나?
- 당신과 함께 있는 사람들은 누구인가?
- 상상 속에서 경험하는 일들에 어떤 느낌이 드는가?

이 훈련을 계속해야 한다. 일기장에 생각을 적어보자. 마음이 편해지고 내면의 가장 깊은 곳에 있는 소망과 바람을 탐구할 수 있는 여유가 생기면 상상 속 당신의 모습도 점점 바뀐다. 이 과정은 정말 근사하다. 할 수 없다는 마음을 버리고 자기 자신과 자신의 가치와 능력을 믿어줄 때에만 당신의 꿈은 점점 커나갈 수 있다.

건강한 관계는
어떤 모습일까?

공자는 "무언가를 사랑한다는 것은 그것이 살아가기를 원하는 것"이라고 했다. 건강한 관계를 맺고 있는 사람들은 상대가 혼을 내리라는 두려움 없이 서로 자유롭게 자기 의견과 느낌을 말한다. 서로를 존중하며 서로를 지원한다. 비난도 상처도 비웃음도 받지 않으리라는 사실을 알기에 소망과 바람은 주저하지 않고 말한다. 서로가 개별적인 사람으로 살아가면서 성공할 수 있도록 격려해주고 다른 사람과 교류할 수 있도록 도와준다.

건강한 관계에서도 싸움은 있다. 건강한 관계는 신념과 의견, 생각과 느낌이 저마다 다른 두 사람이 함께 만들어나가는 관계이기 때문이다. 그러나 동반자에게 동의하지 않는다고 해도 상대방은 다른 감정과 의견을 가질 권리가 있음을 인정하고 자신과 다른 상대방의 감정과 의견을 존중한다. 두 사람이 힘을 합쳐 문제를 해결할 방법을 찾으려고 노력한다. 위협을 하거나 상대방을 휘두르는 말도 육체 폭력도 사용하지 않는다. 또한 자기 행동은 자기가 책임진다.

한 사람과 함께 있을 때는 사랑받고 있다는 느낌을 받아야 한다. 사랑하는 사람들은 누구나 의견이 다를 때가 있고 상처를 받을 때도 있고 이해받지 못한다는 느낌이 들기도 한다. 가끔은 평소와 달리 너무나도 소원해졌다는 느낌이 들 때도 있다. 그것이 정상적이고 건강한 관계이다. 그렇다고 해도 건강한 관계에서는 상대방에게 인정받지 못하고 있으며 사랑받지 못하고 있다는 의문은 들지 않는다.

경쟁 관계에 있거나 서로를 반목하는 관계와 달리 동반자 관계에서는 동반자가 당신을 격려해주고 지원해주고 있다는 기분을 느낄 수 있어야 한다. 또한 동반자와 당신은 똑같은 무게로 목소리를 내고 의견과 생각을 말할 수 있어야 한다. 서로의 소망을 조절해야 할 때도 있겠지만 한 사람의 소망을 위해 다른 한 사람이 지나치게 희생해서는 안 된다.

건강한 관계에서는 두 사람 모두 서로가 가장 잘되기를 원하며, 상대방이 성공하는 것이 두 사람 모두에게 도움이 된다는 사실을 잘 안다. 두 사람 모두 서로의 꿈을 지지한다. 두 사람 모두 서로를 진정한 **동반자로,** 한 팀이 되어 인생을 헤쳐 나가는 팀원으로 생각한다. 두 사람은 진정한 자신의 모습을 상대방에게 보여주고 있다는 느낌을 갖는다. 이렇게 좋은 관계는 너무나도 좋아서 비현실적이라는 생각이 들지도 모르겠다. 하지만 바로 이런 식으로 상호작용할 수 있어야 한다. 오랫동안 서로를 사랑하고 헌신하는 관계를 만들어가려면 무엇보다도 서로를 존중해야 한다.

건강한 관계는 소유욕이 아니라 사랑을 기반으로 한다. 상대방의 삶이 확장될 수 있도록 격려해준다. 상처를 받게 되리라는 걱정이 없으니 상대방을 신뢰하고 진정한 자기 모습으로 상대방을 대할 수 있다.

다시 나 자신을 믿기 위해서

이전 관계에서 심하게 덴 여성들은 누군가를 믿는다는 것이 어렵다는 말을 자주 한다. 많은 여성이 앞으로 새로운 관계를 맺을 수 없을 것 같다는 두려움에 사로잡힌다.

그런데 사실 다른 사람을 믿을 수 없게 되었다는 것은 실제로는 자기 자신을 믿을 수 없게 되었다는 뜻이다. 학대 관계에서 벗어난 사람은 다른 사람에 관한 자신의 직관을 더는 믿을 수 없으며 받아들여도 되는 대우와 그렇지 않은 대우를 구분할 수 있는 능력이 없어졌다고 생각하게 된다. 또 자기 자신을 위해 정당한 주장을 할 수 있는 능력도, 학대 관계가 될지도 모르는 관계를 구별할 능력도 없다고 생각한다.

물론 학대자와 함께 지낸 뒤에 자신에 대해, 자신의 판단력에 대해 의문을 품지 않기란 어렵다. 이미 과거에 잘못된 길로 인도했다면 자기 '직감'을 신뢰하기 힘들 수 있다. 그렇기 때문에 당신이 어떤 힘을 가지고 있으며 어떤 힘은 없는지를 정확하게 인지하는 일이 중요하다. 당신의 직관이 당신으로 하여금 틀린 선택을 하게 한 것일까, 아니면 당신이 직관을 무시하기로 결정한 것일까? 믿고 싶지 않은 일을 마주 보기보다는 더 쉬워서 다른 방법을 택했던 것은 아닐까? 그저 사랑받고 싶어서 부당한 대우를 참았던 것 아닐까? 이런 질문을 해야 한다.

물론 이런 질문들을 대면하기는 쉽지 않다. 자신을 방어하고 싶고 이전 감정은 부정하고 싶을 것이다. 하지만 당신이 겪었던 일 때문에 비난받아야 한다고 주장하는 것이 아니다. 이런 질문들을 해야만 자신이 인간관계를 어떤 식으로 맺고 있으며 어떤 식으로 반응하는지를 좀 더 잘 이해할 수 있다. 자기 자신을 이해힐 수 있게 되면 다른 사람들과 관계를 맺는 자신에 대해 놀랍고도 소중한 사실들을 파악할 수 있다.

학대 관계는 아주 복잡하다는 사실을 잊지 말아야 한다. 당신이 알 수 있는 것은 무엇을 알고 있는가와 언제 그것을 알게 되었는가뿐이다. 오랫동안 애써 외면해왔던 학대 관계를 명확하게 파악하려고 노력한다는 사실만으로도 당신은 스스로를 자랑스럽게 여겨도 된다. 당신은 학대 관계에서 벗어날 정도로 용기가 있는 사람이다. 게다가 역시나 견디기 힘들고 고통스러운 자기 치유라는 과정을 기꺼이 해내고 있는 사람이다.

과거에 당신은 모든 일을 제대로 파악하고 정확하게 대처할 수 없었다. 동반자에게 당신을 학대할 수 있는 기회를 너무 많이 준 것도 맞다. 하지만 이제 당신은 그 관계에서 벗어났다. 절대로 변할 리 없는 학대 관계에서 벗어나겠다는 결정을 내렸다는 것만으로도 당신은 더욱 강해지고 현명해진 것이다. 자신의 능력을 믿을 때 자신을 신뢰할 수 있으며, 자신을 신뢰할 수 있을 때 다른 사람도 신뢰할 수 있다.

이제 당신은 이 여정을 시작할 때와는 전혀 다른 사람으로 바뀌었다. 이제 더는 학대자의 행동을 눈치채지 못하는 순진한 사람이 아니다. 이제 알고 있어야 할 내용을 제대로 배웠고 건강한 관계가 어떤 모습이어야 하는지, 인간관계에서는 어떤 기분을 느껴야 하는지도 안다. 이제 더 이상 자신의 감정을 숨기지도 않고 학대자를 위해 변명을 하지도 않으며 다른 사람이 책임질 일을 대신 떠맡지도 않게 되었다. 이제 당신은 당신의 가치를 알고 당신을 존중하지 않고 인정하지 않는 관계는 받아들이지 않는 사람이 되어가고 있다. 왠지 받아들일 수 없는 관계라는 느낌이 들면 당신의 느낌과 능력을 믿고 그 관계에서 벗어나 계속해서 당신의 삶을 살아갈 수 있게 되었다.

치유 과정을 완전히 끝내기 전까지는 완전히 망가지는 것이 더 쉽다고 느껴질 뿐이어서 완전히 치유되어 과거를 떨쳐버릴 수 있다는 주장은 그저 기이하게 들릴 수도 있다. 사람은 자신이 겪은 나쁜 일들은 공포, 불신, 쓸쓸함으로 남으리라고 믿는 경향이 있다. 물론 그럴 수도 있지만 상처를 완전히 치유한 사람들은 자신이 겪은 고통 때문에 자신이 훨씬 더 강해졌음을 알게 된다.

진흙 속에서 연꽃이 피어나듯이 깊이 파묻혔던 고통 속에서는 엄청난 지식과 자기연민, 내면의 강인함을 들고 다시 태어날 수 있다. 이제 당신은 자신의 아주 깊은 곳을 알게 되었고 자신에게 회복력이 있다는 사실도 분명히 알게 되었다. 고통 속에서 아름다움이 피어난 셈이다. 그 어떠한 사람도 받아서는 안 되는 대우를 받으며 감내하는 동안 당신이 겪어야 했던 고통은 당신이 자기주장을 하는 법을, 두려움에 맞서는 법을, 자신을 연민하는 법을, 완전한 자신이 되는 법을 아마도…… 처음으로 가르쳐주었을 것이다. 몸을 똑바로 펴고 고개를 당당하게 들고 깊이 숨을 들이마시자. 자기 자신에게 확신을 갖고 여기까지 이끌어온 발견을 했다는 사실에 자부심을 갖자. 당신은 당신 그대로의 모습으로 어디에 있든지 간에 사랑받을 가치가 있는 소중한 사람이다.

딸은
엄마를 보고 배운다

딸을 위해 할 수 있는 가장 중요한 일은 가정에서 건강한 관계를 형성하는 역할 모델이 되어주는 것이다. 여자아이들은 대부분 가장 중요한 인간관계(부부 관계)에서 엄마가 어떤 식으로 행동하는지를 관찰하고 자신들이 사람들과 관계를 맺을 때도 엄마처럼 행동한다. 부모가 싸우는 순간에도 누구나 자기 감정을 두려움 없이 말할 수 있어야 한다는 사실을 배운다. 화가 나는 순간에도 상대방을 믿으며 욕을 하지 않으며 상대의 인격을 공격하지 말아야 한다는 사실을 배운다. 상처를 주는 행동이나 해결해야 할 문제가 있으면 서로 토론을 해야 한다는 것도 알게 된다.

그러므로 당신이 동반자 앞에서 항상 움츠리고 겁을 내는 모습만 보고 자란 딸은 남자친구에게 당당하게 자기주장을 할 수 없다. 당신이 싸우지 않으려고 남편이 모든 일을 결정하게 만드는 모습을 지켜보고 자란 딸은 작건 크건 간에 자신에게는 어떤 일을 결정할 능력이 없을지도 모른다고 의심하게 된다.

엄마는 자식을 안내하는 사람이다. 믿기 어려울지도 모르지만 딸은 엄마를 보면서 다른 사람에게 어떤 대우를 받아야 하는지를 배운다. 딸을 돕는 가장 효과적인 방법은 잘 살아가는 모습을 직접 보여주는 것이다.

당신은 동반자를 학대하고 공격하는 학대 관계 속에서 딸을 자라게 했다는 이유로 죄의식을 느끼고 좌절할지도 모르겠다. 하지만 아직 포기할 이유가 없음을 알았으면 좋겠다. 우리가 할 수 있는 일은 알고 있는 내용을 가르치는 것이다. 인간관계 속에서 나타나는 건강한 행동과 건강하지 않은 행동은 언제라도 알려줘야 한다. 당신 딸은 어린 시절에 큰 상처를 입었을 수도 있다. 하지만 당신이 그랬듯이 그 상처를 탐구하고 지혜를 얻으면서 충분히 치유해나갈 수 있다.

딸이 사랑에 빠지기 전에

딸들이 어렸을 때 학대 관계에서 나타나는 초기 징후들을 정확하게 알려주는 것이 중요하다. (일반 대중도 그렇지만) 여자아이들도 대부분 학대 관계라고 하면 신체 폭력이 발생하는 관계라고 생각한다. 조금 더 범위를 넓혀 언어폭력이 발생하는 관계 역시 학대 관계라고 생각하는 여자아이도 있다. 그러나 학대 관계를 규정하는 범위가 너무 좁기 때문에 많은 여자아이들이(많은 여성들 역시) 자신도 모르는 사이에 다양한 학대에 노출된다.

교묘한 학대는 딸들이 아주 오랜 기간 한 사람과 사랑에 빠지기 전인 사춘기 초기에 분명하게 알려줘야 한다. 연애를 하기 전에는 훨씬 덜 방어적이라 엄마가 전해주는 정보를 더 잘 받아들인다. 그러므로 한 사람과 깊은 관계를 맺기 전에 학대 관계에서 나타나는 기본적인 특징과 학대 관계를 감지하는 방법을 알려주는 것이 좋다. 딸들에게는 성폭력범에 관해 가르쳐줘야 하는 것처럼 공격적이고 통제하려고 하는 관계에 관해서도 알려줘야 한다.

다음에 나열한 내용들은 어린 소녀들이 남자친구와의 관계에서 알고 있어야 하는, 학대 관계로 발전할 가능성을 알 수 있는 몇 가지 징후들이다.

- 친구들이나 다른 여자들을 좋지 않게 말한다.(당연히 한 사람의 행동을 싫어할 수는 있다. 하지만 그 때문에 욕을 한다거나 인격을 비웃는다거나 그 사람에 관한 상대의 생각을 바꾸려고 하는 것은 문제가 있다.)
- 상대를 비웃고 외모나 관심, 해낸 일을 우습게 여긴다.
- 다른 사람들과 함께 있을 때와 두 사람만 있을 때의 태도가 다르다.
- 자기와 함께 있는 것은 행운이라고, 그 누구도 상대와 함께 있기를 원하지 않을 것이라고 한다. 자신이 이해해주는 식으로 상대를 이해해줄 사람은 아무도 없다고 말한다.
- 둘만 함께 있기를 원하며 다른 사람들과는 교류하지 않는다. 관계를 맺는 상대와 시간을 함께 보내는 일 외에는 그 어떠한 활동도 하지 않는다.
- 상대가 친구들이나 가족과 함께 있을 때는 질투하고 불안해한다.
- 상대를 소유하려고 하고 독점하려고 한다.
- 상대의 친구와 가족들을 비웃는다.
- 상대에게 아주 사소한 것처럼 보이지만 왠지 마음을 불편하게 만드는 일을 하게 한다.

- 성관계를 강요하거나 성적 취향을 강요한다.

- 다른 여자들의 외모, 신체에 관해 이야기한다.

- 상대의 기분을 대수롭지 않은 것으로 만들고 당신의 느낌이 잘못됐다고 일축하거나 그런 기분은 느낄 이유가 없다고 말한다.

- 잘못을 해도 사과하지 않는다. 설사 사과를 한다고 해도 같은 행동을 계속하기 때문에 진심으로 사과한다는 생각은 들지 않는다.

- 문제가 생기면 언제나 상대를 비난한다.

- 군림하며 억누르거나 상대를 막아 서서 절대로 당신이 자기 곁을 떠나지 못하게 한다.

- 화가 나면 당신을 위협하거나 무섭게 만든다.

- 화가 나거나 흥분하면 아주 거칠게 운전한다.

- 화가 나면 물건을 던진다.

- 상대에게 완력을 사용한다.

- 상대를 거칠게 움켜잡고 때리고 목을 조르고 집어던지고 밀치고 머리카락을 잡아당기고 내팽개치는 등 육체 폭력을 가한다.

- 상대가 떠나면 자해를 하겠다고 협박한다.

한편 다음과 같은 질문도 해보라고 권해보자.

- 그 사람과 함께 있을 때면 가족과 친구를 방어하고 있다는 기분이 드는가?

- 그 사람에게 당신이 가족이나 친구들과 함께 시간을 보낸 이유를

구구절절 설명해야 하는가?

- 그 사람에게 당신 기분을 완전히 이해시키려면 신중하고 조심스럽게 당신 기분을 설명해야 하는가?

- 그 사람과 (특히 그 사람이 당신과 함께 있으려고 계획을 세웠다면) 더 많은 시간을 보내야 한다고 생각하는가? 그 사람과 함께 있어야 하기 때문에 우정이나 하고 싶은 일들, 관심사나 다른 책임 등을 포기하고 있다는 기분이 드는가?

- 끊임없이 그 사람에게 당신이 사랑하고 있다고, 그 사람 외에 다른 사람은 신경 쓰지 않는다는 사실을 알려줘야 한다는 생각이 드는가?

- 그 사람의 행동 때문에 당혹스럽다거나 그 사람이 어떤 행동을 한 이유를 다른 사람들에게 설명하고 변명해줘야 한다고 느끼는가?

- 다른 사람들이 두 사람 사이에서 벌어지는 실제 일을 알게 된다면 두 사람 사이를 인정해주지 않을 테니 어떤 부분은 감추어야 한다고 생각하는가?

- 그 사람을 즐겁게 해줘야 할 필요가 있다고 생각하는가? 그 사람이 원하는 일을 하지 않는다면 그 사람이 당신을 싫어할 거라는 느낌이 들거나 당신을 버리고 떠날 거라는 생각이 드는가? 아니면 다른 사람에게 당신에 관해 나쁜 말을 하거나 없는 말을 지어낼 거라는 느낌이 드는가?

- 성적인 부분을 만족시켜줘야 한다는 부담을 느끼는가?

- 그 사람이 화를 내면 위험하다는 생각이 드는가?

- 그 사람이 어떤 반응을 보일지 몰라 두렵거나 불안한가?
- 그 사람의 인격이나 선택을 진심으로 존경하고 싶다는 마음은 들지 않는가?
- 그 사람과 함께 있으면 불행한가?
- 혹시라도 떠나려고 하면 어떻게 나올지 몰라 두려운가?

딸에게 이런 내용을 알려줘야 하는 데는 두 가지 아주 중요한 이유가 있다. 첫째, 딸이 받아들일 수 있는 행동과 그렇지 못한 행동을 구분할 수 있게 된다. 아주 어렸을 때부터 딸을 해칠 수 있는 관계에 대해 알려주고 그런 관계에서 벗어나야 하는 이유를 말해주면 딸은 자신이 누군가와 헤어지려고 할 때 엄마가 든든한 힘이 되어주리라는 사실을 알게 된다. 엄마가 인정해주고 도와주리라는 사실을 알고 있을 때 딸은 해가 되는 관계를 과감하게 끝낼 가능성이 높다.

둘째, 이런 내용을 알아야 어떤 종류가 되었건 간에 딸이 학대 행동을 참을 가능성이 낮아지고, 그 때문에 남자아이들이 나쁜 행동을 할 가능성도 줄어든다. 하루아침에 모든 것이 바뀌지는 않지만 여자아이들이 좀 더 분명하게 자기주장을 하고 나쁜 행동을 거부하고 관계를 끝내면 남자아이들이 나쁜 행동을 서서히 고쳐나갈 가능성이 커진다. 어린 소녀들은 자신에게 힘이 있음을 알아야 한다.

딸의 자존감을
키우는 방법

딸에게 당신은 거울이다. 아주 어린 시절, 딸은 누구보다도 먼저 당신이 하는 행동을 보면서 자신이 해야 할 행동 방식을 정했다. 엄마를 보면서 딸은 처음으로 자기 자신의 인상과 가치를 결정한다. 그렇기 때문에 당신은 당신을 관찰하는 딸의 마음에 긍정적인 생각이 형성될 수 있도록 행동해야 한다. 당신을 보면서 긍정적인 신호를 받은 아이는 자아 형성기를 거치면서 높은 자부심과 자신감을 갖게 된다.

바람직하지 못한 행동을 할 때면 **딸이 문제라는 식으로 반응하지 말고 그 행동에 관해서만** 의견을 나누고 고쳐가도록 노력해야 한다.(딸이 행동하는 방식이 마음에 들지 않는다고 말하고 어떤 행동을 하기를 바라는지를 알려줘야지 딸에게 버릇없는 아이라고 말하면 안 된다.) 어린 소녀의 자아감은 아주 연약하기 때문에 부모가 부정적인 피드백을 주지 않더라도 성장하는 동안 자기 내면에서 비판하는 목소리에 크게 영향을 받을 수 있다. 딸들은 너무 민감하다거나 부적절한 감정을 느낀다거나 감정 표현이 이상하다는 등의 말을 들으면 자신에게 문제가 있다고 생각하고 자기 자신과 자신의 감정, 자신의 직관을 믿는 법을 배우지 못할 수도 있다. 부모가 딸의 외모나 지능, 성격, 전반적인 가치를 비난하면 딸은 살아가는 내내 너무나도 낮은 자부심과 자존감 때문에 고통을 받게 된다. 그리고 자부심이 낮은 여자아이들은 학대 관계를 맺을 가능성이 크다.

부모는 가능한 한 자주 딸을 칭찬해줘야 한다. 그 아이가 해낸 일, 그 아이의 능력과 외모 때문이 아니라 그 아이 자체로 소중한 사람임을 알려줘야 한다. 부모의 칭찬을 받은 특성은 성장하게 되어 있다. 누구나 실수를 하면서 배운다. 아이가 실패를 했을 때에도 평가하려고 하지 말고 아이가 안전하게 엎어질 수 있는 장소를 마련해줘야 한다. 당신이 아이의 잘못을 지적하지 않아도 아이는 경험을 통해 배운다.

다음 질문에 대답해보는 것도 도움이 될 것이다.

- 아이의 잘못된 행동을 고쳐주고 어떤 기대를 하고 있는지 말해주지 않고 아이에게 욕을 하거나 아이가 문제가 있는 아이라고 규정하지는 않았는가?
- 아이에게서 발견한 독특하고 근사한 자질을 칭찬해준 적이 있는가?
- 아이가 생각과 감정을 마음껏 표현할 수 있도록 격려해주고 아이가 정말 중요한 사람이라는 사실을 알려주었는가?
- 항상 아이의 장점을 일깨워주었는가, 아니면 아이의 단점을 부각시켰는가?
- 아이가 실패할 때 "엄마가 뭐랬니?"라며 무안을 주었는가, 아니면 당신을 포함해 모든 사람이 실패할 때가 있음을 알려주었는가?
- 살아가면서 만날 수 있는 문제를 직접 풀고 장애를 극복하고 다른 기회를 탐구할 수 있도록 격려해주었는가, 아니면 일단 선택한 일

이라면 무슨 일이 되었건 바꾸지 말고 살아가야 한다고 말해주었는가?

아무리 당신이 최선을 다한다고 해도 성장하는 동안 딸은 분명히 실망도 하고 좌절도 하고 비통해지기도 하고 상처도 받게 될 것이다. 그런 일들을 겪을 때마다 아이의 자부심과 자기 확신은 끊임없이 위협을 받는다. 우리가 기대할 수 있는 가장 좋은 일은 딸이 단단한 기반 위에서 어려운 시간을 견뎌내며 더욱 더 강해지는 것이다. 고통은 사람을 성장하게 만드는 원동력이다.

딸이 위험한 관계를 맺고 있다면

딸을 헌신적으로 사랑하고 딸의 가치를 인정하고 칭찬을 해주고, 인생을 제대로 살아갈 수 있는 모든 장비를 다 제공해줘도 가끔은 딸이 당신이 희망하는 인생과는 상당히 다른 인생을 살아갈 수도 있다. 사실 사랑받고 가족들의 지원을 받으며 건강한 가정에서 자라 자부심이 강한 소녀들도 많은 경우 자신도 모르는 사이에 학대자와의 관계에 빠져든다. 자부심이 낮은 소녀들만이 파괴적인 관계를 맺게 된다는 통설은 사실이 아니다. 이 책을 읽은 독자들은 이미 알고 있겠지만, 학대자는 변장에 능숙하다.

먼 곳에서 딸의 행동이 변하는 모습을 보는 동안 당신은 딸의 내면도 변해가는 모습을 보게 될 수 있다. 너무 바쁘다는 핑계를 대거나 남자친구와 함께 있어야 한다는 이유를 대면서 당신과 함께하는 시간을 줄여나갈 것이다. 엄마에게 시간을 내줄 것을 재촉하면 딸은 당신이 남자친구를 질투한다고 화를 낼 것이다. 남자친구와 데이트를 하기 시작한 뒤로 당신과 딸의 사이가 크게 변했다고 말하면 완전히 방어적인 태도를 취할 것이다.

시간이 흐르면 딸의 온몸에서 발산되던 활기는 점차 사라져간다. 생동감 넘치고 발랄했던 딸을 잃어기는 동안 엄마는 엄청나게 무기력함을 느낀다. 하지만 딸에게 다가가려고 노력하면 할수록 딸은 더욱더 저항하고 더욱 더 마음을 닫아버린다.

엄마인 당신은 당연히 딸의 남자친구에 관한 당신의 생각을 딸에게 전하면서 상황을 바로잡으려고 할 것이다. 그러나 사랑에 빠진 딸은 객관적으로 자신과 남자친구의 관계를 들여다볼 수 없다. 이미 너무나도 많은 것을 투자한 딸은 자신이 틀린 선택을 했다는 사실을 도저히 받아들일 수가 없다.

당신 딸은 쉴 새 없이 남자친구와 엄마에게 서로를 변명해주느라 기진맥진해질 것이다. 최악의 경우 엄마와 남자친구 사이에 끼어 있어야 했던 딸은 중간 역할을 하는 것이 너무나도 힘들다는 결정을 내리고 당신과의 관계를 거의 대부분 끊어버릴 수도 있다. 당신과의 관계를 완전히 끊어버리면 딸이 학대자와의 관계를 끝내고 빠져나올 가능성은 훨씬 줄어든다. 학대 관계에서 불행하다고 느끼기 시작했을 때에도 엄마가 자신에게 화가 나 있고 자신이 한 선택을 엄마가 인정해주지 않으며 자신을 부끄러워한다는 생각 때문에 오도 가도 못하고 갇혔다는 생각에 사로잡힌다. 그래서 학대 관계에서 빠져나올 수 있도록 당신이 돕지는 않을 것이라고 생각하게 된다.

당신은 딸이 선택한 사람에 관해서는 입을 다문다는 선택을 할 수도 있다. 도저히 상상도 못할 일이라고 여길 수도 있지만, 사실 당신이 생각하는 것만큼 나쁜 선택은 아니다. 사실 딸이 그 남자를 사랑하거나 두 사람의 관계에 많은 투자를 하고 있다면 딸과 그 사람의 관계가 지속되는 동안에는 아무 말도 하지 않는 쪽을 택하는 것이 나을 수도 있다. 딸은 준비가 되었을 때 그 관계를 끝낼 것이다. 만약 끝낼 준비가 되지 않았다면 다시 그 남자에게로 돌아갈 것이다. 따라서 완전히 중립을 유지하지 못한다면 차라리 딸의 남자 이야기는 하지 않는 것이 더 낫다. 좋아하지도 않는 사람을 좋아하는 것처럼 거짓 태도를 취하면 안 된다. 또한 굳이 딸이 요청하지도 않았는데 그 남자를 좋아하지 않는 이유를 열거할 필요도 없다. 딸의 남자친구에 관해 당신의 견해를 드러내지 않음으로써 당신은 딸과의 소통 창구를 계속해서 열어놓을 수 있다. 남자친구와 힘든 시간을 보내고 있다고 해도 당신이 과하게 반응하지 않을 것을 알기에 딸은 당신을 믿고 마음껏 속마음을 드러낼 수 있다.

무엇보다도 중요한 일은 딸을 지원해줄 수 있는 방법을 놓치지 않아야 한다는 것이다. 그래야 딸이 완전히 고립되지 않고 아직 남자친구와 관계를 끝낼 준비는 되지 않았지만 무언가 이상하다는 느낌이 들 때 적절한 조언을 해줄 수 있다. 딸이 조언을 구해올 때는 딸의 남자친구를 아주 싫어한다고 해도 객관적으로, 공정하게 말해줘야 한다. 두 사람의 관계에서 받아들일 수 있는 일과 받아들일 수 없는 일을 일반적인 관점에서 설명해줘야 한다. 딸이 스스로 생각하고 대답할 수 있게 해줘야 한다. 그래야만 당신의 딸은 자기 생각과 견해를 제대로 형성할 능력을 가지고서 필요한 순간에 문제를 처리해나갈 수 있다. 자기 속도에 맞춰 현명하고도 강력한 선택을 할 수 있는 능력이 있음을 믿을 수 있어야만 딸은 학대자를 떠날 가능성이 높아진다.

반드시 기억해야 할 일이 있다. 당신의 딸이, 혹은 손자가 육체적으로 위험한 상황에 놓여 있다면 반드시 개입해야 한다. **육체적 학대 관계를 끝내려고 할 때 도움을 받을 수 있는 기관을 알아두자.**

딸이 공격을 받고 통제를 받는 관계를 맺는 모습을 지켜봐야 할 때는 억장이 무너지고 화가 치밀어 오르는 것이 당연하다. 하지만 부모로서는 어떻게 할 수 있는 방법이 없다. 일단 여유를 갖는 연습을 해야 한다. 무엇보다도 중요한 것은 딸이 내릴 결정을 당신이 정할 수는 없다는 점이다. 아이의 행복을 생각하면 절대로 하기 쉬운 일은 아닐 테지만 가만히 지켜볼 수 있어야 한다. 한 가지 흥미로운 사실이 있다. 당신이 그저 지켜본다는 결심을 하고 그 결심을 실천할 때 당신이 느끼는 결의와 힘은 더욱 높아지고 강해져서 결국에는 당신과 당신이 사랑하는 사람을 돌볼 에너지를 충분히 간직할 수 있다는 것이다.

그 남자는 절대 변하지 않는다

초판 1쇄 발행 2018년 12월 24일
초판 2쇄 발행 2019년 3월 4일

지은이 • 에이버리 닐
옮긴이 • 김소정

펴낸이 • 박선경
기획/편집 • 권혜원, 김지희, 한상일, 남궁은
마케팅 • 박언경
표지 디자인 • 엄혜리
본문 디자인 • 디자인원
제작 • 디자인원(031-941-0991)

펴낸곳 • 도서출판 갈매나무
출판등록 • 2006년 11월 30일 제 2006-000092호
주소 • 경기도 고양시 일산동구 호수로 358-25 (백석동, 동문타워II) 912호
전화 • 031)967-5596
팩스 • 031)967-5597
블로그 • blog.naver.com/kevinmanse
이메일 • kevinmanse@naver.com
페이스북 • www.facebook.com/galmaenamu

ISBN 978-89-93635-06-5/03190
값 15,000원

이 도서의 국립중앙도서관 출판예정도서목록(CIP)은 서지정보유통지원시스템 홈페이지
(http://seoji.nl.go.kr)와 국가자료공동목록시스템(http://www.nl.go.kr/kolisnet)에서
이용하실 수 있습니다.(CIP제어번호: CIP2018038323)